W0172467

Zu diesem Buch

Ist die Erde ein Urlaubsort für Aliens, die Menschheit Ausgeburt extraterrestrischen Samens? Zieht uns der Tod durch einen Tunnel in die Lichtwelt der Geister, mit denen wir schon zu Lebzeiten Kontakt aufnehmen können? Sind Menschen fähig, mittels übersinnlicher Kräfte Macht auszuüben, Schwerkranke zu heilen und Löffel zu biegen? Oder biegen sich bei all den angeblich paranormalen Phänomenen nur die Balken?

Unser Denken neigt zu einfachen Schlüssen, selbst wenn sie das eine oder andere Wunder erfordern. «Wenn sich etwas nicht erwartungsgemäß verhält», schreibt Gero von Randow, «möchte ich eine Erklärung, und am liebsten eine solche, die ich mit einem beruhigten ‹Ach so, na dann› quittieren kann. Das ‹Ach-so›-Erlebnis hat einen etwas anderen Nährwert als das ‹Aha›-Erlebnis. Es macht geistig satt, zuweilen auch ein wenig träge.» Im «Ach-so»-Erlebnis reichen sich Para- und Pseudowissenschaft die Hand. Warum bewegt sich dieser Gegenstand? – Weil psychokinetische Energien ihn lenken. – Ach so. – Warum bekommen immer mehr Kinder Allergien? – Wegen der Umweltverschmutzung. – Ach so.

In vielen Ländern, so auch in Deutschland, ist eine regelrechte Bewegung entstanden, die dieser bequemen Art zu denken den Kampf angesagt hat. Ihre Mitstreiter nennen sich Skeptiker, und ihr wichtigstes Sprachrohr ist die in den USA erscheinende Zeitschrift *Skeptical Inquirer*. «Mein paranormales Fahrrad» bietet eine Auswahl aus den letzten Jahrgängen.

Der Wissenschafts- und Technikjournalist Gero von Randow, Jahrgang 1953, ist Redakteur der Wochenzeitung *Die Zeit*. 1992 wurde ihm der erste Preis des Wettbewerbs «Reporter der Wissenschaft» verliehen. Bei Rowohlt erschien 1992 sein Buch «Das Ziegenproblem».

Gero von Randow (Hg.)

Mein paranormales Fahrrad
und andere Anlässe zur Skepsis,
entdeckt im «Skeptical Inquirer»

Deutsch von Anita Ehlers, Volker Englich, Roswitha Enright,
Karl-Heinz Gschrey, Dirk van Gunsteren, Cornelia Holfelder-von der Tann,
Stefanie von Kalckreuth, Hainer Kober, Lieselotte Mietzner, Wiebke Schmaltz,
Thorsten Schmidt, Brigitte Stein und Sebastian Vogel

Rowohlt

rororo science
Lektorat Jens Petersen

13.–18. Tausend September 1994

Deutsche Erstausgabe
Redaktion Barbara Hoffmeister
Veröffentlicht im Rowohlt Taschenbuch Verlag GmbH,
Reinbek bei Hamburg, Oktober 1993
Copyright © 1993 by Rowohlt Taschenbuch Verlag GmbH,
Reinbek bei Hamburg
Originalbeiträge und Abbildungen: Copyright © 1985, 1987,
1989, 1990, 1991, 1992 by The Skeptical Inquirer, Buffalo, N. Y.
«Guter Glaube» (S. 109–113)
Copyright © 1991 by Science Service Inc.
«Gaia ohne Mystik» (S. 175–182)
Copyright © 1991 by The Australian Skeptic
Zeichnungen S. 56, 91, 93–95 Hans Baumer
Umschlaggestaltung Barbara Hanke
Satz Sabon (Linotronic 500)
Gesamtherstellung Clausen & Bosse, Leck
Printed in Germany
1490-ISBN 3 499 19535 6

Inhalt

Jake trinkt ein Bier

Einleitung

Die Hitze war drückend, der Ventilator außer Betrieb, und Jake mußte irgend etwas tun, um sich dem Redefluß seiner Mandantin zu entziehen. Sie war gerade bei ihrem Horoskop für die letzte Woche angekommen.

Wortlos stand er auf und steuerte den Bürokühlschrank an, worin eine einsame Bierdose auf ihn wartete. Jake bot Mrs. Hoffmann nichts an, er ließ sie reden. Mit schlaffer Hand stellte er sein Bier auf den Schreibtisch. Dessen frisch polierte Oberfläche spiegelte die Szene rotbraun wieder. Jake nahm wieder artig Platz und starrte selbstvergessen auf das kühle Weißblech mit all den interessanten Angaben über Inhalts- und Zusatzstoffe auf dem Etikett.

So weit, so gut. Aber wieso bewegte sich die Dose auf einmal, wie von Geisterhand geschoben? Jake kniff die Augen zusammen, Mrs. Hoffmann redete weiter. Nein, keineswegs, er halluzinierte nicht. Was ging hier vor?

So wie diese Welt beschaffen ist, haben wir tagtäglich Anlaß, uns zu wundern.

Gewohnt, daß Bierdosen nicht umherwandern, stutzen wir, wenn sie sich unversehens in Bewegung setzen. Und ist es nicht verwunderlich, wenn der Fahrradschlauch just in dem Moment platzt, wo wir am Fachgeschäft für Zweiradbedarf vorbeistrampeln? Warum fällt das Brötchen meist auf die beschmierte Seite, warum rufen Schwiegermütter garantiert im unpassendsten Moment an?

Und warum in aller Welt wollen wir das alles wissen?

Mutmaßlich nicht, weil wir unablässig nach Erkenntnis streben. Es könnte vielmehr sein, daß wir nach Antworten hungern, um eine innere Unruhe zu stillen. Wenn sich etwas nicht erwartungsgemäß verhält, möchte ich eine Erklärung, und am liebsten eine solche, die ich mit einem beruhigten «Ach so, na dann» quittieren kann. Das «Ach so»-Erlebnis hat einen etwas anderen Nährwert als das «Aha»-Erlebnis: es macht geistig satt, zuweilen auch ein wenig träge.

Warum bekommen immer mehr Kinder Allergien (zumindest wird das gern behauptet)?

Wegen der Umweltverschmutzung.

Ach so.

Das Ach-so-Erlebnis beendet einen Zustand des Fragens, des Suchens, der gedanklichen Anstrengung. Es rationalisiert die Denkarbeit und stabilisiert die Weltanschauung. Den Widerspruch zwischen dem guten Gott und dem Bösen in der Welt lösten gnostische Sekten, indem sie die Welt als Werk einer bösen Kraft, des Teufels nämlich, interpretierten. Damit war wieder alles im Lot (nicht die Welt, aber das religiöse System).

Warum wandert Jakes Bierdose? Es gibt eine Erklärung: Psychokinese, das Bewegen von Gegenständen mittels Gedankenkraft (ein Skeptiker provozierte einmal einen Kongreß von Parapsychologen mit der Aufforderung: «If anyone has psychokinetic power, please raise my hand»). Diese Erklärung ist nicht etwa deshalb attraktiv, weil es starke Argumente für sie gäbe, sondern weil sie einfach und anschaulich ist.

Die Idee der Psychokinese wirkt dermaßen anziehend, daß sich nach allen Regeln des Faches ausgebildete Wissenschaftler ihrer Erforschung verschrieben haben und bereit sind, einen hohen Preis dafür zu zahlen, nämlich als Parawissenschaftler eine Randexistenz im Wissenschaftsuniversum zu führen.

Parawissenschaft umfaßt jene Forschungsprojekte, von denen sich die *scientific community* im großen und ganzen abgrenzt. Der Begriff Parawissenschaft enthält keine Wertung, sondern beschreibt nur eben diese Randexistenz (das griechische «para» heißt bei, neben); woran Sie vielleicht gerade dachten, ist die *Pseudowissenschaft*, und das ist ein wertender Begriff.

Die knifflige Frage dabei ist, wovon sich die etablierte Wissenschaft lieber abgrenzen sollte und wovon nicht. In einer Reihe von Fällen ist leicht zu erkennen, ob Pseudowissenschaft betrieben wird: Expeditionen, die zum Schneemenschen oder zur Arche Noah aufbrechen (bei Erscheinen dieses Buches wird ein Trupp Amerikaner aus dem «Genesis Institute» in Kurdistan nach dem biblischen Rettungsboot suchen), Astronomie zwecks Untermauerung des geozentrischen Weltbildes oder auch quantentheoretische Überlegungen zum Bermuda-Dreieck gehören beispielsweise in diese Kategorie. Hier funktioniert die Entenregel ganz gut («Was watschelt, schnattert und aussieht wie eine Ente, das ist eine Ente»). Doch es gibt auch andere Fälle, in denen erst herauszufinden wäre, ob es sich um Pseudowissenschaft handelt oder nicht, dazu gehören allerlei Theorien der Psychologie und Psychoanalyse.

Ein Forschungsprojekt wird in der Regel als Pseudowissenschaft bewertet, wenn es eines der drei folgenden Kriterien erfüllt:

● Es stützt sich auf Theorien, die widerlegt sind – etwa die Behauptung der Homöopathie, ein im Verhältnis 1 : 1 000 000 000 verdünnter Stoff könne, richtig geschüttelt, physiologische Heilwirkungen im menschlichen Organismus entfalten.

● Es stützt sich auf Theorien, die mit dermaßen geringer Wahrscheinlichkeit zutreffend sind, daß es nicht lohnt, sie ernsthaft zu überprüfen – etwa die Grundannahme der Paläovisitologie, wonach prähistorische Ufonauten das Menschengeschlecht zivilisierten.

● Es stützt sich auf Methoden, die heutigen Anforderungen an Strenge, Kritisierbarkeit und Überprüfbarkeit nicht gerecht werden – dazu gehören Versuche, Hierarchien in der Welt der Dämonen zu systematisieren.

Indem sie sich regelmäßig mit neuen Prätendenten auf Zugehörigkeit auseinandersetzen muß, ist die offizielle Wissenschaft zur Selbstbefragung gezwungen. Just darin besteht der Nutzen der Parawissenschaften, auch der deutlich pseudowissenschaftlichen unter ihnen.

In vielen Ländern gibt es eine regelrechte Bewegung, die sich der kritischen Beobachtung parawissenschaftlichen Treibens widmet, ihre Mitstreiter nennen sich «Skeptiker». In Deutschland ist das die «Gesellschaft zur wissenschaftlichen Untersuchung von Parawissenschaften e. V.» (GWUP, Postfach 1222, 64380 Roßdorf), und in den USA deren Vorbild, das «Commitee for the Scientific Investigation of Claims of the Paranormal» (CSICOP; Kontakt: Paul Kurtz, CSICOP, Box 703, Buffalo, NY 14226-0703, U.S.A.). Das CSICOP gibt den *Skeptical Inquirer* heraus, eine Vierteljahreszeitschrift.

Ihr sind die Texte dieses Buches entnommen.

Im *Skeptical Inquirer* schreiben Wissenschaftler, manchmal Laien, ab und zu auch Journalisten (also eine Mischung aus beidem). Selten ist ihr Stil brillant, zuweilen schreiben sie akribisch, mitunter erwähnen sie Quellen, die nur dem Fachmann zugänglich sind, hin und wieder verweigern sie dem Leser das, was er als «Schluß» zu lesen gewohnt ist. Indes, fast immer haben es die Texte in sich; einige, die mir in den letzten Jahren besonders gut gefallen haben, habe ich, zum Teil gekürzt, für dieses Buch ausgewählt. Der Dank muß den Übersetzern gelten, sie haben die Hauptarbeit geleistet.

Die Skeptiker-Bewegung treibt die Skepsis nicht bis zum Äußersten. Jeder Satz, den wir bilden können, birgt irgendeine Ungewißheit in sich; wer die Skepsis übertreibt, dem werden alle Sätze gleichermaßen zweifelhaft. Seit Jahrhunderten gibt es philosophische Strömungen, die den Zweifel zum Dogma erheben (ein Dogma, an dem sie selber selten zweifelten). Auf einen griechischen Philosophen namens Gorgias wird das Bonmot zurückgeführt: Nichts ist; und wenn etwas wäre, könnte es nicht erkannt werden; und könnte es erkannt werden, so ließe es sich nicht mitteilen. Es waren nicht selten radikale Skeptiker wie die Philosophen Montaigne oder Kierkegaard, die folgerten: Wir können nichts wissen, also müssen wir – *glauben*.

Die Skeptiker-Bewegung, die dieses Buch möglich gemacht hat, verfolgt ein anderes Ideal, nämlich das der wissenschaftlichen Kritik: Nichts, absolut nichts bleibt der Kritik entzogen. Wer etwas behauptet, ist beweispflichtig. Und je stärker, ungewöhnlicher, abweichender eine Behauptung, desto strengere Anforderungen sind an ihre Begründung zu stellen.

Die letzte Forderung klingt ein wenig ungerecht. Wem sie mißfällt, dem antwortet Martin Gardner, einer der Autoren des *Skeptical Inquirer*, gern mit einem Beispiel: Wenn Sie mir sagten, Sie hätten eine Ziege im Garten, dann könnte ich Ihnen glauben. Wenn Sie sagten, Sie hätten ein Einhorn im Garten, könnte mich noch nicht einmal ein Foto überzeugen – ich würde nicht eher ruhen, als bis ich es mit eigenen Augen gesehen hätte.

Doch was heißt «beweispflichtig»? Nicht mehr und nicht weniger, als daß die allgemein anerkannten Standards für wissenschaftliche Beweise erfüllt werden müssen. Diese Standards werden, um ein Beispiel zu geben, nicht von astrologischen Expost-Analysen eingehalten, wie sie kürzlich in der Zeitschrift *Astrologie heute* zu lesen waren. Da untersuchte eine Astrologin den Crash des El-Al-Jumbos am 4. Oktober 1992. Seitenlang befaßt sich der Text, anstatt mit der mißglückten Landung selbst, mit den Auspizien des Starts (18.22 Uhr) und schließt mit schlafwandlerischer Sicherheit: «Von allen Zeitpunkten, an denen Flugzeuge hätten starten können, waren diese und die folgende Minute (18.23 Uhr) am kritischsten. Und genau in diesem Moment startete die El-Al-Maschine.»

Nur leider hat das niemand vorher gewußt.

Was Astrologen vorauszuwissen vorgaben, trat indessen häufig genug nicht ein: Hätten sich die letzten zehn Jahre an die Zeichen am Firmament gehalten, dann wäre Khomeini vom Dach einer Moschee in Mekka geschubst worden, die Rote Armee hätte Israel besetzt, Lady Di eine Tochter anstelle eines Sohnes entbunden, und Bremerhaven wäre von einer Sturmflut verwüstet worden.

Hinterher ist man immer schlauer.

Das weiß jeder vorher.

Nicht besser ist die Methode, nach irgendwelchen Entsprechungen zu suchen und über die Funde sodann zu theoretisieren. Ein besonders schönes Beispiel ist die Radosophie. Ihr Begründer Cornelis de Jager führt vor, daß alles und jedes paranormal betrachtet werden kann, wenn wir es nur richtig machen.

Spätestens an dieser Stelle wenden einige Leute ein, hier werde wissenschaftsimperialistisch argumentiert. Wissenschaft sei auch nur ein Überzeugungssystem und als solches so gleichberechtigt wie alle anderen Überzeugungssysteme, wie der Schamanismus etwa oder der Glaube an Naturgeister. Das klingt sehr liberal und progressiv, und aus dem Munde von Ethnologen, die recht häufig so argumentieren, klingt es auch, als richte es sich gegen die Arroganz des weißen Mannes.

Nur – was heißt «gleichberechtigt»? Was mit gleichem Recht behauptet werden darf, muß deswegen noch nicht gleichermaßen sinnvoll sein. Der Aufsatz von Bernard Ortiz de Montellano über «Multikulturelle Pseudowissenschaft» argumentiert eindrucksvoll (und aus berufenem Munde) dagegen, daß im Namen der Gleichberechtigung aller Kulturtraditionen ausgerechnet den Kindern, die ethnischen Minderheiten angehören, die Kultur der wissenschaftlichen Kritik vorenthalten wird.

Neben Aufsätzen, die in der einen oder anderen Weise wissenschaftsphilosophischer Natur sind, habe ich für dieses Buch ein paar Erklärungsversuche für Paraphänomene ausgewählt. Dabei sind besonders die Arbeiten von Susan Blackmore zu erwähnen.

Die britische Psychologin ist auch deshalb ein Sonderfall, weil sie die Berichte von übersinnlichen Erfahrungen nicht von vornherein als Flunkerei ansieht. Ihre Arbeitshypothese lautet, daß es innere Erlebnisse gibt, deren paranormale Deutung nur zu verständlich ist. Susan Blackmore erwähnt, selbst derlei Erfahrungen gemacht und sogar willentlich herbeigeführt zu haben (ihre Bereitschaft zu unerschrockenen

Selbstversuchen stellte sie beim GWUP-Jahrestreffen 1993 unter Beweis, als sie unter Anleitung eines indischen Anti-Gurus Glasscherben aß).

Dabei stößt sie zu Fragen vor, die auch unter Philosophen, Erforschern der «Künstlichen Intelligenz» und Psychologen seit längerer Zeit diskutiert werden: Was ist «ICH»?

Vor wenigen Jahren, auf dem XV. Deutschen Kongreß für Philosophie in Hamburg, trug ein junger Dozent aus Gießen sehr Interessantes dazu vor. Thomas Metzinger beschäftigte zunächst eine Frage, die ein wenig abseitig klang und zuvor schon von dem US-amerikanischen Philosophen Thomas Nagel gestellt worden war: «Wie ist es, eine Fledermaus zu sein?» Die Frage erwies sich als langlebig, zumal das bald darauf einsetzende Massenexperiment (die Batman-Welle) keinen weiteren Aufschluß gab.

Was Nagel und ebenso Thomas Metzinger interessierte, war die Frage, wieso unsere Wahrnehmung und unser Denken eigentlich «perspektivisch» sind – wieso sehen wir die Welt in einer Perspektive, deren Ausgangspunkt irgendwo hinter unseren Augen liegt; wieso hören wir stereophonisch, mit einem fiktiven Zentrum im Kopf; wieso fühlen und denken wir subjektiv? Metzinger, ganz im Philosophenjargon, fragte: Wie entsteht «Meinigkeit»?

Er behauptete, so wenigstens habe ich (wer? ich? – ach so) ihn verstanden, daß in unseren Hirnen die Welt simuliert wird. Bei diesen Simulationen träten mehrere Modelle für bestimmte Aspekte der Welt in Aktion; eines davon ist ein Selbstmodell, das uns «ich» sagen, denken und fühlen läßt. Es verhilft uns zu Kontinuität; das hat vor fast neunzig Jahren schon einmal der amerikanische Philosoph Charles S. Peirce in aller Schärfe gesagt: «Ich existiere eigentlich nicht. Was existiert, ist nur ein Fall von mir, und ich existiere in diesem Fall insofern, als ich sein Gesetz bin.»

Danach wären wir sozusagen Simulanten, die sich selbst hervorbringen oder sich vormachen, jemand zu sein. Die Psychologie hat viele Fälle präsentiert, in denen unbewußt entschieden wird; und erst im nachhinein kommt dann ein Programm namens «ICH» daher und reklamiert die Entscheidung für sich, obwohl sie in Wahrheit die Leistung anderer Programme im Kopf war. So bleibt alles schön ins Ich integriert.

Wir Oberprimaten haben so ein imperialistisches Ich-Programm wohl gebraucht, um smarter zu sein als der Rest. Der Witz ist, daß wir uns auch sehr wohl Selbstmodelle anderer Menschen vorstellen können, weshalb wir mit ihnen zuweilen recht ordentlich kommunizieren. Selbstmodelle von Fledermäusen hingegen, sollte es sie überhaupt geben, müssen uns wohl auf ewig unzugänglich bleiben.

Wenn aber das Ich-Programm abstürzt, dann halten wir uns möglicherweise für eine andere Person. Susan Blackmore steuert eine weitere Idee bei: Eines der Programme in unserem Kopf bewertet Empfindungen als real oder eingebildet; wenn dieses Programm zeitweilig ausfällt, dann geschehen Susan Blackmores Theorie zufolge in uns Dinge, die uns später wie real durchlebte Paranormalitäten vorkommen. Wir haben dann nicht bloß die Vorstellung gehabt, außerhalb unseres Körpers oder sogar eine andere Person gewesen zu sein, sondern sind uns dessen gewiß.

Es könnte auch sein, daß während intensiver Meditation oder nach Konsum bestimmter Drogen das Programm für den Realitätssinn kurzzeitig außer Kraft gesetzt wird, so daß die vom Bewußtsein aufrechterhaltene Mauer zwischen Möglichkeit und Wirklichkeit fällt. Darauf scheinen mir beispielsweise die vielen eigenartig übereinstimmenden Berichte über das Fliegen hinzudeuten: Schon der Neapolitaner Giovan Batista della Porta schilderte 1589, wie sich «Hexen» mit einer Paste (aus Kinderfett, Eisenhut, Pappelblättern, Fledermausblut, Teufelskirsche und Öl) einrieben, woraufhin sie high wurden und zu fliegen anhoben – nicht anders als Jahrhunderte später Carlos Castaneda in seinen Drogenbüchern. Und nicht jeder findet so schmerzlich seinen Realitätssinn wieder wie jener junge Mann, der auf einem besonders gelungenen Video der niederländischen Skeptiker-Bewegung betrachtet werden kann. Der weißgekleidete Anhänger der «Transzendentalen Meditation» (TM) sitzt im proppenvollen Hörsaal der Technischen Universität Eindhoven und meditiert. Er will fliegen; gelingt es ihm, steht ihm ein Preis von 100000 Gulden zu. Das Publikum hält den Atem an, als sich der Jüngling nach minutenlangem Sitzen ein wenig lupft. Das Abheben gelingt freilich nicht: Mit säuerlichem Lächeln verläßt der TM-Adept sein Meditationskissen und muß nun seinen Teil der Verabredung erfüllen, nämlich den *Skepter* abonnieren, das Zentralblatt der niederländischen Skeptiker-Bewegung.

Neben den individuellen Ursachen für die persönliche Gewißheit eigener paranormaler Erlebnisse gibt es weitere Gründe für den verbreiteten Glauben an das Paranormale. Einige Autoren beschäftigen sich mit sozialpsychologischen Ursachen, also dem eher geläufigen Phänomen, daß Hokuspokus in Krisenzeiten Konjunktur hat. Interessanteres gibt es allerdings zu entdecken, wenn wir aus einer anderen Perspektive auf das Problem blicken: Gibt es hokuspokustypische Eigenschaften, die den Menschen besonders ansprechen?

Eine gibt es zumindest, nämlich die Bildhaftigkeit des Hokuspokus. Sie funktioniert großartig. Die guten alten Radioröhren waren heiß, deshalb war der Klang wärmer. Unter Millionen Menschen finden zwei Menschen zueinander, also waren sie füreinander bestimmt. Das Auge ist ein so kompliziertes Instrument, das muß doch jemand eigens entworfen haben, ein Schöpfer – so lautet das ehrwürdige Argument des Erzdiakons William Paley (1743–1805), dessen Satz «Design must have a designer» noch heute die schärfste Waffe des Kreationismus ist, jener Bewegung, die den biblischen Schöpfungsmythos wörtlich nimmt.

Ein besonders eindrucksvolles Bild ist die «Rache der Natur». Der Mensch schändet die Natur, und diese schlägt zurück – ihre Soldaten sind Millionen von Raupen, die 1993 im Nürnberger Stadtwald auf Jogger koten, oder die Quallen, die 1984 ganz Florida in helle Panik versetzten: Sie hatten den Kühlwasserzufluß eines Atomkraftwerks besetzt. Vier Jahre später knipste eine Katze zehntausend Häusern der südenglischen Hafenstadt Barnstaple das Licht aus – sie hatte sich in einer elektrischen Umspannstation herumgetrieben, wo sie Bestandteil eines Kurzschlusses wurde (sie war, dieser Kalauer muß sein, sozusagen eine Kamikatze). Der Londoner Flughafen Heathrow lag gleichfalls eines Nachts im Dunkel: Zu viele Ratten hatten in zu viele Kabel gebissen. Auf einem sowjetischen Flughafen wiederum machten vor Jahren größere Tiere Ärger: Mehrere Affen, ihren Transportkäfigen entkommen, spielten ein bißchen mit den Lastenaufzügen und brachten die ganze Logistik menschlichen Startens und Landens durcheinander.

Ungeziefer zerfrißt Bibliotheken, Wildschweine zerwühlen Maisfelder, Maulwürfe untergraben Hobbygärtner. Als ein frustrierter Gartenfreund zum Gift greifen und, zwecks Illuminierung seines nächtlichen Anschlags, sein Auto in Position bringen wollte, da sprang der Wagen unversehens rückwärts, drückte die Wand der Gartenlaube ein, warf einen Benzinkanister um und setzte alles, Auto, Laube, Büsche und Bäume, in Brand.

Warum finden wir derartige Geschichten irgendwie aufregend? Weil wir Menschen uns gegenüber Mutter Natur schuldig fühlen und ihre Strafe fürchten. Die *kleinen* Anekdoten entlasten ein wenig von der Angst vor dem *großen* Vergeltungsschlag. Alfred Hitchcock hat von dieser Angst gewußt, als er seinen Film «Die Vögel» drehte (einem neuseeländischen Wilderer flog tatsächlich vor ein paar Jahren eine Ente gegen den Kopf, er ging k.o. zu Boden, das Tier setzte nach, brach ihm das Nasenbein und hackte ihm beide Augen aus). Mittlerweile bricht die Angst bei jeder Anomalie des Wetters hervor: allenthalben ist es dann zu hören und zu lesen – die Natur übe Rache für das, was der Mensch ihr angetan hat.

Die Natur kann sich nicht rächen. «Mutter Natur» ist keine Person – mit dieser Ideologie befaßt sich Phil Shannon in seinem Aufsatz (Seite 175 ff). Wenn es heißt: die Natur wird geschädigt, so ist das nur ein verkürzter Ausdruck für: der Mensch schadet seiner Umwelt, also sich selbst. Umweltbewußtsein ist letztlich ein wohlverstandener Egoismus – und wenn nicht, so ist es religiös, denn es unterwirft den Menschen einer höheren Autorität.

Hokuspokus ist immer bildhaft und dramatisch, nie abstrakt. Just dies hat er vielen Naturwissenschaften voraus. Außerdem lebt er von dem verbreiteten Wunsch, auf alles eine einfache Erklärung zu wissen. Es ist allemal bequemer, von krankmachenden Erdstrahlen zu faseln, die sich nicht messen lassen, als die Mühe auf sich zu nehmen, die vertrackte Epidemiologie und Pathologie zu studieren.

Früher war Satan für alles Böse in der Welt verantwortlich (der Papst sieht das heute noch so); an die Seite des Dämonenglaubens sind heutzutage allerlei Verschwörungstheorien getreten. Der amerikanischen «Flat Earth Society» ist die Kugelgestalt der Erde eine Lüge von Staatszerstörern, Ufologen beschuldigen die Geheimdienste der Vertuschung (Seite 77 ff), und auch Kreationisten bekämpfen in der Evolutionsbiologie ein Komplott von Konspirateuren: «Sie treten in vielen Larven auf – Darwinismus, Marxismus, Okkultismus, Sozialismus, Nazismus, Existentialismus und zahllosen anderen –, aber sie alle beruhen auf der Evolutionslehre, der Pseudowissenschaft par excellence» – so lesen wir in einem Pamphlet aus dem «Institut für Schöpfungsforschung» (ICR) im kalifornischen El Cajon.

Der Antisemitismus der Nazis lebte nicht zuletzt von Verschwörungstheorien; sie witterten beispielsweise hinter der modernen Physik ein jüdisches Komplott. (Nicht wenige von ihnen hingen übrigens der parawissenschaftlichen Hohlwelt-Theorie an, nach der die Erde eine hohle Kugel ist. Der harten Version dieser Theorie zufolge leben wir auf der Innenseite dieser Kugel – die Welt ist rundum konkav.)

Hokuspokus segelt hart am Wind der menschlichen Psyche, weshalb ihm mit Spott allein nicht beizukommen ist. Und mit Vernunft? Vielleicht auch nicht, doch könnte eine Dosis Aufklärung jene imprägnieren, die unentschieden sind. Die Skeptiker dürfen sich die Arbeit freilich nicht zu leicht machen. Die bereits erwähnte Susan Blackmore etwa beklagt, daß die Skeptiker-Bewegung auf dem Gebiet der Parapsychologie nicht gerade Meisterleistungen vollbringt, sondern noch die Schlachten der Vergangenheit austrägt, während die Parapsychologen anderswo in die Offensive gehen.

Frau Blackmore meint damit die «Ganzfeld-Experimente», die der vor kurzem verstorbene Psychologe Chuck Honorton an Universitäten in New Jersey und Edinburgh unternommen hat. Eine Versuchsperson, der «Empfänger», sitzt in einem schallisolierten Raum. Auf seinen Augen kleben halbierte Pingpongbälle, die mit Rotlicht bestrahlt werden, und in die Ohren speist ein Kopfhörer Rauschen ein. Spätestens nach einer Viertelstunde sieht der audiovisuell isolierte Proband bunte Bilder, ähnlich denen, die viele Menschen kurz vor dem Einschlafen wahrnehmen. Der «Sender», die zweite Versuchsperson, sitzt in einem anderen Raum. Ihm zeigt ein Videorecorder ein Foto oder eine Filmsequenz, ausgewählt von einem Computer mit Zufallsgenerator. Der «Sender» konzentriert sich auf die Bilder; anschließend werden diese und andere dem «Empfänger» vorgelegt. Der soll nun auf die Bilder zeigen, die seinen Imaginationen am nächsten kommen.

Und siehe da: Bisher konnte noch niemand Honortons Resultate widerlegen, denen zufolge eine signifikante Entsprechung zwischen den Sender- und Empfängerbildern besteht. Susan Blackmore sieht darin «eine Herausforderung für alle Skeptiker».

Freilich ist die Telepathie damit nicht bewiesen. In Honortons Versuchsanordnung hätte der Experimentator durchaus die Chance herauszufinden, welche Videos der Sender sieht; da er anschließend dem Empfänger hilft, Ähnlichkeiten der Imaginationen mit den vorgelegten Bildern auszumachen, könnten auf diesem wenig übersinnlichen Wege Informationen vom Sender zum Empfänger gelangen. Doch das sind Vermutungen. Es hilft nichts: Honortons Ergebnisse müssen überprüft werden, in anderen Studien gleichen und abweichenden Designs. Das soll auch geschehen, nur sind es allesamt überzeugte Parapsychologen, die sich dieser Aufgabe widmen – wo bleiben die Skeptiker?

Derlei Überprüfungen sind eine haarige Angelegenheit. Die Re-Analyse der Astrologiestudie in der britischen Zeitung *The Guardian* (Seite 151 ff) demonstriert, daß der *Skeptical Inquirer* zuweilen hammerharte Wissenschaft enthält.

Überdies beglückt der *Skeptical Inquirer* mit allerlei fröhlich stimmenden Texten über liebgewordene Mythen, wie die Auswahl für dieses Buch hoffentlich auch zeigt: Nachdem im ersten Teil die Radosophie begründet und diskutiert wird, läßt sich der zweite Teil auf die Legenden ein und stellt Versuche vor, sie auf ihren rationalen Gehalt hin abzuklopfen. Der dritte Teil befaßt sich mit Theorien, die erklären wollen, wer was warum glaubt; im letzten Teil geht es um die Abgrenzung von Wissenschaft und Pseudowissenschaft.

Die Legenden im zweiten Teil sind keineswegs nur in den Vereinigten Staaten im Schwange. Zu ihnen gehört die auch hier bekannte Behauptung, verschlüsselte Botschaften auf Tonkassetten würden, für das Bewußtsein unzugänglich, auf das Unbewußte im Hörer zielen und ihn manipulieren können. Auch der UFO-Kult hat deutsche Anhänger (ihnen gilt die kritische Aufmerksamkeit des Entlarvungsjournalisten Klaus Webner, dessen sehr seltsames Buch ‹Wesen aus dem Weltraum?›, im Eigenverlag herausgegeben, zum Beispiel nachweist, daß angeblich auf fremden Planeten aufgenommene Fotos einer menschenähnlichen Lebensform vorher in einem Nudistenblatt erschienen waren, freilich mit ganz anderen Bildunterschriften). Speziell deutsche Vorlieben scheinen die Homöopathie (zugegeben: in Indien ist sie ebenfalls stark vertreten) und das «Muten» mit der Wünschelrute zu sein.

Seit einiger Zeit ergießt sich eine regelrechte Welle paranormalen Inputs in deutsche Wohnzimmer: In der Serie «Phantastische Phänomene» (Sat 1) gaben Geistheiler, Hellseher und Wünschelrutenläufer ihre Weisheit zum besten, es flogen die Ufos und bogen sich die Löffel (wie die Balken); in der Serie «Unerklärte Geheimnisse» (RTL) fuhren Tote Taxi; in der Serie «Psi» (3. Fernsehprogramm des Bayerischen Rundfunks) wurden Kontakte ins Jenseits angebahnt; in «Einspruch» (Sat 1) trat zur Freude des deutschen Ober-Ufologen von Buttlar ein wiedergeborener Außerirdischer auf.

Wacker streitet das GWUP-Zentralblatt *Skeptiker* gegen diesen

Trend, doch noch immer gibt es viel zu wenige Wissenschaftler bei uns, die es ihren amerikanischen Kollegen nachtun und den Obskurantismus auf die Hörner nehmen – und zwar nicht doktrinär oder mit akademischem Gehabe, sondern mit ihrer schärfsten Waffe: der methodenstrengen Skepsis. Nötig wäre es, denn in dieser Welt ist jedes bißchen Vernunft eine Kostbarkeit.

Jake dachte genauso. «Die Raumfeuchtigkeit», warf er ein.

Mrs. Hoffmann blickte fragend auf, sie war es nicht gewohnt, unterbrochen zu werden.

«Natürlich», wiederholte er, «die Raumfeuchtigkeit. Sie kondensiert am Dosenrand, stimmt's? Das Wasser läuft runter, seh'n Sie, und dichtet den unteren Rand der Dose ab. Deswegen kann die Luft unter der Dose nicht mehr raus. Tja, nun erwärmt sie sich ein bißchen, und wir haben ein Luftkissenboot – versteh'n Sie? – praktisch ohne Reibung. Hoovercraft, schon mal gehört? Kein Tisch steht perfekt gerade, auch der hier nicht. Also beginnt die Dose zu gleiten.» – «Mh.»

Mrs. Hoffmann wollte das alles gar nicht wissen.

Mein paranormales Fahrrad

Was ist Radosophie?

Cornelis de Jager

Was sind die Methoden wissenschaftlicher Forschung? Beginnen wir mit einem Beispiel: mit der Astrophysik. Sie ist zum Teil aus der Astrologie hervorgegangen. Unsere Vorfahren glaubten, auf einer flachen Scheibe zu leben, und so konnte das Firmament mit seinen Fixsternen für sie nur eine Kuppel sein, die sich über dem damals bekannten Teil der Erde wölbte, einem Gebiet mit einem Radius von ein paar tausend Kilometern. Überraschenderweise entdeckten sie unter diesen Fixsternen noch andere Himmelskörper – die Wandelsterne oder Planeten –, die oft heller leuchteten und sich auf scheinbar willkürlichen Bahnen am Firmament bewegten. Es ist nur logisch, daß unsere Vorfahren, ihrer Philosophie gemäß, diese Bewegungen als Botschaften der Götter an die sterblichen Erdenbewohner deuteten. Sie mußten unbedingt entziffert werden. Eine genaue Beobachtung der Planeten war von größter Wichtigkeit (außerdem mag ein gewisses Interesse an der Sache selbst das übrige getan haben).

Ihre Beobachtungen förderten bestimmte Regelmäßigkeiten zutage, und nach und nach bildete sich sogar ein analytischer Ansatz heraus. So wurde aus der Astrologie schließlich die Astronomie. Sternenkundige entwickelten Modelle der planetarischen Bewegungen – das ptolemäische Modell ist wohl das bekannteste. Die astrologischen Ursprünge dieser Modelle waren allerdings nicht zu verleugnen, im ganzen Altertum blieben sie eng mit der Astronomie verflochten. Lange Zeit machte man nicht einmal einen Unterschied in der Bezeichnung. Außerdem basierten fast alle Konzepte des Universums auf der platonischen Vorstellung einer Ideenwelt, deren vereinfachtes und unvollkommenes Spiegelbild die erfahrene Wirklichkeit sei.

In der wissenschaftlichen Literatur wurde verschiedentlich die Frage aufgeworfen, ob Ptolemäus wohl ein Betrüger gewesen sei. Es ist bekannt, daß er, um seine Theorie darzustellen, gelegentlich auf diejenigen empirischen Daten zurückgriff, die am besten zu den Voraussagen seines Modells paßten, und es sieht so aus, als habe er in anderen Fällen nicht gezögert, die Daten zu verfälschen, um eine bessere Übereinstimmung zu erzielen. Heutzutage wäre dies ein klarer Fall von Wissenschaftsbetrug, doch im Rahmen der platonischen Ideenlehre hatte ein solches Vorgehen im griechischen Altertum durchaus seine Berechtigung.

Die Forderung, am Anfang habe die Beobachtung zu stehen, die dann erst interpretiert und in Regeln und «Gesetzen» zusammengefaßt werden müsse (der Grundgedanke also, daß Forschung empirisch sein sollte), wurde erst gegen Ende des Mittelalters deutlich formuliert, auch wenn einzelne aufgeklärte Geister sie bereits früher erhoben hatten. Umgekehrt wurden aber auch weiterhin und bis in die Gegenwart neoplatonische Ideen vertreten.

Wie sehr man in der Renaissance und der Zeit danach um ein klares Konzept wissenschaftlichen Vorgehens bemüht war, läßt sich an vielen Beispielen zeigen: Kopernikus etwa – einerseits Verfechter einer revolutionären Theorie, vertrat andererseits weiterhin die neoplatonische Lehrmeinung, wonach die Planeten sich auf kreisförmigen Bahnen bewegen. Der Kreis galt nämlich als die vollkommenste Form, und man glaubte doch: «Göttlichkeit handelt immer geometrisch» (Pythagoras). Verglichen mit dem kopernikanischen System erscheint das des dänischen Astronomen Tycho Brahe als Rückschritt (denn es ist geozentrisch), es paßte nun jedoch besser zu den vorliegenden Beobachtungen.

Daß Roger Bacon (im 13. Jahrhundert), aber auch Tycho Brahe (im 16. Jahrhundert) und sogar Isaac Newton Alchemie betrieben, mag uns seltsam erscheinen, doch das Studium der Alchemie hatte – im Gegensatz zur Astrologie – den Vorzug einer empirisch orientierten Vorgehensweise.

Es stellt sich sowieso die Frage, ob es eine wirklich standardisierbare «wissenschaftliche Methode» überhaupt gibt. Meines Erachtens gibt es sie nicht. Wissenschaftliche Forschung beruht auf Logik, gesundem Menschenverstand und Erfahrung bei der Interpretation von Beobachtungen allgemeiner Art. Im Laufe der Jahrhunderte hat der Mensch Techniken entwickelt und verfeinert, die es ihm erlauben, aus Beobachtungen «Gesetze» abzuleiten – oder zu überprüfen, inwieweit eine wissenschaftliche Schlußfolgerung (respektive ein neues Gesetz) korrekter ist als eine frühere Version. Die Methoden sind allerdings vielfältig und sehr verschieden.

Einige Kriterien lauten:

- Die Beweisführung sollte logisch und rational sein.
- Die Beweisführung sollte vollständig und schlüssig sein; sie sollte keine Lücken enthalten.
- Die Hypothese sollte widerlegbar, der experimentelle Beweis wiederholbar sein.
- Die einfachste Annahme ist oft die beste («Ockhams Rasiermesser»).
- Die Wahrscheinlichkeit einer zufälligen Übereinstimmung von Daten sollte verschwindend gering sein.
- Sehr unwahrscheinlichen oder außergewöhnlichen Behauptungen sollte man mit extremer Vorsicht und allzeit bereitem Mißtrauen begegnen; sie müssen durch schlagende Beweise abgesichert werden.

Man darf jedoch einen dialektischen Aspekt nicht vergessen: Oft sind es gerade die erfolgreichsten und produktivsten Wissenschaftler, die kühn eine neue Hypothese vorstellen, ohne sich dabei auf überzeugende und überwältigende Beweise zu berufen; statt dessen folgen sie eben erst entdeckten Daten, spärlichen oder ungenauen Informationen und häufig auch bloß ihrer Intuition.

Der Unterschied zwischen Wissenschaft und Pseudowissenschaft ist, daß in letzterer einige oder alle der oben genannten Kriterien nicht berücksichtigt werden.

Die Pseudowissenschaft

- akzeptiert Resultate, die von qualitativ nicht ausreichenden Beweisen gestützt werden;
- verfälscht oder übergeht empirische Daten, die sich mit der favorisierten Annahme oder Theorie nicht in Einklang bringen lassen, sie beschränkt sich auf die Daten, die am besten passen;
- zieht Koinzidenz und Korrelation zur Beweisführung heran und verwechselt Korrelation mit Kausalität;
- legt oft übermäßig großes Gewicht auf die Theorie, in der Erwartung, diese werde alles, was noch unbegreiflich bleibt, erklären können.

Ich will meine Bemerkungen über die Pseudowissenschaft verdeutlichen, und zwar mit der Radosophie. Während die große Zeit der Astrologie als Wissenschaft vorbei und sie als Forschungsfeld so gut wie verschwunden ist, sind andere pseudowissenschaftliche Anschauungen mit einer Verbindung zur Astronomie noch immer verbreitet.

Eine davon ist die «Religion» der Großen Pyramide. Sie kam im ersten Viertel unseres Jahrhunderts auf, als Forscher erstmals die ägyptischen Pyramiden untersuchten. Insbesondere die Cheopspyramide erregte Aufmerksamkeit, und sie hat tatsächlich einige astronomische Besonderheiten zu bieten. Sie ist mit großer Genauigkeit nach Norden ausgerichtet, und das Verhältnis von Höhe zu Basisseitenlänge beträgt 1 zu $\pi/2$. Die erste Tatsache beweist, daß die alten Ägypter die Himmelsrichtungen sehr genau bestimmen konnten, die zweite galt als Beweis dafür, daß die Ägypter die Zahl π bereits kannten. Mir scheint, bei letzterem könnte es sich um einen Zufall handeln. Spätere Forschungen haben ergeben, daß früher gebaute Pyramiden einstürzten, weil sie steiler waren. Nach mehreren Experimenten hatte man also mutmaßlich herausgefunden, woran es lag, und baute weniger steil.

Piazzi-Smith und andere stellten extreme Behauptungen auf. Nachdem man als Längenmaß das «Pyramiden-Yard» (PY) zugrunde gelegt hatte – es beträgt 1/20 000 000 des Erddurchmessers (64 Zentimeter) –, stellte man fest, daß die Basisseitenlänge der Großen Pyramide 365,25 PY mißt – was wiederum genau der Anzahl der Tage im Jahr entspricht. Soll das heißen, die Erbauer der Pyramide kannten den Durchmesser der Erde? Oder die taggenaue Dauer eines Jahres? Beachten Sie, daß derart präzise Zahlenangaben eine Vermessung der Basisseitenlänge mit der erstaunlichen Genauigkeit von fünfzehn Zentimetern voraussetzen, was sich angesichts des Zustands der Pyramide als schwierig erweisen dürfte. Außerdem aber beträgt das Doppelte der Diagonalen genau 25 826 Pyramiden-Inches (1 PI entspricht 1/25 PY), und das ist der Präzessionszyklus der Erdachse in Jahren. Wohlgemerkt: diejenigen, die diese Zahl mit einer solchen Genauigkeit angeben, behaupten damit implizit, sie hätten die Diagonale mit einer Genauigkeit von weniger als 1 PI, also in der Größenordnung von Zentimetern vermessen.

Doch das war noch nicht alles, man tönte des weiteren, es ließe sich eine mathematische Formel finden, mit welcher die Basisseitenlänge der Pyramide (in PY) in Relation zur Entfernung zwischen Erde und Sonne (in Kilometern) gesetzt werden könne. Das würde bedeuten, die Erbauer der Pyramide kannten bereits mehrere tausend Jahre vor der Einführung des metrischen Systems die Länge eines Kilometers. Man stellte noch weitere solcher bemerkenswerten Zusammenhänge zwischen baulichen Daten der Großen Pyramide und Daten aus der Astrophysik oder der Geschichte der Menschheit fest, und diese erregten in

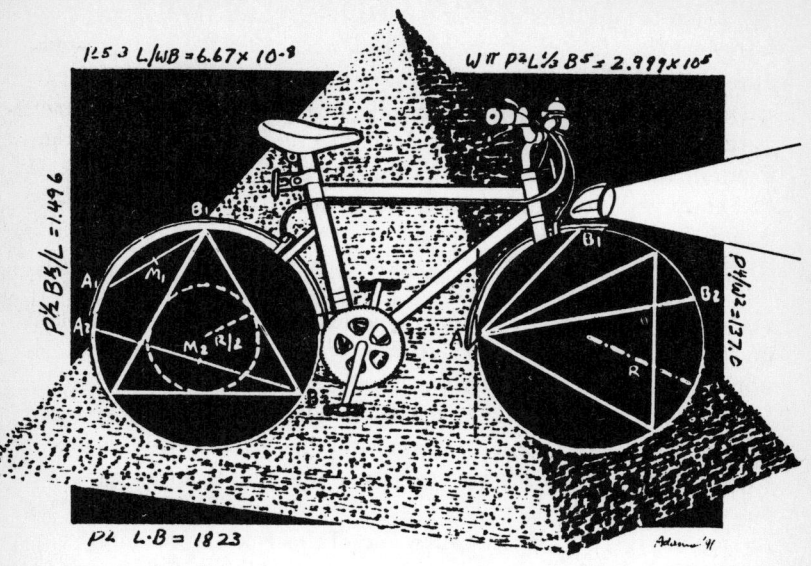

weiten Kreisen großes Interesse und Verblüffung. Die Religion der Großen Pyramide blühte und gedieh.

Verschiedene Aspekte pseudowissenschaftlicher Beweisführung sind hier ganz deutlich auszumachen. Am offensichtlichsten ist eine übersteigerte Ehrfurcht vor zufälligen Übereinstimmungen von Zahlen, und einhergehend damit wird die mögliche Anzahl mathematischer Relationen zwischen einfachen Zahlen unterschätzt.

Um das zu verdeutlichen, möchte ich nun eine neue Religion vorstellen. Sie gründet sich auf mein Hollandrad. Warum? Weil ein Fahrrad in meiner Heimat praktisch denselben Status besitzt wie die Pyramiden im alten Ägypten. In meinem Land gibt es 15 Millionen Holländer, aber 16 Millionen Fahrräder.

Ich vermaß die Durchmesser

- des Pedalwegs, der die vorwärtsschreitende Dynamik symbolisiert;
- des Vorderrads, das meinen Weg in eine unbekannte Zukunft lenkt;
- der Lampe, die mir meine Pfade erleuchtet;
- der Klingel, die nur zur der Kommunikation mit Entgegenkommenden dient.

So legte ich den elementaren Grundstein für eine neue holistische, vierdimensionale Religion, die des anbrechenden Wassermannzeitalters würdig ist: die Radosophie.

Die Meßergebnisse wurden in Heilige-Fahrrad-Inches umgerechnet. 1 HFI entspricht 17 Millimetern, denn 1 ist die erste und 17 die siebte Primzahl, und die Sieben ist außerdem die heilige Zahl.

Wenn ich die vier gemessenen Werte mit P, W, L und B benenne, zeigt sich, daß

$$P^2 \sqrt{L \times B} = 1823$$

und siehe da, dies entspricht dem Quotienten der Massen von Proton und Elektron. Ich finde es bemerkenswert, daß eine solch simple Relation zwischen drei Parametern meines Fahrrads eine so fundamentale Konstante ergibt; der Schöpfer meines Rades muß sehr begabt gewesen sein. Möglicherweise besaß er übernatürliche Kräfte, denn vielleicht waren ihm die Werte der Massen von Proton und Elektron gar nicht bekannt.

Aber das ist ja noch nicht alles. Die «Feinstrukturkonstante», eine für die Grundlagenphysik sehr bedeutsame Zahl, lautet 137,0. Und – man staune:

$$P^4 / W^2 = 137,0$$

Die Gravitationskonstante lautet $G = 6,67 \times 10^{-8}$, und siehe da:

$$P^{-5} \sqrt[3]{L/WB} = 6,67 \times 10^{-8}$$

Ebenso besteht eine Beziehung zwischen meinem Fahrrad und grundlegenden astronomischen Daten. Zum Beispiel beträgt die Entfernung zwischen Erde und Sonne, in Einheiten von hundert Millionen Kilometern ausgedrückt, 1,496. Was stelle ich fest? Daß

$$P^{1/2} B^{1/3} / L = 1,496$$

Die Lichtgeschwindigkeit beträgt $2,998 \times 10^5$ Kilometer pro Sekunde. Aus meinen Fahrradparametern errechne ich

$$W^\pi P^2 L^{1/3} B^5 = 2,999 \times 10^5$$

Aufgrund der Differenz zwischen den letzten Ziffern möchte ich den Physikern eine Neuberechnung der Lichtgeschwindigkeit nahelegen, denn angesichts der zitierten exakten Übereinstimmungen scheint es sehr unwahrscheinlich, daß der Fehler bei meinem Fahrrad liegt.

Ich könnte die Liste der Kombinationen noch erheblich verlängern. Ich könnte mein Fahrrad zu jeder willkürlich gewählten Zahl in Relation setzen – vom Alter des Weihnachtsmannes bis zur Anzahl der Blumen in meinem Garten. Alle Rechnungen würden aufgehen.

Doch weder an der Großen Pyramide noch an meinem Fahrrad ist irgend etwas Besonderes.

Wählen Sie vier Zahlen A, B, C und D und bringen Sie sie in folgende Rechnung ein:

$$A^a \times B^b \times C^c \times D^d$$

wobei Sie für ^{a}, ^{b}, ^{c} und ^{d} ganze Zahlen zwischen 5 und –5 sowie die positiven und negativen Werte π, 1/2 und 1/3 einsetzen können. Es gibt 83 521 mögliche Kombinationen, und die Wahrscheinlichkeit, daß eine davon einer zuvor bestimmten festen Größe (mit einer Abweichung von 0,01 Prozent) entspricht, ist etwa eins. (Beachten Sie, daß ich im vorigen Teil vorsichtig genug war, alle festen Größen mit lediglich drei oder vier Stellen anzugeben!) Ein einfaches Computerprogramm kann all die Kombinationen ausdrucken, die der festen Größe mit einer Abweichung von, sagen wir, 0,1 Prozent entsprechen. In den meisten Fällen waren es etwa zehn mögliche Kombinationen, aus denen ich dann die besten ausgesucht habe. Ein größerer Rechner als meiner, der auf mehr Variablen und Formeln zurückgreifen kann, würde noch weit bessere Ergebnisse ausspucken.

In numerischen Experimenten wie auch im täglichen Leben gibt es immer wieder Fälle von Koinzidenz. Wer nicht begreift, daß solche zufälligen Übereinstimmungen nicht «selten» sind, verwendet sie entsprechend unangemessen und inkorrekt, um die Existenz paranormaler Vorgänge zu beweisen. Die meisten Menschen unterschätzen die gewaltige Menge möglicher Kombinationen von Zahlen. Und das hat es vielen pseudowissenschaftlichen Auffassungen leicht gemacht, sich auszubreiten und allgemeine Anerkennung zu finden.

Cornelis de Jager ist Astrophysiker am Labor für Weltraumforschung in Utrecht, Niederlande.

(Deutsch von Dirk van Gunsteren)

Aus der radosophischen Fachdebatte
Leserbriefe

In seinem Beitrag «Was ist Radosophie?» bemerkt Cornelis de Jager ganz richtig, daß sich die Höhe der Cheopspyramide (481) zur Basisseitenlänge (755) verhält wie 1 zu $\pi/2$. Tatsächlich finden sich in allen Maßen der Pyramide sehr genaue Zahlenverhältnisse, in denen π auftaucht, und hierfür gibt es eine einleuchtende Erklärung. Zunächst möchte ich aber darauf hinweisen, daß die ägyptische Mathematik zur Zeit der Pyramiden (2800–2300 v. Chr.) alles andere als fortgeschritten war. Wie aus dem Rhind-Papyrus (1700 v. Chr.) hervorgeht, stellten Bruchrechnungen ein großes Problem dar; man kannte sehr wohl das Konzept (nicht aber den Wert) von π und verwendete einen Annäherungswert von $22/7$. π war kein in der Großen Pyramide «versiegeltes» Geheimnis.

Der Grund für das gehäufte Auftreten dieses Wertes ist simpel und jedem Stellmacher einleuchtend. In einer Monographie über die Maße und Gewichte der alten Ägypter bemerkt Sir Flinders Petrie, daß beim Bau der Cheopspyramide die Elle als Längenmaß strikt eingehalten wurde. Bis dahin und auch beim Bau der früheren Pyramiden variierte die Länge der Elle von Mal zu Mal, und oft wurde beim Bau einer Pyramide mit verschiedenen Ellen gemessen. Als die Geometer den Standort der Cheopspyramide vermaßen, war die Elle jedoch zu einer festen Maßeinheit geworden. Um längere Strecken abzumessen, rollte man ein Rad mit einem Durchmesser von einer Elle und zählte die Umdrehungen. Auf diese Weise kam die Zahl π in die Metrik des Bauwerks und findet sich dementsprechend überall in den Maßen der Pyramide.

Zweitens: Die alten Baumeister waren nicht dumm. Kurt Mendelssohn hat gezeigt (*American Scientist*, 59:2, 1971), daß die Pyramiden im Trial-and-error-Verfahren gebaut wurden, bis mit den Proportionen der Cheopspyramide schließlich ein zufriedenstellendes Ergebnis erreicht war. Zufriedenstellend insofern, als den Baumeistern daran lag, Arbeit und Material zu sparen und gleichzeitig eine stabile Struktur zu errichten.

Der letzte und für mich wichtigste Punkt ist de Jagers Bemerkung: «Sie hat tatsächlich einige astronomische Besonderheiten zu bieten.» Das stimmt nicht. Die vielzitierte Ausrichtung nach Norden hatte religiöse Bedeutung und kann nach einer in meinem vierzig Jahre alten Pfadfinderhandbuch angegebenen Methode berechnet werden. Die Baumeister «zielten» mit der Pyramide auch nicht auf Alpha Draconis. Alpha Draconis konnte vom Ende des betreffenden Ganges gar nicht gesehen werden. Auch andere Beispiele zeigen, daß die Luftschächte nicht auf Himmelskörper ausgerichtet wurden.

Alles in allem schwebte den Erbauern der Cheopspyramide wohl kaum ein mathematisches Museum vor. Und wahrscheinlich hätten viele der Sklaven am liebsten ein 1,90 Meter (3,5 Ellen) tiefes Loch gegraben und den alten Tyrannen darin versenkt.

R. L. Walker
Flagstaff, Arizona

Cornelis de Jager schreibt das Vorhandensein der Zahl π in den Dimensionen der Großen Pyramide einem Zufall zu. Dieses Verhältnis ist jedoch keineswegs zufällig, sondern ein Ergebnis der Bauweise.

Ich bin Physiker und Ingenieur

und habe gelegentlich Vorträge über den Mythos der Pyramiden gehalten, darum weiß ich, es gibt keinen historischen Beweis, daß die Erbauer der Pyramiden den Wert von π kannten. Der erste (inkorrekte) Wert taucht erst tausend Jahre später auf. Dennoch beträgt die doppelte Basisseitenlänge der Großen Pyramide, dividiert durch die Höhe, fast genau π.

Die Neigung der Seitenflächen der Großen Pyramide, die das Verhältnis von Basis zu Höhe bestimmt, beträgt etwa 52 Grad. Warum entschied man sich von allen möglichen Werten ausgerechnet für diesen? Natürlich wurde die Neigung während des Baus ständig kontrolliert, damit sie konstant blieb. Wenn die Messungen in Ellen vorgenommen wurden, die in 28 Finger unterteilt waren, dann entspricht die Neigung der Pyramide der Regel «Eine Elle aufwärts und 22 Finger einwärts». Dadurch ergibt der Quotient aus der doppelten Basisseitenlänge und der Höhe genau 3 1/7, und das ist als Näherungswert für π ziemlich gut.

Ich weiß nicht, ob ich traurig oder froh darüber sein soll, daß die alten Ägypter nie eine Pyramide gebaut haben, bei der das horizontale Maß 19 Finger betrug. Bei einer solchen Pyramide würde

das Doppelte der Basisseitenlänge, dividiert durch ihre Höhe, mit einer Abweichung von 0,15 Prozent beim Wert e liegen, welcher die Grundlage der natürlichen Logarithmen ist. Es ist schon schlimm zu behaupten, die Ägypter hätten Archimedes vorweggenommen. Aber immerhin bleibt uns dasselbe für Euler und Napier erspart.

Tom Napier
North Wales, Pennsylvania

Cornelis de Jager berührt in seinem Artikel beiläufig einen Punkt, der, wenn auch vielleicht nicht von zentraler Bedeutung, so doch hilfreich sein kann, wenn es darum geht, die Kompetenz derer zu beurteilen, die die Wunder der Pyramiden, von Stonehenge und so weiter preisen.

De Jager erwähnt, das Verhältnis der Höhe der Großen Pyramide zu ihrer Seitenlänge sei 1 zu π/2, was scheinbar darauf hindeute, daß die Baumeister den Wert der Zahl π gekannt haben. Des weiteren betrage die Seitenlänge in «Pyramiden-Yards» genau 365,25, woraus manche folgerten, die Ägypter hätten die Länge eines Jahres genau gemessen. Eigentlich finde ich beide Behauptungen gar nicht so unplausibel – doch dann schießen die

Mystifizierer sich selbst in den Fuß, indem sie sagen: «Außerdem beträgt das Doppelte der Diagonalen genau 25 826 Pyramiden-Inches (1 PI entspricht 1/25 PY), und das ist der Präzessionszyklus der Erdachse in Jahren.» Sind drei Zufälle überzeugender als zwei? In diesem Fall nicht: Sobald die Seitenlänge so bemessen ist, daß sie der Anzahl der Tage im Jahr entspricht und die Höhe in einem Verhältnis zum Wert der Zahl π steht, liegt die Länge der Diagonalen fest. Der Planer hat keine Freiheit, sie irgendeiner dritten Konstanten anzupassen. Und jeder, der mir erzählen will, diese Größenverhältnisse seien bedeutsam, sollte mir erst einmal erklären, warum durch π die Zahl der astronomischen Tage im Jahr in einem Verhältnis zum Präzessionszyklus der Erdachse steht.

Mark Drake
Legett, Kalifornien

Ich fand Cornelis de Jagers Artikel über Radosophie sehr beeindruckend und erhellend.

Mein einziger Einwand lautet, daß die Feinstrukturkonstante meines Wissens nicht 137,0 ist, sondern der Kehrwert dieser Zahl.

Ich frage mich daher, ob de Jager bei der Entwicklung seiner Radosophie sein Heiliges Fahrrad zeitweise auf dem Kopf stehend gefahren hat.

Karl Lembke
Los Angeles, Kalifornien

(Deutsch von Dirk van Gunsteren)

Legenden

Der hundertste Affe

Ron Amundson

Ein in New-Age-Kreisen beliebtes Beispiel für «kollektives Bewußt-sein» – das spontane Auftreten von Kartoffelwaschverhalten in einer Gruppe von Affen – erweist sich bei näherer Überprüfung als Humbug. Die Art, wie diese Behauptung verbreitet wurde, ist ein typisches Bei-spiel für pseudowissenschaftliche Methoden.

Das «Phänomen des hundertsten Affen» erhielt diesen Namen von Lyall Watson (1979), der sich bei der Darstellung des zugrundeliegen-den Falls auf fünf Aufsätze respektabler japanischer Primatenforscher beruft (Imanishi 1963; Kawai 1963 und 1965; Kawamura 1963 und Tsumori 1967). Watsons Diskussion dieses Phänomens umfaßt nicht ganz zwei Seiten. Dieser kurze Bericht hat jedoch Furore gemacht. In Anlehnung an Watson erschienen ein Buch (Keyes 1982), ein Newslet-ter-Artikel (*Brain/Mind Bulletin* 1982) und ein Film (Hartley 1983), jeweils mit dem Titel «Der hundertste Affe». Ferner finden sich ein Zeitschriftenartikel mit der Überschrift «Der ‹hundertste Affe› und das Überlebensstreben der Menschheit» (Stein 1983) sowie der Aufsatz «Der Quantenaffe» in einem populärwissenschaftlichen Magazin (*Science Digest* 1981). Alle genannten Arbeiten verlassen sich, was das erstaunliche, übernatürliche Verhalten von Primaten anbelangt, auf Watson als einzige Quelle.

Die Affen, um die es hier geht, sind in der Tat bemerkenswerte Tiere. Es handelt sich um japanische Makaken (*Macaca fuscata*), die in wild-lebenden Stämmen auf mehreren japanischen Inseln anzutreffen sind. Sie werden schon seit langem beobachtet. In den Jahren 1952/53 be-gannen Primatologen außerdem, diese Affenstämme mit Nahrung wie Süßkartoffeln und Weizen zu versorgen. Das hielt die Affen davon ab, Farmland zu plündern, und erleichterte zudem die Beobachtung. Die Nahrung wurde an gut einsehbaren Stellen ausgelegt, häufig an Strän-den. Als Folge dieser veränderten ökonomischen Bedingungen entwik-kelten die Affen mehrere neue Verhaltensweisen. Eine davon wurde

1953 von einem achtzehn Monate alten weiblichen Jungtier namens Imo initiiert. Imo gehörte zum Stamm auf der Insel Koshima. Sie fand heraus, daß sich die Süßkartoffeln von Sand und Steinchen befreien ließen, indem man sie im Fluß beziehungsweise im Meer wusch. Imos Mutter und ihre Spielgefährtin guckten sich den Trick von Imo ab, und so verbreitete er sich bald auch unter den anderen Stammesmitgliedern. In diesem Fall lernten also die älteren Affen das innovative Verhalten von den jüngeren (üblicherweise ist es umgekehrt). Watson zufolge wuschen zu Beginn des Jahres 1958 bereits sämtliche Jungtiere auf Koshima ihre Kartoffeln, während noch nicht alle erwachsenen Affen die neue Sitte von den Jungen gelernt hatten. Im Herbst desselben Jahres aber ereignete sich auf Koshima angeblich etwas höchst Erstaunliches, und auf dieses Geschehen bezieht sich nun die ganze Mär vom «hundertsten Affen».

Welcher Natur dieses Ereignis eigentlich war, ist nicht ganz klar. Watson schreibt:

«Die Geschichte muß man sich aus persönlichen Anekdoten und den unter Primatenforschern kursierenden Geschichten zusammenreimen, da die meisten Wissenschaftler bis heute nicht ganz sicher sind, was da passiert ist. Und diejenigen, die die Wahrheit ahnen, zögern, sie publik zu machen, aus Angst, der Lächerlichkeit anheimzufallen. Ich bin daher gezwungen, die Details zu improvisieren, aber soweit ich rekonstruieren kann, hat sich wohl folgendes zugetragen. Im Herbst jenes Jahres wusch bereits eine nicht näher spezifizierte Zahl von Affen Süßkartoffeln im Meer... Nehmen wir zu Darstellungszwecken einmal an, daß es neunundneunzig waren und daß an einem Dienstag um elf Uhr vormittags ein weiterer Konvertit auf die übliche Weise zu dieser Gruppe stieß. Mit dem Hinzukommen dieses hundertsten Affen überschritt die Zahl jedoch offenbar eine Art Schwelle, eine bestimmte kritische Masse, denn schon am Abend desselben Tages tat es fast der gesamte Rest der Herde. Und nicht nur das: das Verhaltensmuster scheint sogar natürliche Barrieren übersprungen zu haben und – ähnlich wie Glyzerinkristalle in hermetisch verschlossenen Reagenzgläsern – auch in Kolonien auf anderen Inseln sowie bei einem Trupp in Takasakiyama auf dem Festland spontan aufgetreten zu sein.»

Watson behauptet, unter den Affen sei eine Art Gruppenbewußtsein entstanden, und zwar schlagartig, nachdem ein entscheidender weiterer Affe das Kartoffelwaschen auf bis dato konventionellem Weg erlernt hatte. Der plötzliche Lernsprung des restlichen Koshima-Stammes resultiere demgegenüber nicht mehr aus dem individuellen Lernen, wie es in den Vorjahren stattgefunden hatte. Das neue Phänomen des Gruppenbewußtseins sei auch für die nicht minder plötzliche Übernahme des neuen Verhaltens durch Affen auf anderen Inseln und auf dem Festland verantwortlich. Watson räumt ein, er sei gezwungen gewesen, einige Details zu «improvisieren»; Wochentag, Tageszeit sowie die für das Überschreiten der «kritischen Masse» erforderliche Zahl von Affen seien in der wissenschaftlichen Literatur nicht spezifiziert. Festzustehen scheint jedoch seiner Darstellung zufolge, daß schon bis zum Abend (oder jedenfalls binnen sehr kurzer Zeit) fast der gesamte Stamm (oder zumindest ein großer Teil der restlichen Affen) das neue Verhaltensmuster übernahm. Erstaunlich an diesem angeblichen Sprung ist zum einen die vergleichsweise schleichende Verbreitung des Verhaltensmusters während der ersten fünf Jahre; noch bemerkenswerter scheint das plötzliche Überspringen naturgegebener Barrieren als Folge des «Wunders von Koshima».

Im folgenden gilt es zu untersuchen, inwieweit Watsons Darstellung mit den von ihm selbst angeführten wissenschaftlichen Quellen übereinstimmt. Natürlich dürfen wir nicht zuviel von diesen Quellen erwarten; Watson hatte ja schon gewarnt, daß die Geschichte nie vollständig erzählt worden sei und er Details habe «improvisieren» müssen. Aber wir dürfen uns doch wohl immerhin Anhaltspunkte für dieses wundersame Naturereignis von Koshima im Jahr 1958 erhoffen. Insbesondere sollte man meinen, daß sich in den Quellen erstens Belege für einen plötzlichen Lernsprung innerhalb des Stammes (wenn auch vielleicht nicht innerhalb eines Nachmittags) sowie zweitens für das plötzliche Auftreten von Kartoffelwaschverhalten kurz danach in anderen Stämmen finden müßten. Wir sind schon darauf gefaßt, daß drittens die Literatur vermutlich *keinen* Aufschluß über bestimmte wichtige Details geben wird: Es dürften sich dort keine exakten Angaben darüber finden lassen, wie viele Affen vor oder nach dem Ereignis von 1958 ihre Kartoffeln wuschen, und wohl auch keine Erklärung für den allgemeinen Lernschub nach dem einschneidenden Ereignis von Koshima. Schließlich behauptet Watson ja gerade, dieses Ereignis habe einen *paranormalen* Lernvorgang ausgelöst.

Diese drei Erwartungen wollen wir jetzt überprüfen. Die folgenden Ausführungen beziehen sich ausschließlich auf die von Watson selbst zitierte Literatur zum Thema Makaken.

Fast alles, was überhaupt an Informationen über den Stamm von Koshima vorliegt, steht in einem Zeitschriftenartikel von Masao Kawai (1965); die übrigen Aufsätze sind letztlich sekundär. Kawais Artikel gibt eine erstaunlich detaillierte Darstellung des Geschehens auf Koshima. Der Stamm bestand 1952 aus zwanzig Affen und wuchs bis 1962 auf neunundfünfzig Tiere an (zumindest numerisch hat es also auf Koshima nie einen «hundertsten Affen» gegeben). Watson zufolge hatte bis zum Jahr 1958 eine «nicht näher spezifizierte Zahl» von Affen das Kartoffelwaschen erlernt. Tatsächlich ist diese Zahl alles andere als unspezifiziert: Kawais Artikel enthält genaue Angaben zum zeitlichen Verlauf der Verbreitung des Kartoffelwaschens, darüber hinaus zu Geburtsdaten und Abstammungsverhältnissen *sämtlicher Affen des Koshima-Stammes zwischen 1949 und 1962*! Im März 1958 hatten exakt zwei von elf Affen der Altersgruppe über sieben Jahre das Kartoffelwaschen erlernt, während es in der Gruppe der Zwei- bis Siebenjährigen fünfzehn von neunzehn waren. Das ergibt zusammen siebzehn von dreißig der über zweijährigen Affen.

Von einem plötzlichen Lernereignis im Herbst 1958 allerdings ist weder in diesem Aufsatz noch in irgendeinem der anderen die Rede. Vermerkt ist hingegen, daß im Jahre 1962 insgesamt neunundvierzig Tiere besagtes Verhaltensmuster erworben hatten. Demnach wuchsen sowohl die Gesamtpopulation als auch die Gruppe der Kartoffelwäscher in diesem Zeitraum (vier Jahre) um neunzehn Tiere an. Vielleicht war es ja dieser Umstand, der Watson auf einen plötzlichen Sprung im Herbst 1958 schließen ließ. Und vielleicht (denn wir sind hier auf Spekulationen angewiesen) wurde er in dieser Idee durch den folgenden Satz von Kawai bestärkt: «Der Erwerb des [Kartoffelwasch-]Verhaltens läßt sich in zwei Phasen untergliedern: vor und nach 1958.»

Kawai gibt also keine Jahreszeit an, in der ein plötzlicher Sprung stattgefunden habe, und erst recht keinen bestimmten Monat oder gar Wochentag. Immerhin, er nennt das Jahr 1958 als eine entscheidende Marke. Aber gibt uns Kawai irgendwelche Rätsel auf, was den Unterschied der beiden Phasen betrifft? Ist er «selbst nicht sicher, was da passiert ist»? Zögert er, Einzelheiten zu benennen, «aus Angst, der Lächerlichkeit anheimzufallen»? Ganz und gar nicht. Er erzählt die ganze Geschichte, und zwar geradezu detailbesessen. Die Lernphase nach 1958 zeichnet sich gerade durch ihre Normalität aus. Die Zeit von 1953 bis 1958 war eine Phase aufregender Innovationen gewesen. Der Stamm hatte sich plötzlich mit neuen Nahrungsquellen konfrontiert gesehen, und die Jungtiere hatten Verfahren entwickelt, mit diesen Nahrungsquellen umzugehen. Bis zum Jahr 1958 waren diese Jungtiere jedoch ins Establishment hineingewachsen: Makaken reifen schneller als Menschen. Das ungewöhnliche Verhaltensschema, wonach die erwachsenen Tiere von den Jungtieren lernten, wich nun wieder dem traditionellen Muster: die Makaken-Kinder übernahmen die Tischsitten auf dem Schoß der Mutter. Imos erstes Junges, ein Männchen namens «Ika», wurde 1957 geboren und genau wie die Jungen ihrer einstigen Spielgefährtinnen zu einem braven kleinen Kartoffelwäscher erzogen. Kawai bezeichnet die Zeit von 1953 bis 1958 als eine Periode «individueller Verbreitung», die Zeit nach 1958 hingegen als eine Periode «präkultureller Verbreitung». Dieser letzte Terminus bezeichnet etwas, was bei Affen durchaus nicht unüblich ist. Unter normalen Umständen hat jede Gruppe ihre spezifischen Verhaltenseigenheiten und Gebräuche, die mit «präkulturellen» Mitteln tradiert werden. Die Vorsilbe verrät lediglich ein gewisses Zögern, das Verhalten von Affen als genuin «kulturell» einzustufen.

Kawais Darstellung läßt also nichts offen. Demnach ist im Jahre 1958 nichts Rätselhaftes oder auch nur Plötzliches passiert. Die Jahre 1958 und 1959 waren die Zeit, in der eine Gruppe innovativer Heranwachsender ins Erwachsenenalter eintrat. Die Hippies der sechziger Jahre haben ähnliches erlebt.

Tatsächlich war 1958 sogar ein mageres Jahr, was die Verbreitung des Kartoffelwaschverhaltens auf Koshima anbelangt. Nur zwei Affen erlernten es in dieser Zeit: die weiblichen Jungtiere Zabon und Nogi. Während der fünf vorangegangenen Jahre waren es immerhin im Schnitt jährlich drei Tiere gewesen. Es deutet nichts darauf hin, daß Zabon und Nogi mit übersinnlichen Kräften begabt oder sonst irgendwie außergewöhnlich gewesen wären.

Wie steht es nun mit den Stämmen außerhalb von Koshima? In der Tat berichten zwei Quellen, das tierische Kartoffelwaschen sei in mindestens fünf Kolonien außerhalb von Koshima beobachtet worden (Kawai 1965, S. 23; Tsumori 1967, S. 219). In beiden Berichten heißt es jedoch ausdrücklich, man habe es nur bei einigen wenigen Indivi-

duen beobachtet und in keinem Fall in der gesamten Kolonie verbreitet gefunden. Wann diese Verhaltensweise auftrat, wird nicht erwähnt, aber es muß irgendwann zwischen 1953 und 1967 registriert worden sein. Es deutet also nichts darauf hin, daß es in unmittelbarem Anschluß an irgendein wundersames Ereignis auf Koshima im Herbst 1958 einsetzte oder plötzlich zu irgendeinem anderen Zeitpunkt.

Was bleibt vom Wunder demnach übrig? Eigentlich gar nichts; Watsons Darstellung der Geschehnisse wird durch die von ihm selbst genannten Quellen *höchst detailliert* widerlegt. Im Gegensatz zu Watsons Postulat eines plötzlichen und unerklärlichen Sprungs heißt es hier sogar ausdrücklich: «Solche Verhaltensmuster werden offenbar langsam, aber stetig unter den Stammesmitgliedern weitergegeben und der nachwachsenden Generation tradiert» (Tsumori 1967, S. 207).

Watson hat die von ihm zitierten wissenschaftlichen Aufsätze entweder nicht richtig gelesen oder verzerrt wiedergegeben. Es lohnt sich, seine Argumentations- und Darstellungsweise sowie das populärwissenschaftliche Echo, das er damit fand, einer genaueren Betrachtung zu unterziehen, denn hier läßt sich die klassische pseudowissenschaftliche Vorgehensweise exemplarisch vorführen. Es geht vor allem um folgende Punkte:

1. *Nebulöse Informationsquellen*: Watson erklärt, das zugängliche wissenschaftliche Material lasse wichtige Daten offen, da diese «nicht näher spezifiziert» seien. Das ist schlicht falsch. Und er verfeinert diesen Trick, indem er behauptet, die meisten Wissenschaftler seien noch immer nicht sicher, was passiert sei; diejenigen aber, die «die Wahrheit ahnten», würden «zögern, sie publik zu machen, aus Angst, der Lächerlichkeit anheimzufallen». So schafft Watson dreierlei auf einen Streich: sich selbst als mutig zu apostrophieren; zu begründen, warum man von diesem wundersamen Phänomen bisher noch nichts gehört hat; und den Leser von einer Überprüfung der genannten Quellen abzuhalten. Watson zog die wirkliche Geschichte aus «persönlichen Anekdoten und den unter Primatenforschern kursierenden Geschichten». Uns allen, die wir nicht mit solchen Leuten plauschen, bleibt nur, Watson zu vertrauen. Diese Technik hat auch funktioniert: Von den mir bekannten Werken, die das Phänomen des hundertsten Affen aufgreifen, enthält keines irgendwelche Indizien dafür, daß der Verfasser sich die Mühe gemacht hätte, Watsons Quellen nachzuspüren. Dennoch präsentieren alle sein Phantasiegebilde als wissenschaftlich belegte Tatsache. Von Watson selbst sind auch keine weiteren Informationen zu bekommen. Ich habe sowohl ihm als auch seinem Verlag geschrieben, aber bis heute keine Antwort erhalten.

2. *Aversion gegen natürliche Erklärungen*: Tatsache ist, das Kartoffelwaschverhalten wurde auf verschiedenen Inseln beobachtet. Watson zieht daraus den Schluß, daß es auf irgendeine paranormale Art und Weise von einem Ort zum anderen gelangt sein muß. Wie unter Fans des Paranormalen üblich, ignoriert er plausible natürliche Erklärungen. Es gibt deren zwei. Zum einen könnte es sich schlicht um eine unabhängige Innovation handeln – verschiedene Affen finden dieselbe Lösung für ein gemeinsames Problem. Diese Erklärung ist unter Pseudowissenschaftlern verpönt. Die Ureinwohner Amerikas *können* die Pyramide nicht unabhängig von den Ägyptern erfunden haben – sie hatten dazu einfach nicht genug Grips im Kopf. In noch extremeren Fällen (von Däniken zum Beispiel) ist *der Mensch als solcher* zu blöd, so daß ihm Außerirdische auf die Sprünge geholfen haben müssen.

Watson unterstellt, Imo sei der einzige Affe gewesen, der über die nötigen Fähigkeiten verfügte, die Nützlichkeit des Kartoffelwaschens zu erkennen; für ihn war Imo ein «Affengenie» und das Kartoffelwaschen «geradezu der Erfindung des Rads vergleichbar». Affen auf anderen Inseln waren dann wohl zu dumm für eine solche Innovation... Man darf jedoch nicht vergessen, daß all diese Affen bis 1952/53 keine Kartoffeln hatten, die sie hätten waschen können.

An mindestens fünf verschiedenen Orten hatten Affen bis 1962 das Kartoffelwaschen gelernt. Das veranlaßt mich zu dem Schluß, daß diese Affen kluge Geschöpfe sind. Watson hingegen veranlaßt es zu dem Schluß, *ein* Affe sei klug gewesen, und das Paranormale habe den Rest besorgt.

Die zweite Erklärungsmöglichkeit, die Watson außer acht läßt, ist die natürliche Diffusion. Und in der Tat berichtet Kawai von einem Kartoffelwäscher namens «Jugo», der 1960 von Koshima zu der Insel schwamm, auf der der Takasakiyama-Stamm lebte. Jugo kehrte 1964 zurück. Watson erwähnt diesen Ausflug gar nicht.

Die japanischen Makaken sind bekannt für ihre Klugheit und ihre Mobilität. Jede dieser beiden Eigenschaften für sich genommen könnte die Verbreitung des Kartoffelwaschverhaltens über mehrere Inseln erklären. Aber Watson setzt die Scheuklappen auf.

3. *Aufbauschen des Wunders*: Wird ein Mythos weitergegeben, bläst ihn jeder der Beteiligten ein bißchen mehr auf. Die beiden folgenden Beispiele stammen aus Werken der zweiten Generation. Watson wird darin ausgiebig zitiert und seine Schilderung immer noch ein wenig mehr ausgeschmückt. Zunächst hieß es in den Berichten der Primatenforscher lediglich, es seien außerhalb von Koshima einige wenige Fälle von Kartoffelwaschverhalten beobachtet worden. Bei Watson liest man, dieses Verhaltensmuster sei «auch in Kolonien auf anderen Inseln... spontan aufgetreten». Das ist ja nicht direkt falsch, da die wenigen Affen tatsächlich *in anderen Kolonien* lebten (obwohl natürlich nur diese einzelnen Tiere das Verhalten zeigten und nicht die ganze Kolonie).

Ken Keyes berichtet nun unter Berufung auf Watson, daß nach der Bekehrung des hundertsten Affen auf Koshima «auch Affenkolonien auf anderen Inseln... ihre Süßkartoffeln zu waschen begannen» (Keyes 1982, S. 16). Das suggeriert bereits spontane Massenkartoffelwaschorgien.

Ein zweites Beispiel: Was das Verhältnis der Primatologen zu den

Ereignissen von 1958 anbelangt, heißt es bei Watson noch, sie seien sich «bis heute nicht ganz sicher, was da passiert sei». Die Verwirrung unter Primatologen wächst jedoch rapide, denn der *Science Digest* (1981) spricht bereits von einem «Rätsel, das die Primatenforscher schon seit fast einem Vierteljahrhundert ratlos macht».

In diesen beiden Fällen sind Watsons eigene Behauptungen vergleichsweise bescheiden. In den Werken der zweiten Generation wird aus «nicht ganz sicher» dann bereits «seit einem Vierteljahrhundert ratlos», und aus dem Verhaltensmuster, das bei einzelnen Tieren innerhalb anderer Kolonien auftrat, wird ein Verhaltensmuster ganzer Affenkolonien. Man muß bedenken, diese Werke der zweiten Generation basieren *allein* auf Watson; selbst seine ohnehin nicht allzu korrekte Darstellung ist hier noch weiter verzerrt worden – und natürlich nicht in Richtung Wahrheit.

4. *Validierung paranormaler Phänomene durch paranormale Phänomene*: Die Validität von Berichten über übernatürliche Phänomene ergibt sich aus ihrer Übereinstimmung mit anderen Berichten ähnlicher Art. An den Sekundärwerken, die sich auf Watson berufen, läßt sich diese Technik gut verdeutlichen. Keyes untermauert das Phänomen des hundertsten Affen mit den Experimenten von J. B. Rhines an der Duke University, durch die angeblich telepathische Vorgänge zwischen Menschen «nachgewiesen» worden seien. «Wir wissen jetzt, daß sich diese außersinnliche Kommunikation auf ein hochwirksames Maß verstärken läßt, wenn das Bewußsein einer ‹hundertsten Person› dazukommt» (Keyes 1982, S. 18). Elda Hartleys Film «The Hundredth Monkey» beruft sich auf Edgar Cayce. Und in einem bemerkenswerten Durchbruch von Gruppenbewußtsein betonen *vier der fünf* Sekundärquellen die Parallelen zwischen Watsons Phänomen des hundertsten Affen und Rupert Sheldrakes Konzept des «morphogenetischen Feldes». Die spontane Beobachtung von Ähnlichkeiten zwischen Watson und Sheldrake hat offenbar die natürlichen Barrieren zwischen den vier Publikationen übersprungen. Sicherlich läßt sich dieses Zusammentreffen nicht durch independente Innovation oder natürliche Diffusion erklären.

Ich muß gestehen, daß ich für einige Sekundärwerke zum Phänomen des hundertsten Affen eine gewisse Sympathie hege, und zwar aufgrund ihrer eigentlichen Motive. Ken Keyes etwa erhebt das Affenphänomen zum Titel seines Buches, aber sein eigentliches Thema ist die atomare Abrüstung. Arthur Steins Artikel und (in geringerem Maß) auch Elda Hartleys Film sind von Keyes' Hoffnung inspiriert, das Phänomen des hundertsten Affen könne zur Verhinderung eines Atomkrieges beitragen. Die Botschaft lautet: «Vielleicht sind Sie der hundertste Affe», die Person, deren Beitrag zum Kollektivbewußtsein bewirkt, daß die Menschheit doch noch vom nuklearen Holocaust abläßt. Dieses Motiv ist sicher ebenso lauter wie das des Kindes, das an den Weihnachtsmann schreibt, es wünsche sich die weltweite atomare Abrüstung. Wir können nur hoffen, der Weihnachtsmann und der hundertste Affe sind nicht unsere einzige Chance, dem Atomkrieg zu entgehen.

Ron Amundson ist Philosophiedozent an der University of Hawaii in Hilo

(Deutsch von Cornelia Holfelder-von der Tann)

Subliminale Werbung

Anthony R. Pratkanis

Wir befinden uns in den späten fünfziger Jahren. In einem Kino in Fort Lee, New Jersey, sind die Projektoren ohne Wissen des Publikums mit einer besonderen Vorrichtung ausgestattet worden: Sie können mit solcher Geschwindigkeit kurze Sätze auf die Leinwand werfen, daß den Zuschauern gar nicht bewußt wird, eine Mitteilung eingeblendet gesehen zu haben. Stellen Sie sich vor, Sie sitzen in diesem Kino. Während des Films flüstern Sie Ihrem Begleiter zu: «Mensch, jetzt könnte ich einen Becher Popcorn und 'ne Cola vertragen!» Worauf er antwortet: «Du kriegst aber auch immer gleich Hunger und Durst im Kino, psst!» Doch nach wenigen Augenblicken lenkt er ein: «Stimmt eigentlich, 'ne Cola und Popcorn wär'n jetzt nicht schlecht.»

Kurz danach erfahren Sie, daß Sie beide nicht die einzigen waren, die an diesem Tag im Kino Lust auf Popcorn und Cola bekamen. Laut Berichten in Zeitungen und Zeitschriften hatte James Vicary, ein Werbefachmann, heimlich in einer Drittel Millisekunde die Sätze «Iß Popcorn» und «Trink Cola» eingeblendet. Sein Experiment dauerte sechs Wochen und bezog Tausende von Kinogängern ein, die alle fünf Sekunden während eines Films der subliminalen Botschaft ausgesetzt waren. Vicary behauptete, der Verkauf von Cola sei um 18 Prozent, der von Popcorn um fast 58 Prozent gestiegen. Als sie das in der Zeitung lasen, waren die meisten Leute empört und erschrocken – welch ein teuflisches Verfahren, das an ihrem wachen Verstand vorbei *subliminale* (unterschwellige) Befehle direkt an ihr Unbewußtes richten konnte.

In seinem Artikel mit dem Titel «Verschmutzung des Unterbewußten» (1957) ging Norman Cousins mit ähnlichen Gefühlen auf die eigentliche Tragweite dieses Vorgangs ein: «Wenn der Trick uns erfolgreich Popcorn andient, wieso dann nicht auch Poliker oder irgend etwas anderes?» Welchen Charakter, so fragte er, mußten wohl Menschen haben, die sich eine Maschine ausdachten, «um in die tiefsten, verborgensten Bereiche des menschlichen Geistes einzudringen und alle möglichen Kratzspuren zu hinterlassen»? Cousins schloß, das beste sei wohl, «diese Erfindung und alles, was damit verbunden ist, direkt an der nächsten für einen Test vorgesehenen Atomsprengladung zu befestigen».

Man nahm sich Cousins' Warnungen zu Herzen. Die amerikanische Federal Communications Commission (Bundesausschuß für Nachrichtenwesen) ermittelte umgehend gegen die Vicary-Studie und verfügte, der Einsatz subliminaler Einblendungen werde fortan den Verlust der Sendelizenz zur Folge haben, und die National Association of Broadcasters (Nationaler Verband der Rundfunksender) verbot seinen Mitgliedern den Einsatz subliminaler Werbung. Auch Australien und Großbritannien untersagten unterschwelliges Werben.

Die Vicary-Studie hinterließ, wenn nicht im *Un*bewußten, so doch im Bewußtsein der Amerikaner einen dauerhaften wunden Punkt. Eine der häufigsten Fragen, die man mir als Lehrer für Sozialpsychologie und Meinungsforschung stellt, lautet: «Kennen Sie die ‹Iß Popcorn/ Trink Cola›-Studie, die *die* gemacht haben?» Auf Cocktailparties nimmt man mich oft zur Seite und erzählt mir mit gedämpfer Stimme von dieser Studie. Mein anfängliches Interesse am Thema Beeinflussung des Unbewußten rührte daher, daß ich wissen wollte, wie man mit solchen Fragen am besten umgeht.

Meinungsumfragen in den USA zeigen, wie sehr Menschen von dem Phänomen subliminaler Beeinflussung fasziniert sind (Haber 1959; Synodinos 1988; Zanot, Pincus und Lamp 1983). 1958, nur neun Monate nach dem ersten Bekanntwerden der Vicary-Story, hatten 41 Prozent der Befragten schon mal von subliminaler Werbung gehört. Diese Zahl stieg bis Anfang der achtziger Jahre auf 81 Prozent, von denen wiederum 68 Prozent glaubten, das sei ein verkaufsträchtiges Werbemittel. Ein erstaunliches Ergebnis der Meinungsumfragen war auch, daß viele Leute durch die Massenmedien, in Kursen an der High School oder im College davon gehört hatten.

Doch die «Iß Popcorn/Trink Cola»-Studie hat noch eine andere Seite: In einem Interview von 1962 (in der Zeitschrift *Advertising Age*) offenbarte James Vicary, der Originalversuch sei reine Erfindung gewesen, um für ein rückläufiges Marketing-Unternehmen Kunden zu gewinnen. Verschiedene Indizien sprechen dafür, daß Vicary diesmal die Wahrheit sagte. Lassen Sie mich dies erklären, indem ich die Story der «Iß Popcorn/Trink Cola»-Studie anhand verschiedener Publikationen in wissenschaftlichen Zeitschriften und Branchenblättern nacherzähle, so gut es geht.

Werbefachleute, die Federal Communications Commission (FCC) und Psychologen bezweifelten Vicarys Behauptungen von Anfang an, sie verlangten Beweise. Daraufhin lud Vicary zu Demonstrationen seines Apparates ein. Manchmal gab es technische Schwierigkeiten, doch wenn das Gerät funktionierte, verspürten die Zuschauenden wenig Veranlassung, den unterschwelligen Befehlen nachzukommen, worauf ein FCC-Vertreter schließlich erklärte: «Ich kann mich darüber nicht aufregen – ich glaube nicht, daß das funktioniert.»

1958 drängte die Advertising Research Foundation Vicary, seine Daten und eine genaue Beschreibung seines Verfahrens auf den Tisch zu legen. Seit Veröffentlichung der Ergebnisse sei über ein Jahr vergangen, und es gebe noch immer keine ausführliche offizielle Darstellung des Experiments, welche indes unerläßlich sei, um die angeblichen Resultate zu beurteilen. Bis auf den heutigen Tag gibt es keine solche Publikation zur Studie. Wissenschaftler, die sie nachvollziehen möchten, müssen sich an Berichte wie «Invisible Advertising» aus dem *Senior Scholastic* (1957) halten; der Artikel bietet eine der genauesten Beschreibungen des Originalversuchs.

Forderungen nach einer Wiederholung des ganzen Experimentes wurden immer lauter. Henry Link, der Präsident des amerikanischen Psychologenverbandes, forderte Vicary zu einem Test unter kontrollierten Bedingungen und unter Supervision einer unabhängigen Forschergruppe auf. Resultat: Veränderungen im Kauf von Cola oder Popcorn waren nicht festzustellen (Weir 1984). In einem der Wiederholungsversuche von 1958 blendete die Canadian Broadcast Corporation während der beliebten Sonntagabend-Fernsehshow *Close-up* 352mal die subliminale Aufforderung «Jetzt anrufen» («Phone Now») ein. Die Zahl der Anrufer war nicht gerade signifikant – niemand rief beim Sender an. Als man raten sollte, welche Aufforderung eingeblendet worden sei, kamen an die fünfhundert Zuschauerbriefe, doch nicht einer enthielt die richtige Antwort. Fast die Hälfte derer, die geschrieben hatten, klagte dafür über Hunger- oder Durstgefühle während der Show. Offensichtlich tippten sie, die Botschaft habe sie zum Essen oder Trinken veranlassen wollen.

Mit meiner Darstellung der Vicary-Studie möchte ich zweierlei erreichen. Erstens ist die «Iß Popcorn/Trink Cola»-Geschichte kein Einzelfall. Das Thema unterschwellige Beeinflussung stand in den USA mindestens zu vier verschiedenen Zeitpunkten im Zentrum allgemeinen Interesses: um die Jahrhundertwende, in den fünfziger Jahren, in den siebziger Jahren und jetzt zu Beginn der neunziger Jahre. Jedesmal nahm die öffentliche Auseinandersetzung mit dem Thema einen ähnlichen Verlauf: Zuerst behauptet jemand, eine Wirkung festgestellt zu haben; dann versuchen andere, den Effekt zu wiederholen, und scheitern; daraufhin werden die Originalergebnisse in methodischer Hinsicht kritisiert; dennoch wird die ursprüngliche Behauptung veröffentlicht und vom Laienpublikum bereitwillig aufgenommen, wodurch sie zu einem Mythos des Alltags wird. Heute haben wir den Punkt erreicht, wo ein nicht nachweisbares Phänomen aus früheren Tagen dazu benutzt wird, die falsche Behauptung einer späteren Zeit zu untermauern. Zum Beispiel hatte ich kürzlich Gelegenheit, den Hersteller von Selbsthilfe-Kassettenkursen um Beweise zu bitten, daß seine Bänder – wie behauptet – therapeutischen Wert haben. Seine Antwort: «Sie sind doch Psychologe. Kennen Sie denn nicht die Studie, wo man während eines Films immer ‹Iß Popcorn/Trink Cola› eingeblendet hat?»

In den letzten Jahren habe ich alles gesammelt, was an Artikeln über subliminale Vorgänge veröffentlicht wurde – die Forschungen reichen über hundert Jahre zurück (Suslowa 1863), und es gibt mehr als hundert populäre Artikel und über zweihundert wissenschaftliche Arbeiten zum Thema (Pratkanis und Greenwald 1988). In keiner dieser Arbeiten finden sich Beweise für die These, subliminale Befehle könnten das Verhalten beeinflussen

In vielen Versuchen läßt sich keine Wirkung feststellen, und wo eine festgestellt wird, kann sie entweder nicht wiederholt werden, oder es tauchen erhebliche methodische Mängel auf: Unter anderem werden die Erwartungshaltung der Versuchsperson und eine eventuelle Voreingenommenheit des Experimentators nicht in Betracht gezogen; es wird selektiv mehr über positive als negative Wirkungen berichtet; es mangelt an angemessenen Kontrollverfahren; Resultate sind in sich widersprüchlich; Maßstäbe unzuverlässig und nicht objektiv; Stimuli werden nicht wirklich subliminal eingesetzt. Zwar gibt es ernstzunehmende Beweise für subliminale Wahrnehmung und für Informationsübermittlung, deren man sich nicht bewußt ist; doch darf man subliminale Wahrnehmung *nicht* mit einer das Verhalten motivierenden oder verändernden subliminalen Willenslenkung oder Einflußnahme ver-

"NE COLA UND POPCORN WÄR'N
JETZT NICHT SCHLECHT"

wechseln, für die es wiederum kaum stichhaltige Beweise gibt (McConnell, Cutler und McNeil 1958; Moore 1982 und 1988).

Doch ich habe noch einen zweiten Grund, auf die Vicary-Studie so
ausführlich einzugehen: Mir scheint, unsere Faszination bezüglich subliminaler Beeinflussung ist ein weiteres Beispiel für ein Phänomen, das
Richard Feynman (1985) «Cargo-Kult-Wissenschaft» genannt hat.
«In der Südsee», schreibt er, «gibt es bei bestimmten Völkern einen
Cargo-Kult. Während des Krieges sahen sie, wie Flugzeuge mit vielen
brauchbaren Gütern landeten, und nun möchten sie, daß das wieder
geschieht. So sind sie übereingekommen, Landebahnen anzulegen, seit-

lich der Landebahnen Leuchtfeuer anzuzünden, eine Hütte aus Holz zu bauen, in der jemand mit einem hölzernen Apparat sitzt, der wie ein Kopfhörer aussieht und in dem Bambusstöcke als Antennen stecken – das ist der Fluglotse –, und sie warten darauf, daß die Flugzeuge landen... All das nenne ich Cargo-Kult-Wissenschaft, weil es anscheinend allen Rezepten und Formen der wissenschaftlichen Forschung folgt, aber etwas Wesentliches verfehlt, denn die Flugzeuge landen ja nicht.»

Cargo-Kult-Wissenschaft ist also etwas, das alle äußeren Merkmale sorgfältiger Forschung – zum Beispiel den Aufbau eines Experiments – aufweist, aber eine entscheidende Zutat vermissen läßt, nämlich Skepsis: ein gewisses Innehalten, um zu sehen, ob man sich nicht vielleicht irrt. Das wesentliche Charakteristikum von Wissenschaft ist, daß man seine eigenen Interpretationen und Theorien stets in Zweifel zieht, um sie noch verbessern zu können.

Der Cargo-Kult-Charakter der Erforschung subliminaler Einflußnahme zeigt sich bereits um die Jahrhundertwende in einigen der ersten Studien. Im Jahre 1900 berichtete K. Dunlap über eine subliminale Müller-Lyer-Täuschung – die relativ bekannte optische Täuschung, bei der man eine Linie, abhängig von der Richtung der Winkel an ihren Enden, kürzer oder länger erscheinen läßt. Dunlap ließ einen «unmerklichen Schatten» oder eine Linie aufblitzen, um diese Täuschung subliminal hervorzurufen. Er behauptete, das Urteilsvermögen seiner Versuchspersonen bezüglich der Länge der Linie werde von den unmerklichen Schatten beeinflußt. Doch Dunlaps Ergebnisse konnten weder von Titchener und Pyle (1907) noch von Manro und Washburn (1908) unmittelbar wiederholt werden. Dennoch hinderte diese Inkonsistenz der Ergebnisse Hollingworth (1913) nicht daran, die subliminale Müller-Lyer-Täuschung in seinem Werbe-Lehrbuch zu erörtern und die Schlußfolgerung zu ziehen, subliminale Einflußnahme sei ein wirkungsvolles Mittel in der Hand des Werbefachmanns.

Meiner Ansicht nach war es kein Zufall, daß subliminale Beeinflussung in Amerika erstmals um die Jahrhundertwende Thema wurde. Die Macht des Unbewußten zu demonstrieren und wissenschaftlich zu erforschen entsprach in dieser Zeit tiefen religiösen Interesses den Bedürfnissen der Bevölkerung – und der Fortentwicklung eines typisch amerikanischen Phänomens, der spirituellen Selbsthilfegruppe. Eine solche Bewegung, die in Intellektuellenkreisen ihre Anhänger fand, wurde *New Thought* – «Neues Denken» – genannt und zählte William

James zu ihren Anhängern. *New Thought* vertrat eine Doktrin, wonach der Geist unbegrenzte, jedoch verborgene Kraft besitze, die man – gewußt wie – anzapfen könne, um ein wunderbares, glückliches Leben zu beginnen und auch physische Heilung zu bewirken. Angesichts der zunehmenden Industrialisierung und der Anonymität des neu entstehenden Großstadtlebens kann man verstehen, daß eine Lehre von der verborgenen Kraft des Individuums in manchen Kreisen auf fruchtbaren Boden fiel.

Der Historiker Robert Fuller (1982, 1986) führt die Ursprünge von *New Thought* und ähnlichen Bewegungen auf ein frühes amerikanisches Interesse an den Lehren Franz Anton Mesmers zurück. Fullers Grundgedanke ist, das mächtige Unbewußte ersetze die religiöse «Seele». Mesmer hatte behauptet, jede Person besitze starke verborgene *physische* Kräfte, den *animalischen Magnetismus*. Diese Kräfte könnten durch sorgfältiges Ausrichten von Magneten aktiviert werden, um Persönlichkeitsveränderungen und körperliche Heilungsprozesse auszulösen. Der Mesmerismus wurde zu Anfang des 19. Jahrhunderts in Amerika bekannt, und alsbald bildeten sich – typisch für die Findigkeit der Yankees – Selbsthilfe-Organisationen, die Mesmers ursprüngliche Magnettherapie verbessern wollten und dafür auch verschiedene Verfahren entwickelten: Hypnosetechniken, Séancen, die Heilpraktiken der Christian Science, positives Denken und *speaking cure*.

Mit Abstand eines Jahrhunderts wird deutlich, daß viele Zeitschriften des 19. Jahrhunderts die fortschreitende Entwicklung des Mesmerismus und der Lehren über die Beeinflussung des Bewußtseins durch das Unbewußte akribisch dokumentierten. Wie Dunlap (1900) in der Einleitung zu seinem Artikel über die subliminale Müller-Lyer-Täuschung schrieb: «Wenn eine solche Wirkung ausgelöst wird, dann haben wir den Beweis für die Annahme, daß unter bestimmten Bedingungen Dinge, deren wir uns nicht bewußt sind und auch nicht werden können, unmittelbar auf unser Bewußtsein einwirken.» Mit anderen Worten, wir hätten damit einen der ersten wissenschaftlichen Beweise, daß das Unbewußte das Bewußtsein mächtig beeinflussen kann.

Ein einfacher Schritt vielleicht – doch wer weiß, welche wunderbaren Kräfte des menschlichen Geistes noch darauf warten, freigesetzt zu werden.

Spätere Manifestationen der «subliminalen Manie» illustrieren

noch andere Aspekte der Cargo-Kult-Wissenschaft. In den frühen siebziger Jahren, während ihrer dritten Popularitätswelle, brachte der Best-
seller-Autor Wilson Bryan Key subliminale Einflußnahme auf zweierlei
Arten ins Gespräch. Erstens behauptete Key, subliminale Techniken
beschränkten sich nicht nur auf Fernseh- und Kinofilme – auch die
Fotos der Anzeigenwerbung enthielten raffiniert verborgene Signale,
die sexuelle Erregung hervorrufen sollten. Key entdeckte das Wort *Sex*
auf allem und jedem – von Ritz-Crackern bis zu den Eiswürfeln auf
einer Anzeige für Gilbey Gin. Zweitens stellte Key eine Verbindung
zwischen dem Begriff der subliminalen Beeinflussung und den Problemen seiner Zeit her. Die siebziger Jahre waren für die Amerikaner ge-
prägt von Mißtrauen gegenüber Regierung, Unternehmen und Institu-
tionen. Key behauptete, die großen Anzeigenfirmen und der alles be-
herrschende Staat hätten sich verschworen, unser Denken durch subliminale «Implantate» zu steuern.

Am Erbe der Keyschen Cargo-Kult-Wissenschaft tragen wir noch
heute. Meine Studenten an der University of California in Santa Cruz
frage ich oft, ob sie schon einmal den Begriff *subliminale Beeinflussung*
gehört haben – und wenn ja, wo. Fast allen ist er geläufig, und etwa die
Hälfte von ihnen hat ihn, wie sie sagen, in der High School kennengelernt. Viele hatten von ihrem Lehrer die Aufgabe bekommen, Anzeigen
in Zeitschriften auf subliminale Einfügungen hin durchzusehen. Diese
Lehrer lassen sich eine Gelegenheit entgehen, Wissenschaft statt
Cargo-Kult-Wissenschaft zu vermitteln.

Key (1973) berichtet von einer Studie, bei der über tausend Versuchspersonen die Gilbey-Gin-Anzeige vorgelegt bekamen; angeblich
enthielt sie in den Eiswürfeln das Wort *Sex*. 62 Prozent der Befragten
gaben an, sich «erregt», «romantisiert», «sinnlich» zu fühlen. Statt
diese Aussagen so hinzunehmen und die Teilnehmer des Seminars nach
subliminalen Signalen suchen zu lassen, würde ein wissenschaftlich
vorgehender Lehrer die Studenten zu kritischen Fragen ermuntern:
«Aber wo ist denn die Kontrollgruppe in der Gilbey-Gin-Studie?
Würde vielleicht ein noch höherer Prozentsatz kundtun, er fühle sich
sexy, wenn man das Wort *Sex* herausnähme – oder auch derselbe Prozentsatz oder weniger?» Man weiß es einfach nicht.

Zur Zeit – seit Ende der achtziger Jahre – beobachten wir eine vierte
Welle des Interesses an subliminaler Einflußnahme. Tüchtige Unter-
nehmer machen jährlich 50 Millionen Dollar Gewinn mit subliminalen

Selbsthilfekursen auf Audio- und Videokassetten, die anscheinend alles und jedes verbessern: vom Selbstbewußtsein bis zum Gedächtnis, von den Beziehungen zwischen Angestellten und Kunden bis zur sexuellen Hingabe. Sie sollen sogar – das vielleicht zweifelhafteste Versprechen – die Auswirkungen von Gewalt und sexuellem Mißbrauch in der Familie überwinden helfen (Natale 1988). Nach Aussage eines Herstellers funktionieren die Bänder so, daß «subliminale Botschaften sich am Bewußtsein vorbei direkt ins Unbewußte einprägen, wo sie die Grundlage für die Art von Leben schaffen, die Sie sich wünschen». Die Beliebtheit solcher Bänder entspringt sicher zum Teil den Glaubenssätzen des *New Age*. Wie sein Vorgänger *New Thought* postuliert auch *New Age* eine mächtige verborgene Kraft in der menschlichen Persönlichkeit, die – nicht durch Magnete, sondern zum Beispiel durch Kristalle – zum Guten aktiviert und mit Hilfe subliminaler Befehle auf bestimmte Dinge ausgerichtet werden kann.

Auch Vorwürfe wegen des Mißbrauchs subliminaler Beeinflussung werden wieder laut. Im Sommer 1990 wurde die Rock-Band Judas Priest angeklagt, weil angeblich einer ihrer Songs das subliminale Implantat «*Tu es!*» enthielt. Diese Aufforderung sollte nun die Selbstmorde der beiden jungen Männer Ray Belknap und James Vance verursacht haben.

Welche Belege gibt es dafür, daß subliminale Beeinflussung, die weder um 1900 noch in den fünfziger und siebziger Jahren funktionierte, jetzt in den neunziger Jahren Wirkung entfaltet? Die Anbieter der Tonband- und Video-Selbsthilfekurse legen Ihnen gern eine umfangreiche Liste von «Forschungsarbeiten» vor, die ihre Behauptungen vermeintlich untermauern. Die «Versuche» auf diesen Listen gehören zu zwei verschiedenen Kategorien – solche, die die Hersteller der Bänder selbst gemacht haben und zu denen ausführliche Beschreibungen oft ganz fehlen, und solche mit Titeln, die klingen, als bezögen sie sich auf subliminale Beeinflussung, die aber in Wirklichkeit nichts damit zu tun haben. Eine Firma listet zum Beispiel zahlreiche Forschungsarbeiten zur subliminalen Wahrnehmung auf, um ihre Behauptungen zu stützen. Da ist es dann eine reine Glaubenssache, ob man die Auswertung eines Programms zur Wortschatzerweiterung als Beweis akzeptiert, daß ein subliminales Selbsthilfetonband gegen Schlaflosigkeit oder gegen das Trauma einer Vergewaltigung hilft.

Dieser Trick, zu behaupten, etwas, das gar nichts mit subliminaler

Beeinflussung zu tun habe, beweise dennoch deren Wirksamkeit, reicht auch schon bis zur Jahrhundertwende zurück. In der ersten Fußnote ihres Artikels, worin der vergebliche Versuch beschrieben wird, Dunlaps subliminalen Müller-Lyer-Effekt zu wiederholen, stellen Titchener und Pyle (1907) fest: «Dunlap findet eine Parallele zu seinen eigenen Resultaten in den Experimenten von Pierce und Jastrow über geringfügige Wahrnehmungsunterschiede. Es besteht jedoch überhaupt keine Ähnlichkeit zwischen den beiden Untersuchungen.» In der Cargo-Kult-Wissenschaft ist jeder Beleg – selbst irrelevante Tatsachen – von Nutzen und wird als wertvoll erachtet.

In letzter Zeit gab es eine Reihe von Untersuchungen, die die Wirkung von subliminalen Selbsthilfekursen regelrecht getestet haben. Eine solche Untersuchung habe ich selbst in Santa Cruz mit meinen Kollegen Jay Eskenazi und Anthony Greenwald durchgeführt (Pratkanis, Eskenazi und Greenwald 1990). Wir verwendeten dabei im Handel erhältliche Tonbänder mit subliminalen Botschaften, die entweder das Selbstbewußtsein oder das Gedächtnis stärken sollten. Beide Arten von Bändern enthielten denselben supraliminalen Inhalt – verschiedene klassische Musikstücke. In ihrem subliminalen Inhalt dagegen unterschieden sie sich. Laut Hersteller enthielten die Bänder fürs Selbstbewußtsein subliminale Botschaften folgender Art: «Ich habe ein hohes Selbstwertgefühl und ein starkes Selbstbewußtsein.» Das Band zur Gedächtnisverbesserung enthielt unterschwellige Autosuggestionen wie: «Meine Fähigkeit, etwas zu behalten und zu erinnern, nimmt täglich zu.»

Durch Plakate und Anzeigen in der Lokalpresse warben wir Freiwillige an, die besonders interessiert an Wert und Leistungsfähigkeit subliminaler Selbsthilfetherapien erschienen (und wahrscheinlich zu den potentiellen Käufern solcher Bänder zählten). Am ersten Tag unseres Versuches baten wir die Teilnehmer, je drei verschiedene Testaufgaben zu den Themen Selbstachtung und Gedächtnis zu erfüllen. Anschließend erhielten sie nach Zufallsprinzip das subliminale Tonband, jedoch mit einer kleinen Veränderung: Die Hälfte der Bänder hatten wir umbeschriftet, so daß mancher ein Gedächtnis-Band erhielt, aber glaubte, es sei dasjenige zur Stärkung des Selbstbewußtseins, und umgekehrt. (Die andere Hälfte der Teilnehmer erhielt die übrigen der Beschriftung gemäßen Bänder.)

Unsere Freiwilligen nahmen ihre Kassetten mit nach Hause und hörten sie fünf Wochen lang täglich (das ist der vom Hersteller für ein optimales Ergebnis vorgeschlagene Zeitraum). Während dieser Phase bemühten wir uns, alle Teilnehmer etwa einmal wöchentlich anzurufen, um sie an das tägliche Hören zu erinnern. Nur eine Handvoll der Testpersonen konnte den Versuch, der eine hohe Motivation und großes Interesse an subliminaler Therapie voraussetzte, nicht bis zu Ende führen. Nach fünf Wochen täglichen Hörens kamen alle ins Labor zurück, unterzogen sich erneut bestimmten Selbstbewußtseins- und Gedächtnistests und wurden nun gebeten zu sagen, ob sie die Kassetten für wirksam hielten.

Das Ergebnis: Die subliminalen Bänder erzielten *keine* Wirkung (Verbesserung oder Abnahme) in bezug auf Selbstbewußtsein oder Gedächtnis. Unsere Freiwilligen allerdings waren da anderer Meinung. Versuchspersonen, die meinten, ein Band fürs Selbstbewußtsein angehört zu haben (ganz gleich, ob es das nun wirklich war oder nicht), tendierten zu der Überzeugung, ihr Selbstbewußtsein habe zugenommen, und diejenigen, die glaubten, täglich ein Gedächtnis-Band gehört zu haben, neigten zu der Annahme, ihr Gedächtnis sei wirklich besser geworden. Die subliminalen Bänder taten nichts für eine meßbare Verbesserung von Selbstwertgefühl und Merkfähigkeit, doch einigen unserer Versuchspersonen schienen sie eine Wirkung zu haben: der typische Placebo-Effekt.

Unsere Ergebnisse sind keine Zufallstreffer. Wir haben unseren Originalversuch seither mit anderen Bändern zweimal wiederholt und die von den Herstellern versprochene Wirkung subliminaler Botschaften auf Bewußtsein und Verhalten noch immer nicht finden können (Greenwald, Spangenberg, Pratkanis und Eskenazi 1991). Wenn wir die Daten aller drei Versuche zusammennehmen, können wir statistisch geringfügige Korrelationen entdecken. Doch bei weitem nicht genug für einen Nachweis subliminaler Effekte, wie ihn die Hersteller für ihre Produkte beanspruchen.

Auch andere Wissenschaftler stellten fest, daß subliminale Selbsthilfe-Bänder dem Benutzer nichts bringen. In einer Serie von drei Experimenten testeten Auday, Mellett und Williams (1991) die Wirksamkeit von falschen und echten subliminalen Bändern, die entweder das Gedächtnis verbessern, Streß oder Angst abbauen oder das Selbstbewußtsein stärken sollten. An allen drei Fronten erwiesen sie sich als wirkungslos. Russell, Rowe und Smouse (1991) testeten subliminale

Bänder zur Verbesserung des Lernvermögens – die Bänder verbesserten weder die Durchschnittspunktzahlen noch die Ergebnisse der Abschlußprüfungen. Lenz (1989) ließ 270 Polizeischüler in Los Angeles 24 Wochen Musik mit und ohne subliminale Einschübe anhören, die entweder ihre Gesetzeskenntnisse oder ihre Treffsicherheit beim Schießen verbessern sollten. Die Bänder verbesserten weder das eine noch das andere. Kürzlich stellten Merikle und Skanes (1991) in einem Versuch fest, daß übergewichtige Testpersonen nach fünf Wochen subliminaler Berieselung gegen die Pfunde nicht mehr Gewichtsverlust vorzuweisen hatten als die Kontrollpersonen. Insgesamt also haben unabhängige Forscher neun Versuche durchgeführt, um die Wirkung subliminaler Selbsthilfe-Bänder zu testen. Keiner der neun Versuche konnte eine Wirkung feststellen, die den Verheißungen des Herstellers entsprochen hätte (siehe auch Eich und Hyman 1991).

Es zeigt sich also, daß entgegen allen Behauptungen – in Büchern und Zeitungen oder auf den Verpackungen der Kassetten – der Erfolg subliminaler Strategien bisher nicht nachgewiesen werden konnte. Natürlich ist es, wie überall in der Wissenschaft, möglich, daß eines Tages irgend jemand eine wirksame subliminale Technik entwickeln wird, so wie eines Tages ein Chemiker einen Weg finden mag, Blei in Gold zu verwandeln. Ich persönlich werde aber deshalb jetzt noch keine Bleiaktien kaufen.

Die Geschichte öffentlicher Auseinandersetzung mit subliminaler Willenslenkung lehrt viel über Beeinflussung – wenn auch nicht über subliminale. Wenn es so wenige wissenschaftliche Nachweise für die Wirksamkeit subliminaler Einflußnahme gibt, wieso glauben dann trotzdem so viele daran? Es stimmt wohl: So sehr wir auch von den Früchten der Wissenschaft profitieren, so sind wir doch keine von der Wissenschaft geprägte Kultur. Wir können das an den vielen populärwissenschaftlichen Zeitungsartikeln zum Thema «subliminale Beeinflussung» ablesen. Nur wenige Artikel erklären unverblümt, wie wirkungslos subliminale Beeinflussung ist, und die übrigen behaupten entweder, daß sie funktioniert, oder sie ziehen sich auf ein großes «Vielleicht» zurück, um das Interesse der Leser wachzuhalten. Positive Ergebnisse werden also groß herausgestrichen, über Null-Ergebnisse wird selten berichtet. Die Zweifelhaftigkeit der positiven Ergebnisse – etwa durch das Fehlen von Kontrollgruppen, die Auswirkung einer Erwartungshaltung, den Aufbau subliminaler Schwellen und so fort –

wird kaum erwähnt. Wenn negative Aspekte berücksichtigt werden, dann oft am Ende des Artikels, was beim Leser den Eindruck erweckt, daß äußerstenfalls das Ausmaß der erzielten Wirkung ein wenig umstritten sein mag.

Statt wissenschaftlicher Methodik unterwirft man diejenigen, denen man subliminale Einflußnahme unterstellt (in erster Linie Anzeigenunternehmen), einer Art «Gottesurteil». Im Mittelalter bestand diese weitverbreitete Prüfung gelegentlich darin, die Beschuldigte gefesselt in einen Teich zu werfen. Schwamm sie an der Oberfläche, war sie eine Hexe. Ertrank sie, war ihre Unschuld bewiesen. Proteste seitens der Angeklagten galten als weiteres Zeichen ihrer Schuld.

Wie Key feststellt, geben Firmen viel Geld für Werbung mit subliminalen Signalen aus. Warum sollten sie so große Summen vergeuden, wenn unterschwellige Einflußnahme wirkungslos wäre? Die Tatsache, daß solche subliminalen Botschaften nicht leicht zu entdecken sind und die Werbeleute ihren Einsatz leugnen, ist nur ein weiterer Beweis für die Raffinesse dieser Firmen.

Die Vertreter einer Theorie subliminaler Einflußnahme nutzen unsere heiligsten Erwartungen, Hoffnungen und Ängste aus. Jede Welle erhöhten Interesses an subliminaler Willenslenkung war an die wichtigen Philosophien und Geistesströmungen der jeweiligen Epoche gekoppelt. Der Glaube an unterschwellige Beeinflussung hat aber für den einzelnen noch andere Folgen. Wir leben im Zeitalter der Werbung; jeder bekommt im Laufe seines Lebens durchschnittlich etwa sieben Millionen Anzeigen vor Augen. Wir klären unsere Bürger kaum über diese alltäglichen Beeinflussungsmethoden auf. Die Folge ist, daß viele sich durch ganz gewöhnliche Vorgänge verwirrt und irritiert fühlen (Pratkanis und Aronson 1992). Die negative, beunruhigende Seite subliminaler Beeinflussung wird als irrationale Kraft außerhalb der Kontrolle des Empfängers empfunden. Als solche gewinnt sie eine übernatürliche Qualität – «das hat mir der Teufel eingegeben» –, die rechtfertigen und erklären kann, warum Menschen so leicht zu überreden sind und scheinbar zu irrationalem Verhalten neigen. Warum bloß habe ich dieses Ding zu einem so hohen Preis gekauft? Subliminale Hexerei.

Auf der positiven, anziehenden Seite hingegen erfüllt der Glaube an subliminale Beeinflussung das Bewußtsein zumindest mit der Illusion, die Grenzen des Normal-Menschlichen und einer prosaischen Existenz überwinden zu können. Wir können wie Götter sein – uns selbst heilen, an allem, was wir tun, Freude empfinden, tätig werden zum Wohle der Menschheit, allein indem wir unser eigenes Kräftepotential anzapfen.

Doch der Glaube an subliminale Beeinflussung hat seinen Preis. Der vielleicht traurigste Aspekt ist, daß das Ganze unsere Aufmerksamkeit von wesentlicheren Problemen ablenkt. Wir halten nach subliminalen Einflußfaktoren Ausschau und bemerken währenddessen viel effektivere, krassere Verführungstaktiken der Werbe- und Verkaufsmanager nicht. Und andere, erfolgreichere Wege, auf denen sich unser menschliches Potential erschließen ließe, nehmen wir vielleicht nicht wahr.

Vielleicht ist es allmählich an der Zeit, den Mythos von der subliminalen Hexerei zur letzten Ruhe zu betten und unsere Aufmerksamkeit auf andere, auch der Wissenschaft standhaltende Methoden zu richten, um die Beweggründe menschlichen Verhaltens verstehen und unsere Lebensbedingungen verbessern zu lernen.

Anthony R. Pratkanis lehrt Psychologie an der University of California in Santa Cruz.

(Deutsch von Wiebke Schmaltz)

Sex auf Keksen
Ein Leserbrief

Es überrascht mich nicht, daß die meisten an die Wirksamkeit unterschwelliger Werbung glauben. Als Hochschullehrer für Kommunikationswissenschaften am Iona College in New Rochelle, New York, gebe ich Werbetextkurse für Studenten der Kommunikationswissenschaften im vorletzten und letzten Studienjahr. Wenn wir zum Kursteil «Verbrauchermotivation» kommen, bitte ich die Studenten grundsätzlich, durch Handzeichen anzuzeigen, ob sie glauben, daß unterschwellige Werbung funktioniert und ob diese ihres Erachtens von Werbefachleuten allgemein praktiziert wird.

Jedesmal antwortet die überwältigende Mehrheit der Studenten, daß ihrer Meinung nach diese Art der Werbung sowohl funktioniert als auch systematisch angewendet wird. Im Anschluß an meine Blitzumfrage werde ich dann von Kursteilnehmern gefragt, wann ich ihnen diese Werbestrategie beizubringen gedenke. Dazu gleich mehr.

In der anschließenden Diskussion kommt dann unausweichlich die
«Iß Popcorn / Trink Cola»-Studie als «Beweis» für die Wirksamkeit
von unterschwelliger Werbung. Und als Beweis, daß sich Agenturen
dieses Mittels allenthalben bedienen, präsentieren mir die Studenten
(mündlich) massenweise Beispiele für Werbung, in denen sexuelle Si-
gnale grafisch enthalten seien: die Form einer nackten Frau in einem
Eiswürfel, in einem Glas, in einer Wodka-Werbung; das Wort «Sex»
in den Körnchen eines Reinigungsmittels, auf einem Foto, in einer Wer-
beanzeige für ein Waschmittel und so weiter.

Irgendwann im Verlauf der Diskussion erzähle ich den Studenten
dann, ich selbst habe das Wort «Sex» klar und deutlich (wenn man erst
einmal weiß, daß es da ist) auf einer Packung Duncan-Hines-Cookies
gesehen. Das Wort schien mir klar sichtbar in die bräunlich gemaserte
Oberfläche eines Kekses eingekritzelt, der vorn auf der Packung abge-
bildet war.

Während so mancher meine Aussage als Beweis dafür anführen
würde, wie geschickt amerikanische Werbestrategen versuchen, mit
subliminalen Techniken unser Denken zu manipulieren, glaube ich
selbst eher, daß es mit dem sexy Cookie eine andere, viel banalere Be-
wandtnis hat.

In bester sokratischer Manier erarbeite ich mit den Studenten durch
Fragen eine Liste möglicher Erklärungen für das Erscheinen der Buch-
stabenfolge s-e-x auf der Packung. Die Liste reicht von einer von Dun-
can Hines bewußt inszenierten Verschwörung bis zur rein zufälligen
Figuration der Buchstaben im Keksteig.

Da die Studenten einige Kenntnisse über Druckvorgänge haben, fin-
det sich auf ihrer Liste auch die Erklärungsmöglichkeit, daß irgendein
anonymer Drucker, Lithograph, Druckplattenhersteller oder Foto-
techniker die sündigen Buchstaben auf die Druckplatten oder die Filme
geschmuggelt hat – zum Spaß oder als Racheakt für wirkliches oder
eingebildetes Unrecht.

Ich kann zwar auch nicht nachweisen, wie das Wort «Sex» nun
wirklich auf die Duncan-Hines-Kekspackung gekommen ist, aber ich
hatte in den letzten dreißig Jahren genug mit Druckern und Drucke-
reien zu tun, um mich mit meinem Glauben an die Juxtheorie ganz
wohl zu fühlen.

Wenn Techniken der subliminalen Werbung wirklich eingesetzt
würden und funktionierten, gäbe es dann nicht wenigstens ein Hand-

*buch, das uns Werbetextern und -Gestaltern zeigte, wie man das
macht? Gäbe es nicht wenigstens ein Seminar für Werbeprofis, in dem
diese Technik vermittelt und verfeinert würde? Würde nicht jede Wer-
beagentur ihren Gestaltern die geheime Kunst unterschwelliger Überzeugung lehren?*

*Wie kommt es, daß ich in meiner dreißigjährigen Laufbahn als
Werbetexter, Cheftexter, Kreativdirektor und Agenturleiter noch nie
von einem Kunden gehört habe: «Okay, diese Reklame wollen wir
subliminal aufziehen – nehmen Sie doch die bewährte Technik mit der
versteckten nackten Frau in den Wolken»?*

*Wie kommt es, daß mir noch nie ein Chef-Layouter, Produzent oder
sonst ein leitender Agenturangestellter zugeflüstert hat: «Psst, schauen
Sie her, so machen wir das mit dem unterschwelligen Zeugs»?*

*Entweder wird es einfach nicht gemacht, oder ich habe jedesmal ge-
rade gefehlt, wenn ich eingeweiht werden sollte.*

*Und schließlich, wie kommt es, daß in der langjährigen Geschichte
der Werbung nie ein Plappermaul zum Beispiel in einem Anfall von
Gewissensbissen öffentlich ausgeplaudert hat, was da hinter verschlossenen Türen der bösen großen Werbeagenturen an Subliminalitäten
ausgeheckt wird? Hat es etwa noch nie einen vergrämten Mitarbeiter
einer Agentur gegeben, der in die Maschen und Tricks des Geschäfts
eingeweiht war und es seinem Boss irgendwie heimzahlen wollte?
Wohl kaum.*

*Berton M. Miller
New York*

(Deutsch von Stefanie von Kalckreuth)

Mit fremden Zungen

Sarah G. Thomason

Stellen Sie sich vor, Sie wollten jemanden davon überzeugen, einen echten Fall von Wiedergeburt erlebt zu haben. Ein deutlicher Hinweis auf Glaubwürdigkeit läge darin, daß Ihre «Versuchsperson» die Sprache einer früheren Inkarnation sprechen könnte – vorausgesetzt, diese ist nicht ihre Muttersprache und sie hat nachweislich keine Gelegenheit gehabt, die Sprache des «früheren Lebens» im jetzigen Leben zu lernen. Die Überlegung verliefe dann so: Die Beherrschung einer Sprache setzt eine langdauernde Bekanntschaft mit ihr voraus. Wenn jemand eine Sprache kennt, aber in seinem jetzigen Leben keine Gelegenheit hatte, sie zu erlernen, muß diese Sprachbeherrschung paranormal erworben worden sein – zum Beispiel in einem früheren Leben, das noch in der Erinnerung aufbewahrt ist.*

Aus der Literatur sind mehrere Fallstudien bekannt, in denen die Fähigkeit, eine fremde Sprache zu sprechen, auf die Reinkarnation (oder die damit verwandte Erscheinung der zeitweiligen Besessenheit durch eine andere Persönlichkeit) zurückgeführt wurde. Die eindrucksvollsten finden sich in zwei Büchern von Ian Stevenson (1974; 1984), Professor der Psychiatrie an der Virginia Medical School. Stevenson hat zwei Personen mit Muttersprache Englisch untersucht, die unter Hypnose andere Persönlichkeiten entäußerten und dabei, sehr stockend, Fremdsprachen, nämlich Schwedisch und Deutsch, verwandten. Um ihre Sprachkenntnis zu überprüfen, führte Stevenson Sitzungen durch, in denen die Gesprächspartner seiner beiden Testpersonen Schwedisch oder Deutsch als Muttersprache beherrschten; im zweiten

---

* Eine andere Möglichkeit wäre die göttlicher Intervention, die in Fällen von Glossolalie («Zungenreden») von manchen christlichen Gemeinschaften als Quelle des «Redens in fremder Sprache» angesehen wird. In dieser Arbeit konzentriere ich mich jedoch auf Aussagen über die Reinkarnation. Eine gründliche Untersuchung der Glossolalie findet sich bei Samarin 1972.

Fall nahm Stevenson selbst an den Unterhaltungen teil, weil er über Deutschkenntnisse verfügt.

Was dabei herauskam, nennt Stevenson «reaktive Xenoglossie» – eine Sprache, die man im jetzigen Leben nicht gelernt hat, so sprechen zu können, daß man in einer Unterhaltung auf Fragen antworten kann. Er meint, die *reaktive* Xenoglossie sei für den Nachweis paranormaler Phänomene ganz entscheidend, im Gegensatz zur «rezitierenden Xenoglossie» – der bloßen Fähigkeit, einige Worte einer Sprache zu sprechen, die man nicht gelernt hat. Der Grund liegt darin, daß «man die Fähigkeit, eine Sprache reaktiv einzusetzen, nur durch ihren Gebrauch erwirbt, nicht, indem man hört, wie sie gesprochen wird» (1984, S. 160).

Es sei betont, daß Stevenson große Anstrengungen unternommen hatte, eine Täuschung oder auch einen unbewußten Rückgriff seiner Versuchspersonen auf frühere, aber vergessene Erfahrungen mit der fraglichen Sprache ausschließen zu können. Bei seiner «deutschen» Persönlichkeit Gretchen zum Beispiel erforschte er jegliche Gelegenheiten, die sie gehabt haben mochte, auf ganz normale Weise Deutsch zu lernen. Er fuhr in die Stadt, in der sie aufgewachsen war, sprach mit ihren Verwandten und alten Bekannten und stellte (unter anderem) sicher, daß die von ihr besuchten Schulen während ihrer Schulzeit keinen Deutschunterricht angeboten hatten. Stevensons Sorgfalt ist beispielhaft, und es gibt weder hier noch anderswo einen Hinweis darauf, daß er jemanden zum Narren halten wollte; vielleicht ergibt sich am Ende der deutlichste Hinweis auf seine Integrität sogar daraus, daß er in seine Bücher ausschnittweise Niederschriften von Sitzungen aufnahm, in denen seine Klienten xenoglossisch Schwedisch und Deutsch gesprochen hatten, so daß unabhängige Forscher einige seiner Daten tatsächlich überprüfen könnten.* Es gibt auch keine Anhaltspunkte für bewußte Täuschungsversuche seiner Probanden.

Trotz der Bemühungen Stevensons, paranormale Hypothesen zu belegen, können seine linguistischen Beweise für die Wiedergeburt einen Sprachwissenschaftler nicht im geringsten überzeugen. Es ergeben sich zwei Hauptprobleme. Erstens ist sein Begriff der «reaktiven Xenoglossie» als Kriterium für das Sprachvermögen eines Menschen außerordentlich fragwürdig. Zweitens führen die meisten seiner Erklärungen für die Schwächen seiner Versuchspersonen bei der Beherrschung des Schwedischen oder Deutschen geradewegs in den Bereich der Pseudowissenschaft. Ich möchte diese Probleme der Reihe nach erörtern, wobei ich mich auf seinen «deutschen» Fall konzentriere.

Man kann sich in einer Sprache nicht unterhalten, wenn man sie nicht kennt und sie nicht auch über einen ziemlich langen Zeitraum hinweg regelmäßig gesprochen hat. Das klingt sicherlich ganz vernünftig und trifft natürlich auch zu, wenn man an gewöhnliche, normale Unterhaltungen denkt; jeder, der zum Beispiel ein paar Jahre Französisch in der Schule gelernt und dann Frankreich besucht hat, mußte vermutlich feststellen, wie schwer es ist, mit diesen geringen Kenntnissen eine Unterhaltung zu führen. Vielleicht gelingt die Frage nach dem Weg zur nächsten Kathedrale, aber wie dann eigentlich die Antwort

---

* In seinem 1984 erschienenen Buch behandelt Stevenson auch einen dritten Fall aus Indien; er teilt jedoch sehr wenige Daten über seinen Klienten mit, und deshalb gibt es keine Möglichkeit, sich ein eigenes Urteil zu bilden.

lautete, wenn sie über ein Handzeichen hinausging, bleibt ewiges Geheimnis. Man könnte also mit Stevenson eine paranormale Erklärung für geboten halten, wenn seine Versuchspersonen, ohne Schwedisch oder Deutsch je gelernt zu haben, in diesen Sprachen tatsächlich kommunizieren konnten.

Wie Stevenson jedoch selbst einräumt, war das, was seine Probanden von sich gaben, von einer normalen Unterhaltung recht weit entfernt – und doch sei ihr sprachliches Verhalten einer normalen Unterhaltung so ähnlich gewesen, daß es eine paranormale Erklärung erfordere. Ich halte dagegen – und ich denke, jeder Linguist wird nach sorgfältiger Prüfung der Daten zu dem gleichen Ergebnis kommen –, daß seine Versuchspersonen keinerlei Anzeichen einer umfassenden Kenntnis des Schwedischen oder Deutschen aus welchem Leben auch immer mitbrachten.

Was heißt es, eine Sprache zu kennen? Erstens verfügt jeder Mensch in seiner Muttersprache über einen Wortschatz von Tausenden von Wörtern – sicherlich mindestens zehntausend, wahrscheinlich viel mehr. Das gilt unabhängig von der Schulbildung. Zweitens kennt jeder Sprecher grammatische Regeln – nicht notwendig und nicht ausschließlich so, wie man sie in der Schule lernt, aber doch Regeln, die es dem Sprecher ermöglichen, sich zusammenhängend zu äußern und Aussagen zu verstehen, die anderen Sprechern dieser Sprache geläufig sind. So weiß zum Beispiel jeder, der deutsch spricht, daß ein Satz wie «Willi ißt keinen Meerrettich» völlig richtig ist, während ein Satz wie «Nicht Meerrettich Willi ißt» kein gutes Deutsch ist – es gibt keinen deutschen Dialekt oder Jargon, nach dessen Regeln er korrekt wäre. Kinder, die in eine deutsche Sprachgemeinschaft hineingeboren werden, beherrschen die meisten Regeln der außerordentlich komplexen Grammatik ihrer Muttersprache und auch einen beträchtlichen Teil ihres Wortschatzes, wenn sie vier oder fünf Jahre alt sind.

Vergleichen wir nun diese normale Situation mit dem, was Stevensons Probanden tun. Seine «deutsche» Persönlichkeit, Gretchen, spricht in Sitzungen mit dem Hypnotiseur (ihrem Ehemann, der die deutsche Sprache nicht beherrscht) etwa 120 Wörter; sie spricht in ihren späteren Sitzungen mit Deutschen nur wenige Wörter mehr. Eine Reihe dieser deutschen Wörter gleicht entweder englischen Ausdrükken, zum Beispiel *braun*, dessen Bedeutung völlig und dessen Aussprache beinahe dem englischen «brown» entspricht, oder sie haben große Ähnlichkeiten; so benutzt sie zum Beispiel das Wort *blü* für «blau» – sie spricht es mit dem nichtenglischen deutschen [ü] aus, *nicht* mit dem richtigen deutschen Laut [au].

Da Gretchen gewöhnlich nur mit ein oder zwei Worten antwortet statt in ganzen Sätzen, enthält ihr minimaler Wortschatz kaum eine der vielen grammatisch notwendigen, aber semantisch leeren Wörter wie etwa Hilfsverben; und ihre Antworten deuten häufig auch darauf hin, daß sie solche Wörter gar nicht versteht. Sie verfügt, so scheint es, sowohl aktiv als auch passiv nur über einen sehr bescheidenen Wortschatz.

Wie bringt Gretchen es dann fertig, sich zu unterhalten? Die Antwort lautet: Sie tut es gar nicht, jedenfalls nicht in irgendeinem herkömmlichen Sinne von «sich unterhalten». In den Ausschnitten, die Stevenson wiedergibt, sind Gretchens spontane Beiträge fast immer identisch. Sie wiederholt Bemerkungen – etwa über die Gefahr, in der sie ist, weil ihr jemand zuhört (ihre Befürchtungen haben offenbar religiöse Hintergründe und stehen in Zusammenhang mit Martin Luther; Stevenson selbst weist nach, daß sie völlig unrealistisch und anachronistisch sind). Abgesehen davon gibt sie auf Fragen nur kurze Antworten, dabei oft auch wieder nur eine Wiederholung dessen, was der Gesprächspartner gerade gesagt hat.

Unter Gretchens 172 anderen Reaktionen finden sich 42 Antworten auf Ja/Nein-Fragen (von denen einige auf deutsch und andere auf englisch gestellt wurden). Mit «Ja/Nein-Fragen» meine ich solche, die nur ein «Ja» oder ein «Nein» als Antwort erfordern. Und Ja/Nein-Fragen sind nun gerade kein guter Prüfstein für Sprachkenntnis: «yes» muß lediglich durch «ja» und «no» durch «nein» ersetzt werden, und die Antwort ist mit einer Wahrscheinlichkeit von fünfzig Prozent die richtige! Da die Fragen ihr eigenes Leben betreffen, über das keiner der Anwesenden Genaueres weiß, gibt es also sowieso keine Möglichkeit herauszufinden, ob die Antworten eigentlich zutreffen oder nicht.

Außerdem läßt sich eine Ja/Nein-Frage auch dann beantworten, wenn der Inhalt der Frage überhaupt nicht verstanden wurde, denn der Tonfall deutscher und englischer Ja/Nein-Fragen ist der gleiche, aber er ist *anders* als der Tonfall von Aussage- und anderen Fragesätzen: Gewöhnlich (wenn auch nicht immer) hebt sich die Stimmlage am Ende einer Ja/Nein-Frage, nicht jedoch bei anderen Satzarten. Man kann das leicht überprüfen, indem man die Fragen «Sind Sie hungrig?» und «Was wollen Sie essen?» laut stellt und dann die Intonationsmuster vergleicht. Sie sind im Deutschen und Englischen identisch. Ein Gesprächspartner fragt Gretchen, ob sie eine Puppe habe: «Erzähl mir was von deinen Puppen... Hast du eine?» Gretchen kann die Ja/Nein-Frage an der Tonhöhe erkennen und gefahrlos «nein» antworten, doch deutet in dem folgenden Gespräch über Puppen nichts darauf hin, daß Gretchen auch nur die leiseste Ahnung hat, wovon die Rede ist.

Wir sollten demnach Gretchens Antworten auf Ja/Nein-Fragen nicht zur Beweisführung heranziehen, es sei denn, sie gehen – was selten vorkommt – über «ja» und «nein» hinaus. Damit kommen wir zu den Fragen, die eine inhaltliche Antwort erfordern: 102 von ihnen werden auf deutsch gestellt und 28 auf englisch. Gretchen selbst spricht nur «deutsch», aber sie beantwortet englische inhaltliche Fragen weitaus besser als deutsche. Auf englische Fragen gibt sie 22 passende Antworten, nur zwei unpassende und vier zweifelhafte. Im Gegensatz dazu – und in deutlichem Gegensatz zu Stevensons eigener Analyse – zähle ich nur 28 passende Antworten auf deutsche inhaltliche Fragen, dagegen 45 definitiv unpassende und 29 ausweichende Antworten, wie etwa «Ich verstehe nicht» und «Ich weiß nicht».

Nun empfindet Stevenson einige der Antworten als passend, die ich zu den unpassenden zähle, zumal für ihn Antworten bereits passend sind, wenn sie «passende Assoziationen zu einer vorangehenden Frage darstellen, obwohl sie keine direkten Antworten sind». Hier ein typisches Beispiel: Die Unterhaltung dreht sich ums Essen, insbesondere darum, was Gretchen zu den verschiedenen Tageszeiten ißt. Der deutsch sprechende Gesprächspartner fragt nach ihrem Frühstück: «Was gibt es nach dem Schlafen?» Gretchen antwortet: «Schlafen... Bettzimmer.» Offensichtlich hat Gretchen diese Frage, die doch gewöhnliche deutsche Wörter und Konstruktionen enthält, nicht verstanden. Sie hat statt dessen nur das Wort «schlafen» verstanden und antwortet, als ob sie gefragt worden sei, wo sie schläft – sie rät also falsch –, und sie gebraucht zudem das falsche Wort, denn «Bettzimmer» ist die wörtliche Übersetzung von «bedroom», des englischen Wortes für das korrekte «Schlafzimmer».

Dieses Beispiel ist typisch für Gretchens Sprachverhalten. Sie kennt einige wenige deutsche Wörter – einen winzigen Bruchteil der Worte, die ein gleichaltriges deutsches Mädchen kennen würde (sie ist in der Hypnose angeblich etwa vierzehn Jahre alt). Sie bringt gelegentlich grammatisch richtige Sätze hervor, aber im allgemeinen versagt sie, wenn es ums Formulieren oder Verstehen der einfachsten Konstruktionen geht. Versteht sie eine inhaltliche Frage nicht, was oft der Fall ist, rät sie; manchmal rät sie richtig – die Themen sind in diesen Gesprächen nicht sehr breit gestreut, deshalb sollten einige richtig geratene Antworten nicht überraschen –, aber häufiger rät sie falsch oder sagt: «I don't understand.»

Die Frage ist nun, ob ihre Kenntnis einiger deutscher Worte und Sätze eine paranormale Erklärung erfordert – und die Antwort lautet: sicherlich nicht. Stevenson selbst hatte einige Gelegenheiten ermittelt, bei denen Gretchen diese sehr begrenzte Bekanntschaft mit dem Deutschen gemacht haben könnte, Filme über den Zweiten Weltkrieg, ein Blick in ein deutsches Buch – und weitergehende Kenntnisse zeigt sie auch nicht. Das wenige deutet wiederum eher auf Erfahrungen mit der deutschen Schriftsprache hin, weil sie die Worte (jedenfalls zum Teil) so ausspricht, wie ein Englischsprechender sie liest, und nicht, wie sie bei einem Deutschen klingen. Mit Gretchens «reaktiver Xenoglossie» ist es also nicht weit her, und Stevensons Behauptung, ihr Wissen setze Übung voraus, fällt in sich zusammen. Sie spricht die Sprache allenfalls so gut wie jemand, der vor zwanzig Jahren einmal ein Jahr lang Deutschunterricht hatte.

Stevenson macht mehrere Vorschläge, wie sich die mangelnde Beherrschung der «Muttersprache» erklären ließe. So meint er, das Gretchenphänomen sei nur die teilweise Manifestierung der fremden Persönlichkeit der Klientin, und der sich manifestierende Teil erfordere keine große Sprachkenntnis. Dazu kann ich nur sagen, daß sich eine solche Behauptung jeder wissenschaftlichen Überprüfung entzieht.

Ein anderer Vorschlag von Stevenson lautet, Gretchen habe nur unzureichend Deutsch lernen können, obwohl ihr Vater ein Amtsträger gewesen sein soll und als solcher «vermutlich... recht gebildet war und ausgezeichnet deutsch sprach». Gretchen jedoch, so vermutet Stevenson, sei «ein uneheliches und verwahrlostes Kind gewesen, das den größten Teil seiner Zeit in der Küche mit einem Dienstmädchen verbrachte», und weil das Dienstmädchen über keinerlei Bildung verfügte, lernte Gretchen nur schlecht Deutsch (1984, S. 46).

Hier verrät Stevenson, wie wenig er über den Spracherwerb weiß. Der Bildungsgrad hat nicht das geringste mit sprachlicher Geläufigkeit zu tun. Selbst wenn Gretchens Vater gutes Hochdeutsch gesprochen haben mochte und Gretchen Dialekt – Vermutungen, die Stevenson übrigens allein aufgrund bruchstückhafter und oft widersprüchlicher Aussagen von Gretchen anstellt –, hätten sich ihre Sprechweisen nur in einigen Eigenheiten unterschieden; sie wären in fast jeder Hinsicht gleich gewesen, und sicherlich in bezug auf die Fähigkeit, Sätze richtig zusammenzusetzen. Obwohl Stevenson mit einer solchen Hypothese vielleicht mögliche Unterschiede zwischen Gretchens Sprache und der Hochsprache erklären könnte (zumindest könnte er es, wenn es irgendwelche Hinweise darauf gäbe, daß er mit seinem Verdacht recht hätte), kann er so wiederum nicht Gretchens fast völlige Unkenntnis der Grammatik und ihren winzigen Wortschatz begründen.

Stevensons bester Argumentationsansatz ist folgender: Vielleicht, sagt er, «könnten sich die grammatischen und andere Unvollkommenheiten [in Gretchens Sprache]… aus den großen Schwierigkeiten ergeben haben, die bei der Verständigung mit einem Medium entstehen» (1984, S. 69). Die frühere Inkarnation oder Persönlichkeit, die von ihr Besitz ergriffen hat, muß durch ein Medium wirken, dessen Muttersprache Englisch ist, und das bringt nun all die Probleme mit sich, die man – so Stevenson – auch bei Erwachsenen findet, die eine Fremdsprache lernen: Das englischsprechende Medium kann die Fremdsprache nicht richtig verarbeiten, weil sich die englischen Sprachgewohnheiten eingeschliffen haben; deshalb kommen die Wörter falsch heraus. Gretchens Aussprache deutet aber, wie gesagt, auf Fehler hin, die jemand macht, der Deutsch fremdsprachlich (englisch) liest – und nicht auf den Einfluß des englischen Klangsystems *an sich*. In einer lange nicht benutzten Muttersprache könnte auch die Grammatik durch die vom Sprecher später im Leben normalerweise benutzte Sprache beeinflußt sein, und doch blieben viele grundlegende grammatische Konstruktionen der ersten Sprache erhalten.

Wichtiger noch: In einer erlernten respektive vergessenen Fremdsprache ist das *passive* Sprachvermögen – die Fähigkeit, gesprochene oder geschriebene Sprache zu verstehen – wesentlich ausgeprägter als die aktive Kenntnis, das Sprechvermögen. Gretchens Deutsch jedoch paßt überhaupt nicht in dieses vielfach bestätigte Muster. Sie versteht Deutsch offenbar so schlecht, wie sie es spricht: Es gibt keinen erkenn-

baren Unterschied zwischen ihrem aktiven und ihrem passiven Sprachvermögen. Sowohl beim Sprechen als auch beim Verstehen bleibt
ihre Kenntnis auf einzelne Wörter beschränkt, und nicht einmal auf
viele.

Aus all dem folgt, daß Stevensons Begriff der «reaktiven Xenoglossie» kein guter Prüfstein für die Sprachkenntnis eines Menschen ist,
denn bei der Beantwortung von Fragen bleibt zuviel Raum für treffsi-
cheres Raten. Die Methode versagt auch aus anderen Gründen, etwa
weil es dem Urteil (und damit auch dem Vorurteil) des Forschers über-
lassen bleibt, wie er die Ergebnisse der Unterhaltung deutet – was er als
passende und unpassende Antworten ansieht. Das heißt, für die Beurteilung der Reaktionen spielt der «Versuchsleiter-Effekt» eine Rolle.
Will man wirklich herausfinden, wie gut jemand eine Sprache kennt,
muß man eine Methode wählen, bei der Raten nicht viel hilft und be-
sagter «Versuchsleiter-Effekt» ausgeschlossen wird.

Hier ist meine Methode. Sie ist ganz einfach. Zunächst nehme man
eine Liste mit Wörtern aus dem Grundvokabular. Das sind standardisierte Listen, die Sprachwissenschaftler bei Feldforschungen verwenden – hundert oder zweihundert Wörter, wie sie vermutlich in jeder
Sprache vorkommen, also zum Beispiel für «Mutter», «Vater»,
«Mond», «Wasser», «gehen», «schlafen» und so weiter. Dann hypnotisiere man die Versuchsperson, so daß sie die mutmaßliche frühere
Inkarnation manifestiert, und bitte sie, diese Wörter in die Sprache der
Inkarnation zu übersetzen. Ebenso lasse man sich Flexionsformen
übersetzen – zum Beispiel «Ich gehe», «ihr gingt» usw., «ich will gehen», «du wolltest gehen» usw.; des weiteren einfache Sätze – zum
Beispiel «Mein Hund frißt Brot», «Dein Hund frißt kein Brot», «Frißt
mein Hund Brot?» und so weiter. Dann warte man einen Monat oder
länger, hypnotisiere die Versuchsperson noch einmal und lasse sie wieder diese Wörter und Sätze übersetzen – natürlich ohne ihr Gelegenheit
gegeben zu haben, die Ergebnisse aus der ersten Sitzung zu erfahren.
(Der Versuchsperson sollte auch nicht gesagt werden, was in der zweiten Sitzung passieren wird.) Wenn die Person die fragliche Sprache
kennt, müßten die Übersetzungen richtig sein. Sie könnten natürlich
leichte Veränderungen aufweisen, aber im großen und ganzen sollten
die Übersetzungen in beiden Sitzungen identisch sein.

Zweitens überprüfe man das Sprachverständnis – wobei, wohlgemerkt, das passive Vermögen ausgeprägter sein dürfte als das aktive,

wenn man in Anbetracht der dazwischenliegenden Leben ein gewisses Maß an Vergessen zugestehen will. Man lese der Versuchsperson nun eine kurze Geschichte in der anderen Sprache vor – der Text sollte nur einfache grammatische Konstruktionen enthalten – und stelle Fragen zu dieser Geschichte; es können Ja/Nein-Fragen sein oder inhaltliche Fragen, denn die richtigen Antworten sind ja bekannt, aber vorzuziehen sind letztere.

Wenn die Versuchsperson diese Prüfungen nicht besteht, kennt sie die Sprache nicht. Das beweist natürlich nicht, daß nicht doch eine Reinkarnation oder eine zeitweilige Besessenheit vorliegt; dann aber wird jedenfalls niemand die linguistischen Testdaten als Beweis dafür verwenden können.

Als Postscriptum möchte ich hinzufügen, daß ich die ersten Schritte dieser Methode selbst angewandt habe, um die Behauptungen eines anderen Hypnotiseurs zu überprüfen, der vermutete, seine Klienten sprächen unter Hypnose Sprachen aus einem früheren Leben. (Die späteren Schritte stellten sich als überflüssig heraus, weil die ersten Schritte zu einem deutlichen Ergebnis führten; vgl. Thomason 1984.)

Der Hypnotiseur befragte die «fremden Persönlichkeiten» anhand einer Wörterliste, die ich ihm gegeben hatte, und überließ mir zur Analyse die Tonbandaufnahmen der Gespräche. Wie bei den Fallstudien Stevensons schienen alle Teilnehmer – Hypnotiseur wie Versuchspersonen – frei von jedem Verdacht einer Täuschungsabsicht. Und, ebenfalls wie bei Stevensons Fällen, schienen alle Versuchspersonen gleichermaßen bar jeder systematischen Kenntnis der betreffenden Sprachen. Anders als Stevensons Daten jedoch lieferten die, mit denen ich arbeitete, genug Material, um die Hypothese des Hypnotiseurs zu überprüfen, seine drei Klienten sprächen Bulgarisch des 19. Jahrhunderts, Keltisch des 14. Jahrhunderts beziehungsweise Apache des 19. Jahrhunderts. Die Analyse zeigte, wie wenig die Klienten mit dem Grundwortschatz ihrer mutmaßlichen früheren Muttersprachen vertraut waren; außerdem, und das ist vielleicht noch wichtiger, zeigte sie, daß ihre Äußerungen in den «Sprachen ihres früheren Lebens» derart unsystematisch ausfielen, daß sie unmöglich Komponenten auch nur *irgendeiner* natürlichen menschlichen Sprache sein konnten.

Die sprachlichen Leistungen dieser drei und auch der von Stevenson Hypnotisierten führen (trotz der Ungewißheit, die sich aus Stevensons mangelhafter Methodik ergeben) alle zu demselben Schluß: Wer eine Fremdsprache beherrschen will, muß sie lernen, indem er sich im jetzigen Leben systematisch mit ihrem Wortschatz und ihren Strukturen beschäftigt.

Sarah G. Thomason ist Professorin für Linguistik an der University of Pittsburgh.

(*Deutsch von Anita Ehlers*)

Die geheimen Ufo-Papiere

Philip J. Klass

Sollten Sie einmal zufällig Stanton T. Friedman, den für viele Leute interessantesten Wortführer der Ufologie, bei einem seiner häufigen Auftritte in Rundfunk, Fernsehen oder öffentlicher Diskussion erleben, dann werden Sie ganz sicher Zeuge, wie er der US-Regierung ein Ufo-Vertuschungsmanöver vorwirft: «ein kosmisches Watergate». Der Atomphysiker und Ufo-Prediger Friedman, der es immer wieder versteht, sich wirkungsvoll in Szene zu setzen, wirft dem Nationalen Sicherheitsdienst (National Security Agency, NSA) gewöhnlich vor, er würde «160 streng geheime Ufo-Dokumente» zurückhalten.

Zum Beweis fuchtelt Friedman dann meist mit mehreren Seiten einer stark zensierten, einst als streng geheim eingestuften Schrift der NSA an das US-Bezirksgericht in Washington herum. Darin wird dargelegt, warum die Freigabe der Dokumente wahrscheinlich «von Schaden für unsere nationale Sicherheit... sein würde». Dem Standpunkt der NSA schlossen sich nacheinander ein US-Bezirksgericht, ein Bundesberufungsgericht und das Oberste Bundesgericht an. Es stimmt also: Die NSA hält tatsächlich 156 Dokumente zurück, in denen es um Ufos, um unbekannte Flugobjekte, geht – fast die 160, die Friedman immer anführt.

Demnach scheint Friedman recht zu haben und die US-Regierung in der Tat etwas zu vertuschen. In Wirklichkeit ist es aber Friedman selbst, der der Öffentlichkeit Informationen im Zusammenhang mit besagten NSA-Dokumenten vorenthält – Informationen, die seine Behauptungen in Frage stellen würden.

In der Regel beschreibt Friedman die NSA als größten und geheimniskrämerischsten Geheimdienst des Landes, womit er recht hat. Doch er läßt sich wiederum auch nie über dessen verschiedene Aufgaben aus, die das Verhalten der NSA vielleicht erklären könnten.

Eine der Hauptaufgaben der NSA besteht im Abhören des Funkverkehrs potentieller Feindstaaten, im Geheimdienstjargon «communica-

tions intelligence» oder COMINT genannt. Eine zweite Aufgabe ist das
Knacken der Geheimcodes anderer Länder, um aufgefangene Funksprüche überhaupt entschlüsseln zu können. Die dritte Aufgabe der
NSA besteht in der Entwicklung eigener Verschlüsselungstechniken für
die Regierung und die Militärbehörden der USA, die von den Spezia-
listen anderer Länder bestenfalls wiederum nicht geknackt werden können.

Der Schrift an das US-Bezirksgericht zufolge handelt es sich bei den
156 von der NSA «zurückgehaltenen Aufzeichnungen um COMINT-
Berichte, die zwischen 1958 und 1979 angefertigt wurden». Das heißt,
es sind dechiffrierte Abschriften aufgefangener Funksprüche ausländi-
scher Regierungsstellen, vermutlich aus dem Ostblock. Sie dürften entweder von US-Agenten in der UdSSR und anderen Ostblockstaaten
oder gar von geheimen Einrichtungen in «neutralen» Ländern aufge-
fangen worden sein.

Wenn darunter Berichte wären, die unwiderlegbare «Ufo-Beweise»
enthielten – beispielsweise daß die russische Regierung wisse, es handle
sich bei Ufos um Raumschiffe von Außerirdischen –, so wäre es töricht

von der US-Regierung, ein «Ufo-Vertuschungsmanöver» fortzusetzen, könnte sie doch jederzeit von denjenigen bloßgestellt werden, die damals die Funksprüche ausgesandt hatten.

Friedman kommt offenbar gar nicht auf die Idee, die NSA könnte andere gute Gründe für die Zurückhaltung dieser Dokumente haben als nur eine Vertuschungsabsicht. Doch sicher wird auch er einsehen, daß in ihnen Quellen und Einrichtungen preisgegeben werden könnten, von denen die östlichen Mächte nichts wissen, und, was noch wichtiger ist, *welche Geheimcodes von der NSA geknackt worden und mithin nicht mehr sicher sind.*

Der Zufall wollte es, daß Tom Deuley, ein Mann mit starkem Interesse an Ufos, Mitte 1978 von der NSA eingestellt wurde und vier Jahre in der Behörde arbeitete. Er war auch zu der Zeit bei der NSA, als sich die Bürgerinitiative «Citizens Against UFO Secrecy» (Bürger gegen Ufo-Geheimhaltung) darum bemühte, eine Herausgabe der Dokumente zu erzwingen. Deuley ist heute in der Ufo-Bewegung aktiv und bekleidet in zwei einschlägigen Organisationen Ämter, im «Mutual UFO Network» MUFON und im «Fund for UFO Research» FUFOR.

Ende Juni 1987 hielt Deuley auf einer MUFON-Konferenz in Washington einen Vortrag mit dem Titel «Vier Jahre bei der NSA – und nicht ein Ufo». Darin erläuterte Deuley, er sei unmittelbar vor der MUFON-Konferenz von 1978 in Dayton/Ohio (an der er teilnahm) in die NSA-Zentrale versetzt worden. «Bevor ich losfuhr», so Deuley, «hielt ich es für nötig, die NSA über mein Interesse an Ufos zu informieren... Binnen einer Woche hatte ich einen Termin bei einigen Verwaltungsbeamten, um über meine Reise nach Dayton und mein Interesse an Ufos zu sprechen.» Deuley berichtet, er habe auf dem Treffen «nicht den Eindruck gewonnen, daß sie [die NSA] sich auch nur im mindesten für Ufos interessiert».

Später, so Deuley, «traf ich mit weiteren Mitarbeitern der NSA und anderer Behörden zusammen, die ihr Interesse an Ufos über die Jahre nicht verloren hatten», und von diesen erhielt er Zeitungsausschnitte und Karikaturen über Ufo-Vorfälle zugesandt.

Wegen seines besonderen Interesses beauftragte die NSA Deuley, gemeinsam mit anderen das Ufo-Material zu sichten. Deuley dazu: «Ich glaube, ich habe die meisten der Dokumente, deren Herausgabe in dem besagten Prozeß verweigert wurde, zu Gesicht bekommen. Es mag zwar Ausnahmen unter jenen geben, die ich *nicht* gesehen habe, aber keines von denen, die mir in die Hände kamen, enthielt irgendwelche wissenschaftlich wertvollen Informationen.»

Der ehemalige NSA-Mitarbeiter erklärte den Teilnehmern der MUFON-Konferenz: «Ich habe keine Anzeichen für ein offizielles Interesse der NSA an dem Thema [Ufos] gesehen... Ich habe von keinem Austausch von Unterlagen erfahren, der auf irgendeine Art der weiteren Beschäftigung hindeutet... Ich habe keine Anzeichen für eine echte Verfolgung des Themas entdeckt, mit Ausnahme der Existenz der Dokumente selbst.»

Deuley befürwortete die Zurückhaltung des Materials durch die NSA und wies auf die Notwendigkeit hin, geheimdienstliche Quellen und Methoden zu schützen. «Für mich steht fest, daß der mögliche Schaden für unsere nationale Sicherheit weitaus schwerwiegender ist als der Wert der fraglichen Informationen.»

Deuley folgerte, falls sich die NSA «in irgendeiner Weise aktiv mit Ufos beschäftige, hätte ich zumindest durch die Art und Weise, wie man mich behandelte, etwas davon mitgekriegt, oder angesichts meiner Aufgeschlossenheit für das Thema hätte irgendein Mitarbeiter auf informeller Ebene etwas erwähnt. Da nichts derartiges geschah, *zog ich den Schluß, daß Ufos für die NSA gar keine Rolle spielen*» (Hervorhebung durch den Autor).

Da ich auf der MUFON-Konferenz eine Parallelveranstaltung besuchte und Deuleys Vortrag deshalb nicht anhören konnte, bat ich ihn um ein schriftliches Exemplar seines Referats. Als er es mir schickte, schrieb er, sein Vortrag sollte «Ufo-Forscher davon abhalten, ihre Zeit damit zu vergeuden, den von der NSA mit Genehmigung zurückgehaltenen Dokumenten nachzuspüren». Er fügte hinzu: «Die Dokumente sind die Mühe nicht wert und bringen die Ufo-Forschung keinen Schritt weiter.»

Am 25. Juli 1987 schickte ich Stanton Friedman eine Kopie von Deuleys Referat. Ich wollte natürlich wissen, ob er wohl die Meinung einer Person, die ebenfalls «an Ufos glaubt» und Informationen aus erster Hand hatte sammeln können, akzeptieren würde. Ein paar Monate später hatten Friedman und ich einen gemeinsamen Auftritt in einer Fernsehsendung in Portland/Oregon, und wieder zückte er die stark zensierte NSA-Schrift an das Bezirksgericht, um sie den Zuschauern als Beweis für ein «behördliches Vertuschungsmanöver» zu präsentieren.

Den Inhalt von Deuleys MUFON-Referat erwähnte Friedman mit keiner Silbe.

Als Friedman und ich einige Zeit später, am 9. Dezember 1988, an einer Talk-Show des Radiosenders KING in Seattle teilnahmen, wurde er gebeten, seinen Vorwurf des «kosmischen Watergate» zu belegen. Friedman erwiderte: «Die NSA gibt zu, im Besitz von 160 Ufo-Dokumenten zu sein. Sie sind als streng geheim eingestuft. Nicht nur weigert sich die NSA, sie freizugeben...» Wieder kein Wort über Deuleys Aussagen.

Diese Ausführungen sind vielleicht einmal nützlich, wenn einem Mr. Friedman in Funk oder Fernsehen mit seinem «kosmischen Watergate» über den Weg läuft und dabei wieder einmal die NSA-Dokumente als Beweis anführt.

Philip J. Klass beschäftigt sich seit vielen Jahren als Redakteur und Buchautor mit der Raumfahrt und ist schon zahllosen Berichten über Ufos nachgegangen. Jüngste Veröffentlichungen: ‹UFO Abductions: A Dangerous Game› und ‹UFOs: The Public Deceived›.

(Deutsch von Volker Englich)

Der Kecksburg-Zwischenfall

Robert R. Young

Am 19. September 1990 brachte der Fernsehsender NBC in seiner Reihe «Unsolved Mysteries» einen halbstündigen Beitrag über den bis dahin wenig bekannten «Kecksburger Ufo-Absturz». Darin ging es um den angeblichen Crash eines unbekannten Flugobjekts mit merkwürdig fremdartigen Kennzeichnungen und um seine Bergung durch US-Militär. Abgespielt haben soll sich das Ganze in der kleinen Stadt Kecksburg im Westen Pennsylvanias, nicht weit von Pittsburgh, am 9. Dezember 1965.

Die genannte Ausstrahlung der «Ungelösten Geheimnisse» erreichte die zehnthöchste Sehbeteiligung in den USA, und das in einer Woche mit Pilotsendungen der neuen Shows der Saison. Die Sendung wurde von schätzungsweise 17,7 Prozent aller Fernsehhaushalte gesehen; sie flimmerte über 30 Prozent aller eingeschalteten Fernsehapparate (*Broadcasting* 1990). Wie Untersuchungen der National Science Foundation ergaben, sind zwei von fünf erwachsenen Amerikanern überzeugt, zumindest hinter einem Teil der gemeldeten Ufos steckten tatsächlich außerirdische Raumschiffe (*Science News* 1986). Es ist deshalb wahrscheinlich, daß mehrere Millionen Amerikaner bereit waren, die Prämisse der NBC-Sendung zu akzeptieren.

Am Tag nach der Fernsehsendung berichtete die im benachbarten Greensburg erscheinende *Tribune-Review* auf der ersten Seite über die Stimmung in Kecksburg. Verschiedene Bürger, darunter einige, die die Ereignisse von 1965 beobachtet hatten und zum Teil sogar in der Fernsehsendung porträtiert worden waren, bezeichneten das Ganze als Jux. Als Urheber ermittelten sie zwei Mitbürger, deren Schilderung eines kupferfarbenen, etwa 3,60 mal 2,10 Meter großen «eichelförmigen» Objekts mit «hieroglyphenartigen» Markierungen zwei Monate zuvor zum erstenmal die Runde gemacht hatte – fast ein Vierteljahrhundert nach dem ursprünglichen Presse-Event.

Wie David Darby, Redakteur der *Tribune-Review* (1990), berich-

DELEGIERTE BEIM INTERSTELLAREN GIPFELTREFFEN

tete, hatten mehr als fünfzig Kecksburger einen Brief an den Sender geschrieben und versucht, die Ausstrahlung zu verhindern. Der Zeitung zufolge zählten zu diesen Ungläubigen auch Ed Myers, 1965 Kommandant der Kecksburger Feuerwehr und in der Fernsehsendung durch einen Schauspieler dargestellt, Jerome und Valerie Miller, deren Haus im Fernsehen als «militärischer Kommandoposten während der UFO-Bergungsarbeiten» bezeichnet wurde, sowie die Eigentümer des Grundstücks, auf dem die fliegende Untertasse angeblich niedergegangen war.

Myers habe Besorgnis geäußert, so Darby: «Es macht mich ganz wild, wenn ich daran denke, daß diese Sache überall in den USA zu sehen sein wird, denn es ist überhaupt nichts dran», habe er gesagt. «Da wird meinen Enkelkindern etwas in die Geschichtsbücher geschrieben, und es ist kein Wort davon wahr.» Die Millers bestritten, so die Zeitung weiter, daß ihr Haus jemals als militärisches Operationszentrum gedient habe. «Schallend gelacht» habe man über diesen Jux in ihrem Wohnzimmer, als sie sich zusammen mit einer Gruppe gleichgesinnter Mitbürger das Fernsehmelodram angeschaut hätten.

1965 indes war man nicht so abgeklärt gewesen. Verschiedene Dinge waren zusammengekommen und hatten in Kecksburg eine Hysterie ausgelöst. Tagelang hatten die Zeitungen faszinierende Berichte über die Raumfahrtmissionen Gemini 6 und 7 gebracht, bei denen zwei bemannte Raumkapseln aneinandergekoppelt werden sollten. Am Tag des Ufo-Zwischenfalls (9. Dezember) berichtete die in der Kecksburger Gegend vielgelesene *Pittsburgh Press*, der weithin bekannte Fliegende-Untertassen-Spezialist Frank Edwards werde in der Stadt sprechen. Über der Titelzeile «Ufologe fordert: Schluß mit der Geheimniskrämerei» stand noch als Anreißer «Kritik an US-Vertuschungsmanövern».

Die *Erie Daily Times* vom 10. Dezember meldete noch ein Ereignis, das weitgehend unbemerkt vonstatten gegangen war: Von der Vandenberg Air Force Base in Kalifornien, einem Startplatz für militärische Aufklärungsmissionen rund um die Pole, war am Tag zuvor ein Geheimsatellit in eine Erdumlaufbahn gebracht worden.

Am 9. Dezember hatten überdies kurz nach 16.40 Uhr Eastern Standard Time in Idaho, Illinois, Indiana, Michigan, New York, Ohio, Pennsylvania, Virginia, West Virginia und in Ontario/Kanada Tausende von Menschen einen hellerleuchteten Boliden oder «Feuerball» gesehen. So stand es am 10. Dezember in der *Erie Daily Times*, der *Pittsburgh Press*, der *New York Times* und der *Pittsburgh Post-Gazette*. Der Feuerball soll sogar in Kalifornien gesichtet worden sein (*Pittsburgh Press*, 10. Dezember). Astronomen in Michigan, Ohio und Pennsylvania erklärten, es habe sich bei dem Objekt um einen hellen Meteor gehandelt, wie viele Zeitungen am selben Tag berichteten. Zu diesem Schluß kamen auch ein Sprecher der Federal Aviation Association in Erie, Pennsylvania, Sprecher der Air Force in Washington und ungenannte «Quellen im Pentagon» (*Pittsburgh Press*, *New York Times*).

Berichte über derartige Boliden sind naturgemäß ungenau. Der Astronom Frank Drake, der sich in jenen Jahren nach Berichten über gesichtete Feuerkugeln um die Bergung von Trümmern bemühte, schätzte (1972) den Anteil der Augenzeugen, die sich bereits einen Tag nach dem Vorfall nicht mehr zuverlässig erinnern können, auf einen von zwei. Nach zwei Tagen würden drei von vier Augenzeugen in ihrer Erinnerung getrogen, und nach vier Tagen seien es schon neun von zehn. Die Entfernung der Feuerkugeln, die fünfzig Kilometer und mehr betragen kann, werde von den Zeugen häufig grob unterschätzt. Wenn die Meteore am Horizont verschwänden, werde das nicht selten als ein «ganz in der Nähe» stattfindendes Ereignis gewertet (Klass 1974, S. 42–49).

Die Feuerkugel von 1965 macht da keine Ausnahme. Berichten zufolge soll sie an sechs weit auseinanderliegenden Orten «zerschellt» oder «gelandet» sein. Ein Pilot meinte, aus der Luft zugesehen zu haben, wie sie in den Erie-See «geplumpst» sei (*Pittsburgh Press*, 10. Dezember 1965). Aus Midland / Pennsylvania, im Westen von Pittsburgh, wurden herabfallende Trümmer gemeldet, ohne daß die Polizei etwas gefunden hätte (*Erie Daily Times*, *Pittsburgh Press*, 10. Dezember), in Elyria / Ohio, westlich von Cleveland, gab eine Frau zu Protokoll, eine Feuerkugel von der Größe eines Volleyballs sei in einem Wäldchen niedergegangen. Die Feuerwehr fand zehn kleine Grasbrände, aber keine fliegende Untertasse (*Pittsburgh Post-Gazette*, 10. Dezember).

In Lapeer / Michigan, etwa sechzig Kilometer nördlich von Detroit, fanden Ermittler des Sheriffs bei der Überprüfung eines angeblichen «Feuerball-Unglücks» lediglich Stanniolfetzen (*Pittsburgh Press*, 10. Dezember). Die spektakulärste Meldung kam aus Detroit und Windsor / Ontario, wo Piloten, Meteorologen und Angehörige der US-Küstenwache angaben, ein Flugobjekt sei über Detroit «explodiert». Die auf den Lake St. Clair ausgesandten Boote der Coast Guard fanden nichts (*Tribune-Review*, County Edition, 10. Dezember). Die Ufo-Untersuchungsabteilung der Luftwaffe auf der Wright-Patterson Air Force Base in Ohio kommandierte (mutmaßlich zur Bergung von Satellitentrümmern) aus je drei Männern bestehende Suchtrupps von der nahe Pittsburgh stationierten 662. Radar Squadron nach Kecksburg und Erie ab.

In Kecksburg war inzwischen die Hölle los. Der kleine Nevin Kalp war zu seiner Mutter gelaufen und hatte ihr erzählt, er habe so etwas «wie einen brennenden Stern» gesehen. Als Mrs. Kalp nach draußen rannte, sah sie «blauen Rauch», der aus einem nahen Wäldchen zu kommen schien (Gatty 1965; *Pittsburgh Press*, 10. Dezember). Andere Berichte sprachen von einer hellen Spur, den der Meteor in der Luft zurückgelassen habe (*Pittsburgh Post-Gazette*, 10. Dezember). Einen «Donnerschlag», dessen Vibrationen ein Zeuge spürte, schrieb man Sprengungen in einem nahegelegenen Steinbruch oder einer Stoßwelle zu, von der viele Augenzeugen des Feuerballs in Westpennsylvania berichteten. Mrs. Kalp rief einen lokalen Radiosender an, der ein Flugzeugunglück gemeldet hatte. Bald darauf war die kleine Stadt, so die *Tribune-Review*, durch einen «gewaltigen Verkehrsstau» lahmgelegt.

Ein einheimischer Freiwilliger der Feuerwehr erzählte Reportern, Armee und Polizei hätten angeordnet, die Zufahrten in das Gebiet zu sperren (Gatty 1965). Das führte unter anderem dazu, daß eine frühe Ausgabe der Greensburger Zeitung mit der siebenzeiligen Überschrift aufmachte: «Unbekanntes Flugobjekt bei Kecksburg abgestürzt» und «Armee riegelt Umgebung ab» (*Greensburg Tribune-Review*, County Edition, 10. Dezember).

Captain Joseph Dussia, Kommandeur der in Greensburg beheimateten Headquarters des Pennsylvania State Police Troop A, erklärte am nächsten Tag, trotz einer die ganze Nacht andauernden Suche habe man «absolut nichts gefunden». Berichte über angebliche Transporte aus dem Kecksburger Raum bezögen sich lediglich auf Ausrüstungsgegenstände, die man bei der Suche gebraucht habe, so Dussia. Und er fügte hinzu: «Jemand hat aus einer Mücke einen Elefanten gemacht» (*Greensburg Tribune-Review*, City Edition, 10. Dezember). Die Air Force ließ ebenfalls verlauten, es sei nichts gefunden worden. Am darauffolgenden Tag faßte die Zeitung in ihrem Leitartikel das Ergebnis der unabhängigen Recherchen ihrer Mitarbeiter zusammen: Ganz offenbar war überhaupt nichts passiert. Die offiziellen Erklärungen stimmen voll und ganz mit allen veröffentlichten Berichten und den Erinnerungen der zahlreich vorhandenen Zeugen überein.

Aber wo liegt denn nun das «unsolved mystery»? Tusch. Auftritt Stan Gordon, Gründer der in Greensburg ansässigen Pennsylvania Association for the Study of the Unexplained (PASU). Diese Gruppe sammelt Berichte über die Sichtung von Ufos und anderen Merkwürdigkeiten wie dem «Kuguar», einem seit hundert Jahren ausgestorbenen, pumaähnlichen Tier. PASU tut anscheinend nicht viel, um diese Ereignisse zu überprüfen, bringt aber Pressemitteilungen heraus. Gordon, der schon seit dreißig Jahren fliegende Untertassen jagt, ist zugleich Vorsitzender des Pennsylvania-Zweigs des Mutual UFO Network (MUFON), der größten noch bestehenden Ufo-Dokumentationsgruppe der USA.

Anfang Januar jeden Jahres verschickt PASU ihre alljährliche Pressemitteilung an die Zeitungen in Pennsylvania, die Berichte aus dem Vorjahr zusammenstellt. Im Mittelpunkt des 1989er Dossiers stand die angebliche Ufo-Begegnung eines Polizisten aus Harrisburg, Pennsylvania (*Latrobe-Bulletin*, 9. Januar 1989). Ein PASU-Beobachter erklärte dazu später, der Zeuge habe «schwere Verbrennungen» und eine «ernsthafte Augenverletzung» erlitten. Pennsylvanias MUFON-Vorsitzender machte daraus flugs die «Rückkehr eines Ufo-Entführungsopfers» und stellte Behauptungen auf, die der Zeuge öffentlich bestritt. Einheimische Amateurastronomen kamen zu dem Schluß, der Zeuge habe wahrscheinlich bloß den Planeten Venus gesehen. Der Zeuge weigerte sich, sich ärztlich untersuchen zu lassen; ein PASU-Ermittler «verlor» gefilmte Dokumente seiner Verletzungen; und eine Substanz, die Gordon nach einem Labortest als «eigenartig» und «ungewöhnlich» bezeichnet hatte, war, wie sich herausstellte, ganz normaler Dünger (Young 1989).

1990 rief PASU dazu auf, wer etwas über den Kecksburger Ufo-Crash wisse, möge sich bitte melden (*Latrobe-Bulletin*). Mit ihrer feinen Nase für außerirdische Neuigkeiten muß die Gruppe wohl gespürt haben, daß Augenzeugen anscheinend selbst nach 24 Jahren noch gern auspackten, wenn es um einen interessanten Fall geht.

Tatsächlich hat die fliegende Untertasse von Kecksburg bei Pennsylvanias Ufo-Freaks noch einige Zeit die Runde gemacht. Robert D. Barry, ein für dieses Thema aufgeschlossener Prediger, ist Gastgeber einer Mitternachts-Show des religiösen Senders WGCB-TV in Red Lion/Pennsylvania. Seine Sendungen sind Mixturen von NASA-Filmen, Ufologica, Zuschaueranrufen und gelegentlichen Bibellesungen. Barry erwähnte die angebliche Bergung des Kecksburger Ufos am 22. März 1989 in einer Predigt in Elizabethtown/Pennsylvania. Dem ließ er in seiner Sendung vom 2. April 1989 die Eröffnung folgen, bei dem Kecksburger Zwischenfall seien auch «Leichen» geborgen worden. Am 23. April 1989 dagegen erklärte er, es habe bei dem Ufo-Unfall keine Toten gegeben.

Barry behauptet heute, ein ungenannter NASA-Informant habe ihm vor Jahren verraten, das Kecksburger Ufo sei ausfindig gemacht worden – eine Behauptung, die im Widerspruch steht zu den Stellungnahmen eines Sprechers des North American Air Defence Command zur Zeit des Kecksburger Zwischenfalls (*Erie Daily Times*, *Pittsburgh Press* und *Pittsburgh Post-Gazette*, 10. Dezember). Barry zitierte außerdem die Behauptung eines Mannes, der 1965 Mitglied der Kecksburger Feuerwehr gewesen war. Demnach sei die Feuerwehr bereits *vor* dem Absturz des Ufos angesprochen und gebeten worden, die Bevölkerung aus dem betroffenen Gebiet fernzuhalten. Diese Behauptung widerspricht den ursprünglich veröffentlichten Zeitungsberichten und den Erklärungen der Augenzeugen.

Eine kuriose, merkwürdig an die Kecksburg-Story erinnernde Behauptung fiel in Bob Barrys Fernsehsendung am 28. Januar 1990. An jenem Abend war um 19.10 Uhr Eastern Standard Time über weiten Teilen der amerikanischen Ostküste ein heller Feuerball zu sehen. Barry erwähnte in der Sendung «E. T. Monitor», ein «Informant aus Greensburg» (ein Ausdruck, den Barry manchmal für PASU-Gründer Stan Gordon verwendet) habe telefonisch mitgeteilt, etwa um 19.10 Uhr sei in der Nähe «ein Objekt gelandet», die Umgebung sei abgesperrt worden, und der Informant versuche gerade, «so nahe wie möglich heranzukommen». Alles deutet darauf hin, daß der Kecksburg-Zwischenfall nicht der letzte seiner Art bleiben wird.

Robert R. Young ist Kursleiter der Astronomical Society in Harrisburg, Pennsylvania.

(Deutsch von Lieselotte Mietzner)

Die Geisterlichter von Texas

Herbert Lindee

In Texas kursieren, wie in vielen anderen Gegenden auch, zahlreiche Geschichten über Geisterlichter. Die bekanntesten Geisterlichter dieses Bundesstaates treten bei Saratoga und Marfa auf. Für diese Phänomene sind unter anderem folgende Ursachen vorgeschlagen worden: Lumineszenz menschlicher Geister, Sumpfgase, Satan, Ufos, Lagerfeuer, aus großer Entfernung gesehen, Piezoelektrizität, Luftspiegelungen durch Temperaturinversion, Elmsfeuer, Kugelblitze, das Spiegelbild des Mondes in Teichen, das Leuchten der Guanophosphate von Fledermäusen und Phosphoreszenz von mineralischen Ablagerungen. Obwohl uns die Logik sagt, daß seltsam anmutende Lumineszenzen auf mehr als eine Energiequelle zurückzuführen sein dürften, sieht es ganz so aus, als habe die Erscheinung in der Nähe dieser beiden texanischen Städte, die von den meisten Touristen für Geisterlicht gehalten wird,

eine einfache Erklärung: nichts Komplizierteres als Autoscheinwerfer, die man auf einem Highway aus einer etwas größeren Entfernung als sonst wahrnimmt.

Saratoga ist eine Kleinstadt in den Fichtenwäldern von Osttexas, einem Teil des Big Thicket, des Großen Dickichts, eines ökologischen Kleinods, dessen Name seine pflanzliche Beschaffenheit treffend wiedergibt. In der Nähe von Saratoga verläuft die Bragg Road über eine Strecke von elf Kilometern durch das Waldgebiet, wobei sie einem pfeilgeraden ehemaligen Bahndamm folgt (siehe Karte). Blickt man in nächtlicher Dunkelheit die Straße entlang, bilden die Wipfel der Bäume über der Straße und das Dickicht am Rand einen «Vegetationstunnel». Wenn man bei Nacht acht Kilometer nordwärts in diesen Tunnel hineinfährt und dann zurückblickt, kann man die Scheinwerfer der Autos sehen, sobald sie um die Biegung des Highway 787 kommen (siehe Karte 2). Für das bloße Auge sehen die beiden Scheinwerfer aus großer Entfernung wie ein heller, bewegungsloser Fleck in der Mitte des Tunnels aus. Kurze Zeit scheint sich der helle Fleck genau in der Mitte des Tunnels zu befinden; dann verschwindet er plötzlich, bis das Licht eines anderen Wagens seine Stelle einnimmt. Wie lange dieses Phänomen andauert, hängt von der Geschwindigkeit ab, mit der die Wagen die 787 entlangfahren. (Eine Zeitaufnahme des Saratoga-Lichtes findet man auf Seite 528 der Zeitschrift *National Geographic* vom Oktober 1974 abgebildet. Die tatsächliche Erscheinung wirkt unheimlicher, als es das Foto wiedergeben kann.)

Wenn ein nach Norden fahrender Wagen den Punkt erreicht, von dem aus das Licht seiner Scheinwerfer in den grünen Tunnel fällt, erzeugt der leichte Anstieg des Highway 787 einen verblüffenden Effekt, der zur Unheimlichkeit der Erscheinung noch beiträgt. Befindet man sich in dunkler Nacht auf einem geradlinig verlaufenden Highway, so dehnt sich das Licht eines näherkommenden Fahrzeugs aus, bis aus einem ursprünglich kleinen Fleck zwei helle Scheinwerfer geworden sind. Doch Fahrzeuge, die sich auf der 787 nach Norden auf den von der Bragg Road gebildeten Baumtunnel zu bewegen, bewirken etwas ganz anderes. Beim Näherkommen richtet sich das Licht der Fahrzeugscheinwerfer zunächst gen Himmel. Erst wenn der Wagen die Anhöhe überwunden hat, noch ungefähr fünfzig bis neunzig Meter von der Bragg Road entfernt, sind die Scheinwerfer plötzlich in den Tunnel der Bragg Road gerichtet. Der Beobachter nimmt erst einen schwachen

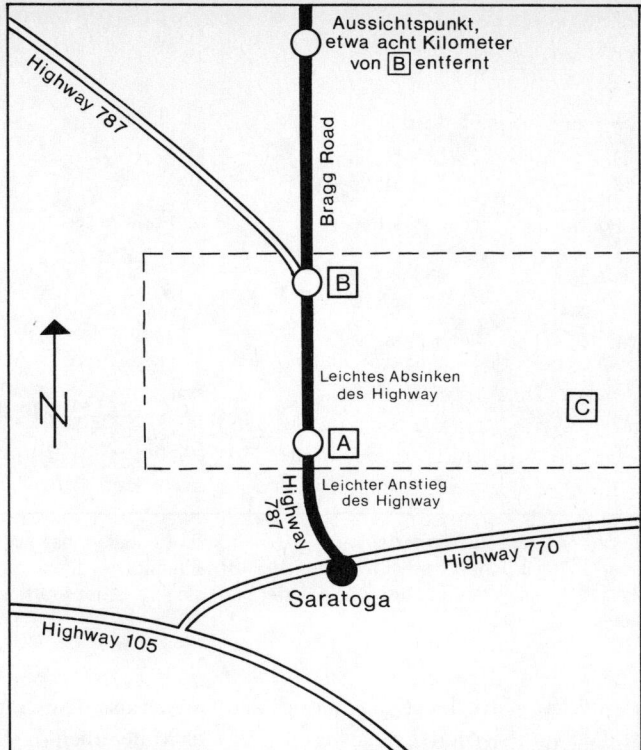

Karte 1: Der Blick geht ungefähr nach Norden (vgl. Karte 2 vom gestrichelten Ausschnitt). Punkt C ist ein Bezugspunkt. Bei Punkt A kommt ein nach Norden fahrendes Auto über die Anhöhe. Das Licht der Scheinwerfer fällt dann in den Tunnel aus Bäumen entlang der Bragg Road. Wagen, die von B nach A fahren, erzeugen mit ihren Rücklichtern ein schwaches rötliches Glühen.

Schein wahr und plötzlich dann einen unvermittelten Lichtausbruch anstelle des allmählichen Hellerwerdens, das er auf einem geraden Highway erwarten würde. Die Lichter wirken nicht wie die vertrauten Scheinwerfer entgegenkommender Fahrzeuge. Und das macht sie so geheimnisvoll.

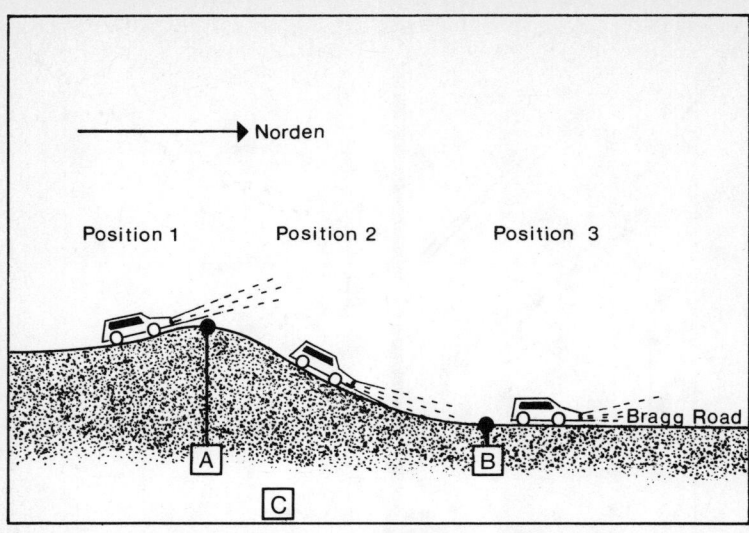

Karte 2: Gestrichelter Ausschnitt der Karte 1. Der Blick geht ungefähr nach Westen. In Position 1 fällt das Licht der Scheinwerfer nicht in den Baumtunnel der Bragg Road ein. In Position 2 entfalten die Autoscheinwerfer plötzlich ihre ganze Kraft entlang der Straße.

Dieses Phänomen erleben die meisten Beobachter also als Saratoga-Lichter. Wir sind viermal dort gewesen. Alle vier Male sahen die Beteiligten mit bloßem Auge das gleiche: zuerst einen schwachen Schein, dann einen hellen Fleck in der Mitte des Tunnels, der plötzlich auftauchte, kurze Zeit blieb und dann ebenso plötzlich verschwand. Der Blick durch ein gutes Fernglas enthüllt das Geheimnis, denn dann kann man sehen, wie sich das einzelne Licht in zwei Scheinwerfer aufteilt. Wenn die Scheinwerfer ungewöhnlich hell sind, läßt sich sogar das vordere Nummernschild erkennen.

Beobachter mit besonders guten Augen berichten gelegentlich von einer Farbveränderung des Lichtes. Sie tritt auf, sowie ein Auto, das südlich in Richtung Saratoga fährt, im Blickfeld erscheint, während eines, das umgekehrt nach Norden unterwegs ist, gerade aus ihm verschwindet. Die Rücklichter des nach Süden fahrenden Wagens überblenden das Bild des nach Norden fahrenden Wagens. Auch wenn man die Ursache verstanden hat, bleibt es ein bemerkenswerter Vorgang.

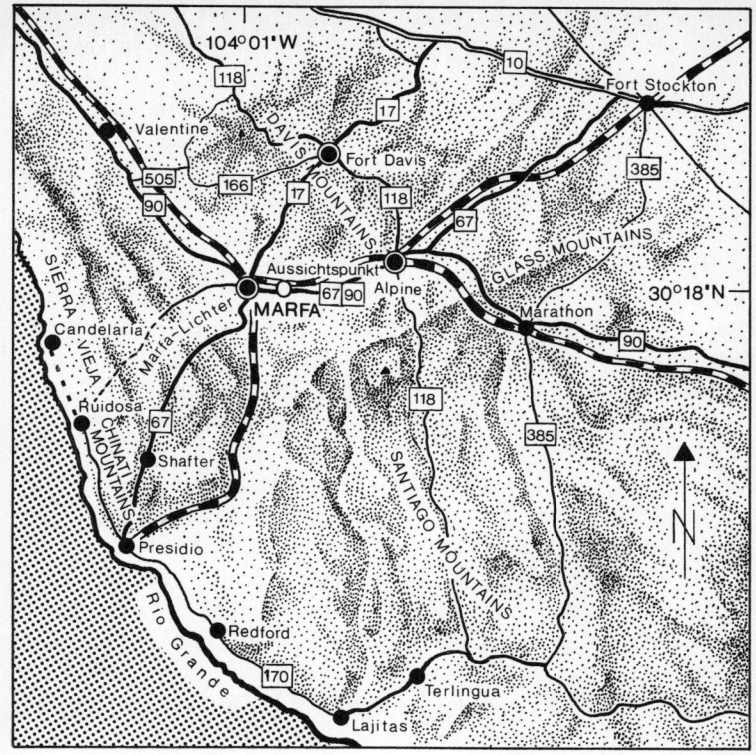

Die Einheimischen scheinen gewillt zu sein, das Geheimnis zu wahren, denn es lockt im Laufe des Jahres einen beträchtlichen Touristenstrom an. Zu ihrer Ehrenrettung sei gesagt, daß sie nicht lügen, wenn man sie nach den Lichtern fragt. Entweder sie geben gar keine Antwort oder flüchten sich in Äußerungen wie: «Wer weiß, wer weiß.»

Nach unseren Ausflügen zu den Saratoga-Lichtern erwarteten wir von den Marfa-Lichtern in Westtexas, daß sie nicht so leicht zu enträtseln sein würden. Hartnäckigen Gerüchten zufolge gibt es dort, wo die Marfa-Lichter beobachtet werden, keine Straße. Ich besuchte Marfa während der Frühlingsferien 1991 und stellte zu meiner großen Überraschung fest, daß genau dort, wo die Lichter in der Regel gesehen werden, ein Highway in nordöstlicher Richtung von Presidio nach Marfa verläuft (vgl. Karte). Der Aussichtspunkt befindet sich auf dem Highway 90, knapp fünfzehn Kilometer östlich von Marfa.

Angeblich reichen Berichte über die Marfa-Lichter bis in die achtziger Jahre des vorigen Jahrhunderts zurück: Damals sollen schon Rancher davon erzählt haben. Ich besuchte den Aussichtspunkt an drei Abenden hintereinander. Jedesmal blieb ich drei Stunden, verbrachte also insgesamt neun Stunden dort. Jeden Abend erschienen noch rund fünfzig Touristen, um die Lichter zu betrachten.

Am ersten Abend herrschte unter den Beobachtern, mit denen ich sprach, völlige Übereinstimmung darüber, daß besagte Lichter von Autos stammten, die auf dem Highway 67 von Presidio nach Marfa fuhren. Wir erblickten die Scheinwerfer, wenn sie Anhöhen des Straßenverlaufs erreichten, und sahen sie verschwinden, wenn die Straße durch eine Senke oder ein Tal führte. Da die Sichtentfernung etwa fünfzig Kilometer beträgt, kann man keine Bewegung erkennen, und noch nicht einmal ein Fernglas kann das einzelne Licht, das man mit dem bloßen Auge sieht, in zwei Autoscheinwerfer zerlegen.

Am zweiten Abend waren einige weniger informierte Beobachter mit am Platz, sie wußten nichts von dem Highway nach Presidio, und ein oder zwei behaupteten auch steif und fest, sie sähen Lichter magischen Ursprungs.

Als ich in der Dämmerung des dritten Tages in die Chinati Mountains fuhr, bemerkte ich ein kleines, dunkles Flugzeug, das über dem an das Gebirge angrenzenden Gebiet kreiste. Diese Region liegt an der Grenze zu Mexiko, und das kreisende Flugzeug ließ mich an Schmuggler oder illegale Einwanderer denken. Wenn die Lichter des Flugzeugs in jener Nacht eingeschaltet waren, hätte man sie ebenso leicht sehen können wie die eines Autos, das die Straße entlangfuhr. Die zufälligen Richtungsänderungen des Flugzeugs hätten an höchst verschiedene Erscheinungen denken lassen können – von Geisterlichtern bis hin zu Ufos.

Die Berichte über die Marfa-Lichter laufen den Saratoga-Lichtern ein bißchen den Rang ab, und tatsächlich ist der Eindruck in Marfa stärker. Die geographischen Gegebenheiten in der Umgebung von Marfa unterstützen den Eindruck des Geheimnisvollen und des Erhabenen, den diese Lichter zu vermitteln scheinen. Unser Blick schweift über die Senke zu den Bergen, die Kilometer entfernt liegen, und wir sehen Lichter aufblinken und verlöschen, wenn die Autos aus offenem Gelände in schützenden Einschnitten oder Tälern verschwinden. Der Horizont ist fern, und wir spüren die Weite der Senke, in der Marfa liegt.

Die Faszination, die der Anblick der Lichter auslöst, wird durch die natürliche Erklärung nicht verringert. Das Erlebnis behält seinen leicht mystischen Charakter, was wohl auch dafür verantwortlich ist, daß der Strom der Besucher hier nicht abreißt.

Denn die Tatsache, daß wir an vier Abenden in Saratoga und an drei Abenden in Marfa nichts gesehen haben, was die Grenzen der Normalität sprengte, bedeutet freilich nicht, daß an keinem dieser Orte jemals Außergewöhnliches stattgefunden hat.

Herbert Lindee ist Präsident der Houston Association for Scientific Thinking.

(Deutsch von Hainer Kober)

Mysteriöse Fingerübungen

Martin Gardner

Seit Jahrhunderten vergnügen sich Kinder auf der ganzen Welt mit dem folgenden scheinbar paranormalen Kunststück. Vielleicht erinnern Sie sich, selbst als Kind einmal dabeigewesen zu sein. Es gibt viele Möglichkeiten der Durchführung, gewöhnlich jedoch läuft es folgendermaßen ab:

Eine schwere Person, etwa eine erwachsene Frau, sitzt auf einem Stuhl oder Hocker. Wir nennen sie ab jetzt die «Versuchsperson». Zwei Kinder stehen hinter ihr und zwei rechts und links neben ihr. Eines der hinteren Kinder legt einen Zeigefinger unter die linke Achselhöhle der Versuchsperson. Das zweite hintere Kind legt einen Zeigefinger unter die rechte Achselhöhle. Das dritte Kind legt einen Zeigefinger unter das linke Knie der Versuchsperson und das vierte Kind legt einen Finger unter das rechte Knie.

Die Kinder bemühen sich, die Versuchsperson hochzuheben, aber die Frau ist viel zu schwer. Der Versuch wird sodann wiederholt, jedoch erst, nachdem eine rituelle Handlung vollzogen wurde. Das Ritual kann viele Formen haben. In Amerika legt dabei oft ein Kind eine Hand flach auf den Kopf der Versuchsperson, ein zweites Kind legt seine Hand auf die des ersten, und so weiter, bis alle acht Hände einen Turm bilden, wobei sich die Hände eines Kindes nicht berühren dürfen. Alle konzentrieren sich und drücken kurze Zeit ihre Hand auf den Kopf der Versuchsperson nach unten. Dann legen sie die vier Finger wieder unter die Knie und Achselhöhlen der sitzenden Person. Jemand beginnt, laut zu zählen, bei drei halten die Kinder den Atem an und heben die Versuchsperson hoch.

Sie läßt sich wirklich heben. Das geschieht mit solcher Leichtigkeit, daß die beteiligten Personen ein Gefühl bekommen, als habe die Versuchsperson auf wunderbare Weise an Gewicht verloren.

Vor einigen Jahren erzählte man mir, der britische Chronist Samuel Pepys (1633–1703) habe den Trick in seinem berühmten Tagebuch beschrieben, aber erst jetzt erfuhr ich von dem Physiker Donald W. Olson von der Southwest Texas State University in San Marcos und seiner Frau Marilynn, die an derselben Universität Anglistik lehrt, wo sich die Beschreibung genau findet. Wir lesen in Pepys' Eintrag für den 31. Juli 1665:

An diesem Abend schilderte ich Mr. Brisband, als wir von Zauberei und allerlei Gaukelspiel sprachen, einige meiner eigenen Zauberkunststücke; er erzählte mir, was er in Frankreich kennengelernt hatte. Folgende Worte:

Voyci un Corps mort,
Royde comme un Baston,
Froid comme Marbre,
Leger comme un esprit,
Levons te au nom de Jesus Christ.*

Er hatte vier kleine Mädchen gesehen, alle sehr jung, jedes ein Knie gebeugt; und eine begann, die erste Zeile in das Ohr der nächsten zu flüstern, und die zweite flüsterte sie der dritten zu, und die dritte der vierten, und sie der ersten. Dann begann die erste mit der zweiten Zeile, und so rundherum, bis zum Schluß, und dabei legte jede nur einen Finger unter einen Knaben, der flach auf dem Boden lag, als ob er tot sei; am Ende ihrer Worte hoben sie mit ihren vier Fingern den Jungen so hoch, wie sie nur reichen konnten, und er [Mr. Brisband], der dabei war und sich darüber wunderte, das Geschehen aber auch mit Furcht betrachtete, denn sie wollten, daß er statt eines der kleinen Mädchen teilnähme, das noch sehr jung war und Mühe hatte, die Worte nachzusprechen, rief, weil er befürchtete, der Knabe könne einen Trick anwenden oder sehr leicht sein, den Koch des Hauses, einen sehr kräftigen Burschen, wie Sir G. Carterets Koch, der sehr füllig ist, und sie hoben ihn genauso hoch. Dies ist eines der merkwürdigsten Dinge, die ich je gehört habe, aber er spricht ja aus eigener

---

* Hier ist ein Toter,
   Steif wie ein Stock,
   Kalt wie Marmor,
   Leicht wie ein Geist.
   Wir heben dich hoch im Namen Jesu Christi.

Erfahrung, und ich glaube aufrichtig, daß es wahr ist. Ich fragte ihn,
ob die Mädchen protestantisch oder katholisch waren. Er sagte mir,
sie seien Protestantinnen, was mir das Ganze noch merkwürdiger
erscheinen ließ.

Die Olsons schickten mir auch einige Seiten aus ‹*The Lore and Language
of Schoolchildren*› von Iona und Peter Opie (1959). Die Opies zitierten
zunächst aus Pepys' Tagebuch und geben dann eine andere Beschreibung dieses Vorgangs, die ihnen von einem Bekannten mitgeteilt wurde,
der in den vierziger Jahren in Bath die Schule besucht hatte:

Das merkwürdigste Ereignis, das ich kenne, habe ich selbst erlebt.
Einige meiner Klassenkameraden beschlossen eines Tages, ein Kunststück durchzuführen, von dem sie gehört hatten. Ein Mensch sitzt auf
einem Stuhl und mehrere andere (ich glaube vier) stehen um ihn
herum, während sie mit einem Teil ihrer Hand – ich meine, es war der
Daumen – auf den Kopf des Opfers drücken. Es kommt darauf an,
dies einige Minuten lang in einer äußerst konzentrierten Atmosphäre
zu tun (ohne zu sprechen oder zu lachen). Danach, hieß es, werde die
sitzende Person entgegen allen Naturgesetzen wirklich leichter; sie
ließe sich dann von den anderen hochheben, als ob sie ein Kissen wäre.
Dieser Versuch wurde von der ganzen Klasse mit großem Interesse
beobachtet und schien eine merkwürdig unheimliche Wirkung zu
haben. Ob durch Selbsthypnose oder nicht, weiß ich nicht, aber die
Träger, die nur wenige Finger unter die Achselhöhlen und unter die
Knie legten, hoben die Sitzende tatsächlich mit Leichtigkeit und Gra-
zie in die Höhe und setzten sie auf die gleiche Weise wieder nieder. Es
ähnelte mehr als alles, was ich sonst gesehen habe, wirklicher Magie.

Die Opies erzählen weiter:

Wir fügen hinzu, daß auch wir in unserer Jugend diesen Trick durchgeführt haben und dabei drei Möglichkeiten kannten. Im ersten Fall
lag die Versuchsperson, und es gab, wenn wir uns recht erinnern,
vier Personen, die sie mit je einem Finger hochhoben; im zweiten Fall
saß die Versuchsperson, und zwei Personen hoben sie mit je einem
Finger jeder Hand hoch. Im dritten, besonders spektakulären Fall
stand die Versuchsperson auf einem Buch, wobei Fersen und Zehen

gerade darüber hinausragten und man die Finger darunter legen konnte; man hob sie senkrecht in die Höhe. In diesem letzten Fall mußte das Kind kleiner sein als die, die es hochheben sollten, weil sie ihm sonst nicht die Hände auf den Kopf legen konnten. Bei uns wurde es für nötig erachtet, daß jeder, der daran teilnahm, während des ganzen Vorgangs den Atem anhielt. Einer zählte bis zehn, während alle nach unten drückten, und dann ging jeder rasch zur Hebestellung über.

Eine ganz andere Darstellung dieser «Finger-Levitation» findet sich in den ‹Letters on Natural Magic› (1862) von David Brewster:

Eines der bemerkenswertesten und unerklärlichsten Experimente im Zusammenhang mit der Körperschwere, das Sie sicher schon selbst einmal gesehen und bewundert haben, ist jenes, bei dem sich ein schwerer Mensch mit der größten Leichtigkeit hochheben läßt, wenn es nur in dem Augenblick geschieht, in dem seine eigenen Lungen und die derjenigen, die ihn hochheben, mit Luft gefüllt sind. Dieses Experiment wurde, so glaube ich, in England zuerst vor einigen Jahren von Major H. demonstriert, der es bei einem großen Fest in Venedig unter der Anleitung eines Offiziers der amerikanischen Marine kennengelernt hatte. Da Major H. es mehr als einmal in meiner Gegenwart durchgeführt hat, kann ich die von ihm befolgte Methode genau beschreiben. Der schwerste Gast legt sich auf zwei Stühle, wobei seine Beine vom einen und sein Rücken vom anderen gehalten werden. Vier Menschen, je einer neben jedem Bein und je einer neben jeder Schulter, versuchen dann, ihn hochzuheben; sie erleben sein Gewicht als sehr groß, weil es ihnen schwerfällt, ihn zu halten. Nachdem er dann wieder auf den Stühlen liegt, faßt jede der vier Personen wie zuvor den Körper an, und die Versuchsperson gibt durch Händeklatschen zwei Signale. Beim ersten Signal atmen sie und die vier Träger lange und tief ein; wenn das Einatmen beendet ist oder die Lungen gefüllt sind, wird auf das zweite Signal hin die Person vom Stuhl gehoben. Zu ihrer eigenen Überraschung und der ihrer Träger läßt sie sich mit der größten Leichtigkeit heben, als ob sie nicht schwerer wäre als eine Feder. Bei mehreren Gelegenheiten habe ich beobachtet, daß dann, wenn einer der Träger seine Aufgabe schlecht verrichtet, indem er zur Unzeit atmet, der Teil des Körpers, den er zu tragen hätte, gewissermaßen zurückbleibt. Wenn Sie diesen Versuch wiederholt gesehen und sowohl die Rolle der Versuchsperson als auch die des Trägers gespielt haben, können Sie bestätigen, wie frappierend die Wirkung allen Beteiligten erscheint und wie vollständig alle davon überzeugt sind, daß durch das beschriebene Verfahren entweder die Last Gewicht verloren hat oder die Träger stärker geworden sind.

In Venedig wurde der Versuch noch viel eindrucksvoller durchgeführt. Der schwerste Mann in der Gruppe wurde gehoben und dabei sogar nur mit der Spitze der Zeigefinger von sechs Personen gehalten. Major H. erklärte, das Heben könne keinen Erfolg haben, wenn die betreffende Person auf einem Brett liege und die Träger versuchten, das Brett hochzuheben. Er hielt es für nötig, daß die Träger unmittelbar mit dem zu hebenden Körper Kontakt hätten. Ich hatte keine Gelegenheit, diesen merkwürdigen Umstand experimentell zu prüfen, aber ob nun das Ganze eine Täuschung ist oder das Ergebnis bekannter oder neuer Grundsätze, so verdient das Thema doch eine sorgfältige Untersuchung.

In Gaston Tissandiers ‹Popular Scientific Recreations› (1881) steht die Versuchsperson aufrecht. Zwei Träger legen je einen Finger unter ihre Schuhe, weitere zwei unter ihre gebeugten Ellbogen, und ein fünfter legt einen Finger unter ihr Kinn.

In dem Buch ‹The Beautiful, the Wonderful, and the Wise›, herausgegeben von L. N. Chapin (Neuauflage, Philadelphia 1886), fand ich eine weitere Beschreibung:

Ein Korrespondent des Scientific American berichtet das folgende, das durch viele gute Autoritäten verbürgt ist: «Ich freue mich zu sehen, daß der Vorgang des ‹Schwebens› wieder Aufmerksamkeit findet. Vor fünfzig Jahren war er mir ein Zeitvertreib, so zauberhaft und unerklärlich wie jetzt. Ich will das Verfahren beschreiben, wie dieses wunderbare Kunststück durchgeführt wird. A liegt auf seinem Rücken auf dem Boden, der Erde oder einer Liege. B und C (zwei sind so gut wie vier) legen ihre Zeigefinger unter die Schultern und Hüften von A. Sie atmen auf ein Zeichen von A hin gemeinsam ein. Beim ersten Einatmen versuchen B und C, ihn hochzuheben, haben aber keinen Erfolg; die geringste Anstrengung oder das klein-

Ein Mann wird von fünf Fingern gehalten (aus Tissandiers ‹*Popular Scientific Recreations*›, 1881).

ste Stöhnen stören den Zauber, und man muß von vorn beginnen. A hat also eingeatmet, und mit angehaltenem Atem wird er, wenn man geschickt ist, so weit hochgehoben, wie man nur reichen kann, wo man ihn dann fangen muß, um sein Fallen zu verhindern. Er wird fühlen, daß die Schwere ihn verlassen hat; B und C heben nur seine Kleidung. Er fühlt – haben Sie je vom Fliegen geträumt? Genau das ist es. Man braucht keinen abgeschlossenen oder ruhigen Raum. Es kann draußen gemacht werden, in einem Sturm oder auch in einem Schrankzimmer. Wenn man den Bogen heraus hat – und es hat mich einmal drei Stunden gekostet, es eine Klasse zu lehren –, können zwei Zwölf- oder Fünfzehnjährige einen Daniel Lambert wie eine Feder in die Luft werfen. Ich kenne keine Wissenschaft, die sich daraus ergeben könnte, aber als eine amüsante Unterhaltung ist es unübertroffen.»

Ich sollte den Hinweis auf Daniel Lambert erklären. Er war ein wegen seiner enormen Leibesfülle berühmter Engländer (1770–1809). Bei einer Größe von etwa 180 Zentimetern wog er bei seinem Tod 350 Kilogramm. Lamberts Name war geradezu Synonym für ungeheuren Umfang. London ist der «Daniel Lambert der Städte», schrieb George Meredith, und Herbert Spencer nannte einmal einen Mann einen «Daniel Lambert der Gelehrsamkeit».

Warum funktioniert das Hochheben? Wenn vier Träger beteiligt sind, wird das Gewicht auf vier verteilt. Wenn die Versuchsperson 100 Kilogramm wiegt, muß jeder Träger nur noch 25 Kilogramm heben, oder 20 Kilogramm, wenn es fünf Träger sind. Beim ersten Versuch beginnen die Träger nicht im selben Augenblick mit dem Heben, und das Gewicht der Versuchsperson ist ungleich verteilt. Sie kippt zur Seite, wodurch die Last für einige Beteiligte größer wird. Das Ritual und das Hochheben am Ende des Zählens beim zweiten Versuch stellen eine gute Koordination sicher. Das Ritual animiert zudem jeden, sich mehr anzustrengen.

Auch das Anhalten des Atems könnte zum Erfolg beitragen. Die meisten Menschen halten die Luft an bei dem Versuch, einen besonders schweren Gegenstand hochzuheben. Man hat auch behauptet, daß die Arme der Träger dann, wenn sie eine Weile auf den Kopf der Versuchsperson Druck ausübten, beim Hochheben sich leichter anfühlten. (Es gibt einen anderen alten Kindertrick, bei dem man in einer Türöffnung steht und die Rückseiten der Hände etwa eine Minute lang gegen den Türrahmen drückt. Wenn man dann wegtritt, scheinen die Arme wie von selbst hoch in die Luft zu schwingen.)

Es ist schwer zu glauben, aber einige Parapsychologen argwöhnen, für diesen alten Trick könnte etwas Paranormales verantwortlich sein. Zum Beispiel vertritt Thelma Moss in ‹The Probability of the Impossible› (1975) diese Ansicht. Der britische Esoterik-Journalist John Randall schreibt in ‹Psychokinesis› (1982): «Kein Physiker hat je eine ‹normale› Erklärung für dieses Phänomen geben können.» In ‹The Story of

Psychic Science› beschreibt Hereward Carrington, ein amerikanischer Erforscher übersinnlicher Erscheinungen, Experimente, die er mit diesem Hochheben anstellte. Er ließ fünf Männer den Hebeversuch auf einer großen Lastenwaage ausführen. Nach Carrington betrug das Gesamtgewicht vor dem Heben 306 Kilogramm. Während des Hochhebens registrierte die Skala einen Gewichtsverlust von 30 Kilogramm. Carrington schreibt: «Ich habe keine Theorie für diese Beobachtungen anzubieten, weil ich sie nicht völlig erklären kann.»

In den vergangenen Jahren wurde der Hebeversuch von Uri Geller routinemäßig auf der Bühne vorgeführt: Geller bittet zunächst den schwersten Menschen, den er im Publikum sieht, zu sich und danach drei Freiwillige. Der erste Versuch klappt auch hier nie, vor dem zweiten Versuch ist Gellers Ritual der übliche Turmbau der Hände auf dem Kopf der Versuchsperson. Colin Wilson, Englands bekanntester Journalist fürs Okkulte, erzählt in seinem Buch ‹The Geller Phenomenon› (1976), wie er selbst hochgehoben wurde. Die Träger waren Geller, sein alter Freund Shipi und zwei Freundinnen. Die Fotos im Buch zeigen vier Stadien dieses großen Ereignisses.

Das zu hebende Objekt braucht übrigens kein Mensch zu sein. In Shivpuri, einem Dorf in der Nähe von Poona in Westindien, gibt es ein berühmtes Mausoleum mit den sterblichen Überresten von Kamarali Darvesh, einem heiligen Moslem. Im Sand neben dem Eingang liegt eine große steinerne Kugel von 35 Zentimetern Durchmesser und etwa 70 Kilogramm Gewicht. Gewöhnlich stehen um diese Kugel einige Männer herum, meistens fünf oder sieben, die den steinernen Ball mit dem Zeigefinger an seinem Äquator oder darunter berühren. Nachdem sie gemeinsam «Kamarali Darvesh» rezitiert haben, gibt jemand das Signal – und langsam hebt sich der Ball. Fromme Muslime halten dies für ein Wunder Allahs.

Der Versuch, den Gläubigen klarzumachen, daß bei fünf Trägern jeder Mann nur 14 Kilo heben muß und bei sieben Trägern auf jeden sogar nur 10 Kilo entfallen, ist so aussichtslos, wie die tonangebenden Erkunder des Übersinnlichen davon überzeugen zu wollen, daß solche Levitationen keine paranormalen Vorgänge sind.

Martin Gardner ist ein international bekannter Wissenschaftsjournalist, Rätselfachmann und skeptischer Erforscher des Paranormalen.

(Deutsch von Anita Ehlers)

Über Böcke und Schafe:
Wer glaubt was warum?

Guter Glaube

Bruce Bower

Jeder, der schon einmal über die haarsträubenden Schlagzeilen von Sensationsblättern geschmunzelt hat, wie sie im Supermarkt ausliegen, kann Ihnen sagen, daß das semantische Verstehen einer Behauptung und der Glaube daran zwei Paar Stiefel sind. Sonst würde ja jeder Supermarktkunde Fanfarenstöße wie «Höhlenmenschen sahen wie Elvis aus!» ernst nehmen.

Jetzt sieht es so aus, als müßten wir diese Ansicht revidieren. Unser wißbegieriger Geist will nicht nur seine Kenntnisse erweitern; er neigt auch dazu, zumindest im ersten Augenblick zu glauben, was er liest und hört, wie der Psychologe Daniel T. Gilbert von der University of Texas in Austin herausfand: «Neue Untersuchungen sind sich in einem einzigen Punkt einig – Menschen sind gutgläubige Geschöpfe, denen es sehr leicht fällt zu glauben und sehr schwer fällt zu zweifeln.»

Seine Behauptung mag Anlaß zu Diskussionen geben, aber man kann sie kaum als taufrisch bezeichnen. Schon vor mehr als 2300 Jahren hatte Aristoteles erkannt, die Fähigkeit zu zweifeln sei etwas Seltenes und entwickle sich nur bei kultivierten, gebildeten Menschen.

Die Einschätzung des griechischen Philosophen wurde im vergangenen Jahrzehnt durch mehrere Studien untermauert, aus denen hervorgeht, daß jüngere Kinder die Behauptungen Erwachsener im allgemeinen unkritisch aufnehmen – eine Tendenz, die kindliche Augenzeugenberichte von Verbrechen oft verfälscht.

Heutige psychologische Theorien zur Meinungsbildung stützen sich indes stärker auf die Vorstellungen eines anderen Philosophen – René Descartes. Dieser einflußreiche französische Denker des 17. Jahrhunderts vertrat die Auffassung, daß der Verstand mühelos und automatisch neue Ideen aufnehme, die so lange in einem Zustand der Unentschiedenheit verharrten, bis sie von bewußter, rationaler Analyse entweder verifiziert oder verworfen würden. Descartes' Unterscheidung des Verstehens von der kritischen Bewertung – wenngleich weniger bekannt als seine Trennung von Geist und Körper – beeinflußt Gilbert zufolge nach wie vor die wissenschaftlichen Hypothesen über menschliche Denkvorgänge. Zum Beispiel programmieren Computerwissenschaftler ihre hochgezüchteten Systeme zur Simulierung von Spracherwerb und anderen geistigen Fähigkeiten so, daß diese die eingespeisten Informationen zunächst in «neutraler» Form aufnehmen, bevor sie über deren Nützlichkeit oder weitere Bestimmung entscheiden.

Baruch Spinoza, der kurz nach Descartes' Tod publizierte, eröffnete indes eine völlig andere Perspektive auf das Denken. Spinoza behauptete, um eine Idee zu begreifen, müsse der Betreffende sie gleichzeitig als wahr akzeptieren. Erst die bewußte Analyse – die je nach Inhalt fast gleichzeitig erfolgen könne oder erst nach beträchtlicher Anstrengung – erlaube dem Verstand, abzulehnen, was er zunächst als wahr aufgenommen habe.

Spinozas absurd erscheinende Vorstellung wird durch drei Experimente gestützt, über die Gilbert und seine Arbeitsgruppe im *Journal of Personality and Social Psychology* vom Oktober 1990 berichten. Diese Experimente dienten der Überprüfung einer Grundannahme in Spinozas Theorie: Wenn Menschen tatsächlich sowohl wahre als auch falsche Informationen zunächst glauben, dann müßte jede Störung der nachfolgenden Bewertung dieser Informationen ihre Fähigkeit beeinträchtigen, falsche Behauptungen zurückzuweisen, während richtige Erkenntnisse ihre Zustimmung ungestört behalten würden.

In den ersten dieser Studien lernten 35 Studenten die Bedeutung fiktiver Hauptwörter – angeblich aus der Sprache der Hopi-Indianer –, indem sie auf einem Computer-Bildschirm Definitionen lasen wie «*Twyrin* bedeutet Arzt». Sofort nach Erscheinen jeder Definition wurde auf dem Bildschirm *richtig* oder *falsch* eingeblendet. Bei manchen Durchgängen erklang ein Ton, unmittelbar nachdem der Computer eine Aussage bestätigt oder verworfen hatte. Da die Studenten einen Reaktionsknopf drücken mußten, sobald sie diesen Ton hörten, war ihre Aufmerksamkeit kurzfristig abgelenkt.

Die Störung durch den Ton hatte zur Folge, daß die Studenten bei einem späteren Identifizierungstest wesentlich mehr der vom Computer verneinten Aussagen als zutreffend durchgehen ließen, andererseits neigten die abgelenkten Studenten nicht verstärkt dazu, eine vom Computer bestätigte Definition als falsch zu bezeichnen.

Indem sie sowohl falsche als auch richtige Aussagen zunächst als zutreffend akzeptierten, reagierten die Probanden offenbar in der von Spinoza beschriebenen Weise, versichert Gilbert. Und Ablenkungen erschwerten demnach den anschließenden Denkvorgang, der zur Überprüfung verneinter, nicht aber affirmierter Behauptungen nötig sei.

In der zweiten Untersuchung bekamen zwanzig Studenten auf einem Video-Bildschirm eine Reihe lächelnder Männergesichter vorgeführt. Bei einigen Durchgängen erschienen die Wörter *echt* oder *unecht* auf dem Bildschirm, bevor ein Gesicht eingeblendet wurde, als Hinweis, daß der Betreffende echte oder gespielte Zufriedenheit ausdrücke. Bei anderen Durchgängen erschienen die Signalworte nach dem jeweiligen Gesicht.

Studenten, die durch das Drücken eines Knopfes auf ein akustisches Signal hin unmittelbar *nach* Betrachten eines Gesichts abgelenkt waren, mißdeuteten ein aufgesetztes Lächeln gewöhnlich als echt, aber nicht umgekehrt. Selbst diejenigen, die vorher auf ein unechtes Lächeln hingewiesen worden waren, bezeichneten dieses oft als echt, wenn ihre Konzentration anschließend gestört wurde. Mit anderen Worten, wenn Ablenkungen ihre Gedanken abschweifen ließen, neigten Probanden, denen man Grund gegeben hatte, sich vor falschen Informationen zu hüten, dennoch dazu, diese Information als richtig zu akzeptieren.

In der letzten Untersuchung konfrontierten die Wissenschaftler dreißig Studenten mit deskriptiven Aussagen über ein fiktives Tier namens «Glark». Die Versuchspersonen sollten dann entscheiden, ob neue Behauptungen über Glark richtig oder falsch seien. Während dieser Aufgabe wurden sie in gewissen Abständen aufgefordert, eine Aussage über Glark so schnell wie möglich zu lesen, ohne deren Wahrheitsgehalt zu bewerten. Jede dieser Aussagen erschien im Verlauf des Tests ein zweites Mal zur Bewertung, ob sie richtig oder falsch sei.

Die Studenten hätten die rasch gelesenen Aussagen wahrscheinlich zunächst als zutreffend akzeptiert, statt sie neutral zu behandeln, meint Gilbert. Später nämlich bezeichneten sie ein Viertel der schnell gelesenen falschen Aussagen als zutreffend, während sie fast alle der schnell gelesenen richtigen Aussagen auch als richtig identifizierten.

«Wir sind naive Cartesianer», behauptet Gilbert. «Wir bilden uns ein, unsere Überzeugungen jederzeit unter bewußter Kontrolle zu haben. Aber Überzeugungen können einfach durch passive Hinnahme von Informationen entstehen, wenn kein Versuch gemacht wird, diese zu analysieren.»

Er weist auf andere Forschungsvorhaben hin, die seine Argumentation unterstützen sollen. So haben Psycholinguisten schon vor fast zwanzig Jahren herausgefunden, daß Personen, die man mit zutreffenden und unzutreffenden Sätzen konfrontiert, im allgemeinen weniger Zeit benötigen, um zutreffende Aussagen zu bestätigen, als um falsche zu entlarven. Ein Forschungsteam formulierte dementsprechend: Wenn Personen Behauptungen lesen, dann «beginnen sie mit dem auf *richtig* geschalteten Bewertungsindex».

Aus der psycholinguistischen Forschung ist auch bekannt, daß es zum Verständnis einer Verneinung (etwa «Gürteltiere sind keine Pflanzenfresser») zunächst nötig ist, den betreffenden Grundgedanken (Gürteltiere sind Pflanzenfresser) zu erfassen. Ein spinozistischer Geist, der nach dieser mentalen Strategie verfährt (und gestört wird), könne demnach gelegentlich nur glauben, was eindeutig verneint wurde, folgert Gilbert.

Eine Studie von 1981, geleitet von dem Psychologen Daniel M. Wegner von der Trinity University in San Antonio/Texas, veranschaulicht dies. So hat ein besonders für Journalisten interessanter Befund ergeben, daß Studenten, die Sätze vorgelegt bekamen wie «Bob Talbert ohne Kontakte zur Mafia», wesentlich negativere Eindrücke von dem fiktiven Talbert zu Protokoll gaben als Studenten, die so neutrale Aussagen gelesen hatten wie: «Bob Talbert feiert seinen Geburtstag.»

Menschen pflegen automatisch nach Belegen Ausschau zu halten, die ihre Annahmen in bezug auf andere Personen bestätigen. Es gibt Untersuchungsergebnisse, wonach Probanden, denen eine junge Frau als sehr kontaktfreudig geschildert wurde, ihr später Fragen stellten, die sich auf das Ausmaß ihrer Geselligkeit konzentrierten, nicht aber auf die zurückhaltenderen Aspekte ihrer Persönlichkeit.

In ähnlich gelagerten Untersuchungen haben Psychologen beobachtet, daß Menschen häufig glauben, was andere ihnen erzählen, ohne überhaupt darüber nachzudenken. Meinungen über andere Personen sowie autobiographische Behauptungen werden darüber hinaus leichter akzeptiert, wenn der Zuhörer gleichzeitig eine Tätigkeit ausführt, die seine Aufmerksamkeit von der Botschaft des Sprechers ablenkt.

«Leute, die Gebrauchtwagen und Staubsauger verkaufen, kennen sehr genau die Überzeugungskraft gezielter Unterbrechungen und Ablenkungen», so Gilbert.

Viele Techniken der Gehirnwäsche und Manipulation bedienen sich extremer Zerrüttung der Konzentrationsfähigkeit, zum Beispiel bei politischen Gefangenen, fügt Gilbert hinzu. Vernehmungsbeamte halten Gefangene tage- und nächtelang wach und setzen sie dann einem ideologischen Trommelfeuer aus, dem die Opfer nur mit Mühe widerstehen können. Ähnlich können auch Geständnisse erzwungen werden: Nachdem sie die Botschaft ihres Peinigers unzählige Male abgeschrieben und hergesagt haben, beginnen die zermürbten Gefangenen, an ihren eigenen Vorstellungen zu zweifeln.

Gilbert und seine Mitarbeiter müssen freilich erst noch untersuchen, ob die Ablenkung der Aufmerksamkeit die Wahrscheinlichkeit erhöht, mit der auch offenkundig absurde Behauptungen geglaubt werden. Obwohl Spinozas Theorie es zuläßt, daß selbst eine Behauptung wie «Hitler war eine Frau» erst mal akzeptiert und anschließend verworfen wird, erweist es sich als schwierig, diese Annahme im Labor zu testen.

Trotz gewisser Lücken in der wissenschaftlichen Erkenntnis über die Meinungsbildung «hat sich die Beweislast auf die Theorie von Descartes verlagert», meint jedenfalls Gilbert.

Inzwischen scheint eine Gallup-Befragung Gilbert recht zu geben: Jeder fünfte Befragte bezeichnete die Informationen der in den Supermärkten ausliegenden Sensationsblätter als «zutreffend».

Wer weiß? Die Anhänger der Regenbogenpresse erleiden an der Kasse vielleicht regelmäßig eine Aufmerksamkeitsschmelze, wenn sie hören, was sie zu zahlen haben.

Bruce Bower ist Ressortleiter für Verhaltenswissenschaft bei Science News, *einem wöchentlich erscheinenden Wissenschaftsmagazin.*

(Deutsch von Brigitte Stein)

Beinahe tot

Susan Blackmore

Wie ist es, wenn man stirbt? Die meisten von uns fürchten den Tod mehr oder weniger, aber es gibt auch immer mehr Menschen, die dem Tod schon sehr nahe waren und «zurückgekommen» sind; sie berichten meist von angenehmen und sogar freudigen Erlebnissen auf der Schwelle zum Tod. Für viele werden solche Erfahrungen zu einem unzweifelhaften Hinweis auf ein Leben nach dem Tod, und das scheint dadurch, daß sich im Leben der Betreffenden meist tiefgreifende Veränderungen anschließen, zusätzlich bestätigt.

Viele Wissenschaftler hingegen halten derartige Wahrnehmungen schlicht für Halluzinationen, hervorgebracht von einem sterbenden Hirn und kaum interessanter als ein besonders lebhafter Traum.

Meiner Ansicht nach liegen beide falsch: Todesnähe-Erfahrungen geben keinen Hinweis auf ein Leben nach dem Tod, und man versteht sie tatsächlich am besten, wenn man sie unter den Gesichtspunkten von Neurochemie, Physiologie und Psychologie betrachtet. Dennoch sind sie viel interessanter als Träume; sie erscheinen absolut real und können das Leben eines Menschen völlig umkrempeln. Jede befriedigende Theorie muß das in Rechnung stellen – und das führt uns zu Fragen nach der Seele, dem Ich und dem Wesen des Bewußtseins.

Im Jahr 1926 veröffentlichte Sir William Barrett, ein Erforscher übersinnlicher Phänomene und Mitglied der Royal Society, ein kleines Buch über Visionen auf dem Sterbelager. Offenbar sahen Sterbende vor dem Tod andere Welten, ja sie erblickten sogar Tote und sprachen mit ihnen. Es gab Fälle, in denen Betreffende im Augenblick des Sterbens Musik hörten, und gelegentlich berichteten Anwesende, sie hätten gesehen, wie der Geist den Körper verließ.

Heute, im Zeitalter der modernen Medizintechnik, sind solche Todeserlebnisse kaum denkbar. Damals starben die Menschen zu Hause, umgeben von Freunden und Angehörigen. Heute findet der Tod meist im Krankenhaus und dort nur allzuoft in Einsamkeit statt. Paradoxerweise haben die verbesserten medizinischen Möglichkeiten aber auch zu neuen Berichten ähnlicher Art geführt – den Todesnähe-Erfahrungen. Sie blieben weithin privat und unbeachtet, bis der amerikanische Arzt Raymond Moody 1975 sein Buch ‹Life After Life› (‹Leben nach dem Tod›) veröffentlichte.

Er hatte mit vielen Menschen gesprochen, die wiederbelebt und «zurückgeholt» worden waren, und rekonstruierte daraus einen Bericht über eine typische Todesnähe-Erfahrung. Bei diesem idealisierten Erlebnis hört der Betreffende, wie man ihn für tot erklärt. Dann folgen ein lautes Summen oder Klingeln und ein langer, dunkler Tunnel. Der Betreffende kann seinen eigenen Körper aus einiger Entfernung sehen und beobachten, was vorgeht. Kurz darauf trifft er andere, darunter ein «Lichtwesen», das ihm rückblickend die Ereignisse seines Lebens zeigt und ihm hilft, sie zu bewerten. Irgendwann gelangt er an eine Grenze, hier weiß er, daß er umkehren muß. Obwohl er dort Freude, Liebe und Frieden empfindet, kehrt er in seinen Körper und ins Leben zurück. Später will er anderen dieses Erlebnis vermitteln, aber sie verstehen ihn nicht, und er gibt es auf. Dennoch beeinflußt diese Erfahrung ihn zutiefst, er gewinnt insbesondere ein neues Verhältnis zu Leben und Tod.

Viele Wissenschaftler reagierten auf Moodys Bericht skeptisch, sie unterstellten, daß er zumindest übertreibe; er dagegen behauptete, es habe zuvor nur deshalb noch niemand solche Erlebnisse zur Kenntnis genommen, weil die Patienten zu verunsichert waren, um darüber zu sprechen.

Weitere Forschungen kamen der Frage schon bald darauf näher. Ein Herzspezialist hatte im Laufe von zwanzig Jahren mit über zweitausend Menschen gesprochen und behauptete, über die Hälfte von ihnen habe über ähnliche Erlebnisse berichtet wie Moody (Schoonmaker 1979). Wie sich 1982 in einer Gallup-Umfrage herausstellte, hatte jeder siebte Amerikaner schon einmal an der Schwelle zum Tod gestanden und etwa jeder zwanzigste eine Todesnähe-Erfahrung gehabt. Es schien, als habe Moody zumindest in den Umrissen ganz richtig gelegen.

Bei meinen eigenen Forschungsarbeiten bin auch ich auf viele derartige Berichte gestoßen; einer beispielsweise stammt von einer Frau aus Zypern:

Man nahm eine Notfall-Magenresektion vor. Am vierten Tag nach der Operation stellte sich ein Schockzustand ein, und ich war mehrere Stunden lang ohnmächtig... Aber obwohl ich dachte, ich sei bewußtlos gewesen, erinnerte ich mich noch nach Jahren in allen Einzelheiten an die Unterhaltung zwischen dem Chirurgen und dem Anästhesisten... Ich lag über meinem eigenen Körper, völlig ohne Schmerzen, und sah auf mich selbst hinunter, voller Mitleid für die Qual, die mir im Gesicht stand; ich schwebte friedlich. Dann... gelangte ich anderswohin, ich trieb in einen dunklen, aber nicht beängstigenden Bereich, der einem Vorhang ähnelte... Und dann empfand ich vollkommenen Frieden...

Plötzlich war alles anders – ich wurde zurück in meinen Körper gerissen und nahm den Schmerz sehr wohl wieder wahr.

Innerhalb weniger Jahre konnte man schließlich grundlegende Fragen beantworten. Kenneth Ring (1980) von der University of Connecticut befragte 102 Personen, die dem Tod sehr nahe gewesen waren. Dabei stellte sich heraus: 50 Prozent der Betroffenen hatten etwas erlebt, das Ring «Kernerfahrung» nennt. Er teilt sie in fünf Stadien ein: Frieden; Trennung vom Körper; Eintauchen in die Dunkelheit (das entspricht dem erwähnten Tunnel); Sehen des Lichtes und Eindringen ins Licht. Offenbar erleben weniger Menschen die letzten Stadien, was darauf hinweist, daß es sich um eine strukturierte Abfolge von Erlebnissen handelt, die sich nach und nach entfaltet.

Interessant wäre unter anderem die Frage, ob Todesnähe-Erfahrungen kulturspezifisch sind. Die wenigen vorhandenen Forschungsergebnisse deuten darauf hin, daß solche Erfahrungen in anderen Kulturen grundsätzlich die gleiche Struktur haben, jedoch das religiöse Umfeld den entscheidenden Einfluß darauf hat, wie sie interpretiert werden.

Muß man wirklich fast tot sein, um eine Todesnähe-Erfahrung machen zu können? Die Antwort lautet eindeutig nein (Morse et al., 1989). Ganz ähnliche Erlebnisse werden von Leuten berichtet, die Drogen eingenommen hatten, die extrem übermüdet waren oder die – in seltenen Fällen – ganz einfach ihren gewöhnlichen Tätigkeiten nachgingen.

Ich muß darauf hinweisen, daß es sich um subjektiv völlig reale Erfahrungen zu handeln scheint, realer oder gegenwärtiger sogar als das alltägliche Erleben. Man *ist* im Tunnel und hat nicht nur die Vorstellung, dort zu sein. Die Perspektive von einem Blickpunkt fern des eigenen Körpers wird völlig realistisch erlebt, nicht wie ein Traum, sondern als sei man wirklich dort oben und blicke auf sich hinunter.

Da nicht jeder, der dem Tod nahe ist, auch eine Todesnähe-Erfahrung macht, stellt sich des weiteren die interessante Frage, was für Menschen dafür wohl prädestiniert sind. Das Kriterium ist sicherlich nicht seelische Labilität. Menschen, die solche Erfahrungen hatten, unterscheiden sich in psychischer Gesundheit oder Veranlagung nicht von anderen. Todesnähe-Erfahrungen verursachen tiefgreifende, als positiv empfundene Persönlichkeitsveränderungen (Ring 1986). Die Betroffenen geben an, sie seien nach diesem außergewöhnlichen Erlebnis weniger an materiellen Errungenschaften interessiert, dafür um so mehr an anderen Menschen und ihren Bedürfnissen. Jede Theorie über die Todesnähe-Erfahrungen muß diesen Effekt berücksichtigen.

Haben wir vielleicht noch einen zweiten Körper, der als Träger des Bewußtseins dient und den äußerlich greifbaren Körper im Sterben verläßt, um in eine andere Welt zu wandern? Das entspräche in etwa der Theorie vom Astralleib. Sie ist in unterschiedlichen Varianten sehr verbreitet und taucht vielfach in der New-Age- und Okkultismusliteratur auf.

Ein Grund dafür ist vielleicht, daß «Out-of-body»-Erlebnisse (bei denen der Betreffende sich von außerhalb seines Körpers beobachtet), wie erwähnt, nicht nur bei Todesnähe-Erfahrungen sehr verbreitet sind. Umfragen zufolge haben zwischen acht (in Island) und fünfzig Prozent (in bestimmten Gruppen, beispielsweise bei regelmäßigen Haschischkonsumenten) irgendwann in ihrem Leben solche Erfahrungen gemacht. In meiner eigenen Untersuchung unter Einwohnern von Bristol ergab sich ein Anteil von zwölf Prozent. Im typischen Fall hatten die Betreffenden währenddessen geschlafen oder gelegen und plötzlich die Empfindung, sie hätten den Körper verlassen, meist nur ein bis zwei Minuten lang (Blackmore 1984).

Wie sich bei einer Untersuchung von über fünfzig verschiedenen Kulturkreisen zeigte, gibt es fast überall den Glauben an einen Geist oder eine Seele, die den Körper verlassen kann (Sheils 1978). Sowohl das Out-of-body-Erlebnis als auch der Glaube an einen zweiten Körper sind also weit verbreitet. Aber was bedeutet das? Können wir es nur einfach nicht glauben, ein sterblicher Körper zu sein, dessen Tod das Ende ist? Oder gibt es diesen zweiten Körper wirklich?

Man kann die Auffassung vertreten, eine solche Theorie habe in der Wissenschaft keinen Platz und solle ignoriert werden. Ich bin anderer Meinung. Die einzigen Vorstellungen, mit denen die Wissenschaft nichts anfangen kann, sind die metaphysischen – also Vorstellungen, die nicht meßbare Folgen haben und keine nachprüfbaren Vorhersagen ermöglichen. Aber wenn eine Theorie Vorhersagen trifft, und seien sie noch so bizarr, kann man sie überprüfen.

Die Theorie vom Astralleib ist zumindest in mancher Hinsicht überprüfbar. In einigen Experimenten behaupteten die betreffenden Personen, sie könnten ihren Astralleib in weit entfernte Räume schicken und sehen, was dort vorgehe. Sie behaupteten, bittere Aloe auf ihrer körperlichen Zunge nicht zu schmecken, verzogen aber sofort angewidert das Gesicht, wenn man die Substanz auf ihre (unsichtbare) Astralzunge legte. Leider fanden diese Experimente nicht unter ordnungsgemäß kontrollierten Bedingungen statt (Blackmore 1982a).

Im Zuge anderer Experimente wog man Sterbende, um den Astralleib beim Verlassen des Körpers aufzuspüren. Anfang des 20. Jahrhunderts schrieb man ihm ein Gewicht von etwa 30 Gramm zu, aber je empfindlicher die Geräte wurden, desto mehr mußte man diesen Wert nach unten korrigieren – offenbar handelt es sich also nicht um einen meßbaren Effekt. In jüngerer Zeit verwendete man hochentwickelte Meßgeräte für Ultraviolett- und Infrarotlicht, für magnetische Ströme oder Feldstärken, Temperatur und Gewicht, um den Astralleib eines Menschen während eines Out-of-body-Erlebnisses dingfest zu machen. Man setzte sogar Tiere und Menschen als «Detektoren» ein, aber es gelang niemals, einen verläßlichen Nachweis zu führen (Morris et al., 1978).

Es gab in diesem Zusammenhang auch mehrere Wahrnehmungstests mit versteckten Gegenständen. Erfolgreich schien ein Versuch von C. T. Tart: Der Proband lag auf einem Bett, und darüber auf einem Bord befand sich eine fünfstellige Zahl (Tart 1978). Nachts hatte er ein Out-of-body-Erlebnis, und anschließend nannte er die richtige Zahl. Kritiker bemerkten allerdings, die Versuchsperson hätte auch aus dem Bett klettern und nachsehen können. Dieses und andere Experimente lieferten, wie so vieles in der Parapsychologie, keine eindeutigen Befunde und keine klaren Hinweise auf irgendeine außersinnliche Wahrnehmung.

Die Theorie wurde also überprüft und hat der Prüfung offenbar nicht standgehalten. Gäbe es wirklich einen Astralleib, dann müßte man damit rechnen dürfen, daß wir bis heute irgend etwas darüber herausgefunden hätten – über den Befund hinaus, daß es schwierig ist, ihn dingfest zu machen!

Gegen die Theorie vom Astralleib gibt es auch mehrere theoretische Einwände. Die Vorstellung, ein Mensch sei – vielleicht durch einen «wirklichen» Tunnel – in eine andere Welt gegangen, muß zu der Frage führen, welche Beziehung zwischen den beiden Welten besteht. Ist die andere Welt eine Erweiterung des Diesseits, dann sollte man sie beobachten und messen können. Astralleib, Astralwelt und Tunnel müßten sich in irgendeiner Form nachweisen lassen, und man sollte angeben können, wohin der Tunnel im einzelnen führt. Da das nicht möglich ist, wird häufig behauptet, die Astralwelt liege «auf einer anderen Ebene», auf einem «höheren Schwingungslevel» oder ähnliches. Aber solange niemand sagen kann, was das bedeutet, sind solche Vorstellungen völlig sinnentleert, auch wenn sie noch so reizvoll klingen. Natürlich läßt es sich auch nicht beweisen, daß es den Astralleib nicht gibt; aber nach meiner Vermutung existiert er tatsächlich nicht, und dann ist diese Theorie keine Hilfe bei der Erklärung der Out-of-body-Erlebnisse.

Einer anderen beliebten Theorie zufolge ähnelt das Sterben dem Geborenwerden: Demnach ist das Out-of-body-Erlebnis buchstäblich ein Wiederaufleben jenes Augenblicks, in dem der Mensch aus dem Mutterleib hervorkommt. Der Tunnel ist der Geburtskanal und das helle Licht das Licht der Welt, in die man hineingeboren wird. Sogar das Lichtwesen ließe sich damit erklären – es ist die Hebamme.

Diese Thesen eignen sich leider überhaupt nicht zur Erklärung der Todesnähe-Erfahrungen. Zunächst einmal sieht das Kind während der Entbindung nicht so etwas wie einen Tunnel. Der Geburtskanal ist gedehnt und eng, und normalerweise wird das Kind mit der Oberseite des Kopfes zuerst hindurchgepreßt, nicht mit den Augen (die ohnehin geschlossen sind). Außerdem besitzt es noch nicht die Bewußtseinsfähigkeiten, um dabei Menschen zu erkennen, und diese Fähigkeiten verändern sich während des Heranwachsens so stark, daß Erwachsene dann nicht mehr nachvollziehen können, wie es ist, ein Säugling zu sein.

Am wichtigsten ist aber natürlich wieder die Frage, ob diese Theorie sich überprüfen läßt, und wenn ja, in welchem Umfang. Sie impliziert zum Beispiel, daß Menschen, die durch Kaiserschnitt zur Welt gekommen sind, nicht das gleiche Tunnelerlebnis und also nicht die gleichen

Out-of-body-Erlebnisse haben dürften. Ich selbst habe eine Untersuchung an 190 vaginal Geborenen und 36 Kaiserschnitt-Kindern vorgenommen. Der Anteil derer, die Tunnelerlebnisse (36 Prozent) oder eine eigene Out-of-body-Erfahrung hatten (29 Prozent), war in beiden Gruppen fast gleich hoch (Blackmore 1982 b).

Vielleicht sollten wir einfach aufgeben und den Schluß akzeptieren, alle derartigen Erlebnisse seien «nur Einbildung» und «nichts als Halluzinationen»? Das wäre allerdings die schwächste Lösung. Die Erlebnisse müssen natürlich in irgendeinem Sinne Halluzinationen sein, aber das allein ist noch keine Erklärung. Es stellt sich die Frage, warum gerade diese Halluzinationen? Warum ausgerechnet ein Tunnel?

Zuweilen heißt es, der Tunnel sei eine symbolische Darstellung des Eingangs zum Jenseits. Aber warum erleben die Betreffenden immer einen Tunnel und nicht beispielsweise mal ein Tor, eine Einfahrt oder den Fluß Styx? Warum ist ein Licht am Ende des Tunnels? Und warum befindet der Betreffende sich stets über seinem Körper und nicht darunter? Gegen die These, bei diesen Erfahrungen handle es sich um Halluzinationen, habe ich keine Einwände. Ich widerspreche nur, wenn man so tut, als könne man diese damit auch erklären, weil sie eben «nur Halluzinationen» seien. Eine hieb- und stichfeste Theorie muß solche Fragen beantworten, ohne das Eigentliche der Erlebnisse außer acht zu lassen. Und das werde ich versuchen, wenn auch nur in vorläufiger Form.

Tunnelerlebnisse tauchen nicht nur an der Schwelle zum Tod auf, sondern auch bei Epilepsie und Migräne, vor dem Einschlafen, beim Meditieren oder einfachen Entspannen, durch Druck auf beide Augäpfel und unter dem Einfluß mancher Drogen wie LSD, Psilocybin oder Meskalin. Ich habe sie selbst erlebt. Es ist, als werde die ganze Welt zu einem rasenden, tosenden Tunnel, durch den man auf ein helles Licht am Ende zufliegt. Zweifellos kennen viele Leser Ähnliches, Untersuchungen haben gezeigt, daß ein Drittel aller Menschen solche Erlebnisse hatte.

In den dreißiger Jahren stellte Heinrich Kluver von der University of Chicago fest, daß es vier immer wieder vorkommende Formen von Halluzinationen gab: den Tunnel, die Spirale, das Gitter und das Spinnennetz. Sie haben ihren Ursprung wahrscheinlich in der Struktur der Sehrinde, jenes Gehirnteils, der visuelle Eindrücke verarbeitet. Man stelle sich vereinfacht vor, die Außenwelt wird auf der Netzhaut im

Augenhintergrund und dann wieder in der Sehrinde abgebildet. Die mathematische Seite dieses Abbildungsvorgangs ist – zumindest in vernünftiger Näherung – gut bekannt.

Jack Cowan, ein Neurobiologe der University of Chicago, hat nun mit Hilfe dieser Abbildung das Tunnelerlebnis erklärt. Normalerweise wird die Gehirnaktivität stabil gehalten von Zellen, die andere Zellen hemmen. Durch die Verminderung oder Aufhebung dieser Hemmung entsteht im Gehirn ein Aktivitätsüberschuß. Das kann kurz vor dem Tod geschehen (durch Sauerstoffmangel) oder aber unter dem Einfluß von Drogen wie LSD, welche die Hemmung stören. Durch die Aufhebung der Hemmung kommt es, so Cowan, analog den Verhältnissen in flüssigem Milieu zur Entstehung von Streifen, die sich durch die Sehrinde bewegen. Auf der Grundlage der Abbildungsverhältnisse kann man leicht zeigen, daß solche Streifen in der Sehrinde den gleichen Eindruck hervorrufen wie konzentrische Ringe oder Spiralen in der wirklichen Welt. Mit anderen Worten: Wer Streifen in der Sehrinde hat, sieht ein tunnelartiges Muster aus Spiralen oder Ringen.

Die Bedeutung dieser Theorie liegt darin, daß sie erklären kann, warum alle Menschen die gleichen Halluzinationen haben: aufgrund der Gehirnstruktur. Dennoch zweifelte ich an der Vorstellung von den wandernden Streifen, und Cowans Befund erklärt auch nicht die Lichterscheinung am Ende des Tunnels. Deshalb versuchten Tom Troscianko und ich an der University of Bristol, eine einfachere Theorie zu entwickeln (Blackmore und Troscianko 1989). An der Darstellung in der Sehrinde fällt vor allem auf, daß zahlreiche Zellen für die Mitte des Sehfeldes zuständig sind, aber nur wenige für die Ränder. Das hat zur Folge, daß wir kleine Gegenstände im Zentrum gut sehen können; wenn sie sich dagegen außen am Rand befinden, erkennen wir sie nicht.

Ausgehend von dieser einfachen Tatsache simulierten wir am Computer, was geschieht, wenn in der Sehrinde ein zunehmend stärkeres elektrisches «Rauschen» (Ströme ohne Artikulation) herrscht. Das Computerprogramm beginnt mit weit gestreuten Lichtpunkten, die genauso angeordnet sind wie die Zellen in der Sehrinde, in der Mitte dichter und an den Rändern dünner. Nach und nach wächst die Zahl der Flecken – eine Nachahmung des zunehmenden Rauschens. Irgendwann sieht die Mitte dann aus wie ein großer weißer Fleck, während an den Rändern immer mehr Punkte auftauchen. So geht es weiter, bis schließlich der ganze Bildschirm hell erleuchtet ist. Das Ganze sieht aus wie ein dunkler, gefleckter Tunnel mit einem hellen Licht am Ende, das immer größer wird (oder immer näherkommt), bis es schließlich den Bildschirm völlig ausfüllt.

Wem es zunächst seltsam erscheint, daß ein so einfaches Bild den Eindruck von Bewegung vermitteln kann, der sollte zweierlei bedenken. Erstens ist bekannt, daß zufällige Bewegungen am Rand des Gesichtsfeldes vom Gehirn eher als nach außen statt nach innen gerichtet interpretiert werden (Georgeson und Harris 1978). Und zweitens erschließt das Gehirn unsere eigene Bewegung zu einem großen Teil aus dem, was wir sehen. Ein Gehirn, dem ein scheinbar wachsender Bereich flackernden weißen Lichts präsentiert wird, interpretiert diesen Eindruck spontan so, als bewege sich der Mensch in einem Tunnel vorwärts.

Diese Theorie macht auch eine Vorhersage über die Todesnähe-Erfahrungen von Blinden. Beruht die Blindheit auf Augendefekten, während die Sehrinde gesund ist, sollten sie ebenfalls einen Tunnel wahrnehmen. Ist dagegen die Sehrinde gestört oder geschädigt, dürfte das nicht der Fall sein. Diese Annahmen müssen noch überprüft werden.

Genau besehen gibt es in Wirklichkeit natürlich keinen Tunnel. Dennoch hat das Tunnelerlebnis eine reale körperliche Ursache: das Rauschen in der Sehrinde. Auf diese Weise läßt sich die Entstehung des Tunnels erklären, ohne das Erlebte mißachten und ohne andere Körper oder Welten hinzuziehen zu müssen.

Wie das Tunnelerlebnis, so sind, wie erwähnt, auch die Out-of-body-Erfahrungen nicht auf die Situation der Todesnähe beschränkt. Sie können auftreten, während man sich einfach entspannt oder einschläft, bei der Meditation, bei epileptischen Anfällen oder Migräne. Zumindest manche Menschen können sie auch willentlich herbeiführen. Ich interessiere mich für Out-of-body-Erfahrungen, seit ich selbst ein langes, dramatisches Erlebnis dieser Art hatte (Blackmore 1982 a).

Man darf nicht vergessen, wie real solche Erlebnisse erscheinen. Die Betreffenden beschreiben sie nicht als Traum oder Phantasie, sondern als Ereignisse, die tatsächlich stattgefunden haben. Das ist nach meiner Vermutung ein Grund, warum sie häufig mit anderen Körpern oder anderen Welten erklärt werden.

Wir brauchen eine Theorie ohne nicht meßbare Gebilde und ohne nicht nachprüfbare andere Welten, die erklärt, warum sich solche Erlebnisse ereignen und warum sie so wirklich erscheinen. Was heißt

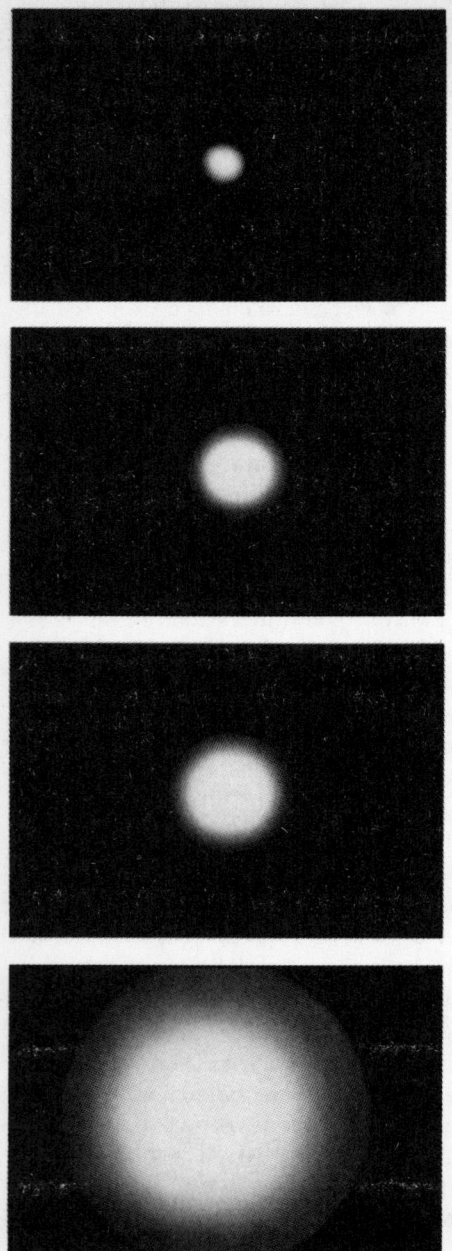

Computersimulation des
«Tunnels» den manche bei
Todesnähe-Erfahrungen sehen

real? Man könnte meinen, das sei offenkundig – was wir um uns herum wahrnehmen, ist real, oder? Nun ja, in einem gewissen Sinne eben nicht. Wir sind Wahrnehmungswesen, und als solche wissen wir nur das, was unsere Sinne uns liefern. Was um uns herum existiert, teilen uns unsere Sinne mit, indem sie ein Modell von der Welt einschließlich uns selbst entwerfen. Die ganze Welt um uns herum und unser eigener Körper sind insofern Konstruktionen unseres Geistes. Und dennoch sind wir uns stets sicher, daß diese Konstruktion – wenn man so will, dieses «Modell der Wirklichkeit» – «real» ist, während unsere flüchtigen Gedanken unwirklich sind. Alles andere bezeichnen wir als Tagträume, Einbildungen, Phantasien und so weiter. Unser Gehirn kann «Wirklichkeit» und «Einbildung» voneinander trennen: Es entscheidet, welches seiner eigenen Modelle die Außenwelt darstellt. Nach meiner Vermutung vergleicht es zu diesem Zweck zu jedem Zeitpunkt alle Modelle, die es besitzt, und dann wählt es das stabilste als «Wirklichkeit» aus.

Normalerweise funktioniert das sehr gut. Das Modell, das die Sinne erstellen, erweist sich innerhalb dieses Systems als das beste und stabilste; es ist offensichtlich «Realität», während das Vorstellungsbild von dem Lokal, in das ich nachher noch gehen möchte, instabil und kurzlebig ist. Die Wahl fällt nicht schwer. Ist man dagegen schon fast eingeschlafen, sehr verängstigt oder kurz vor dem Tod, wird das Modell, das die Sinne liefern, verworren und instabil. Wenn man unter gewaltigem Streß oder Sauerstoffmangel leidet, ist die Wahl nicht mehr so einfach, denn dann werden alle Modelle fragwürdig.

Was geschieht dann? Jetzt ist möglicherweise der Tunnel, der durch das Rauschen in der Sehrinde entsteht, das stabilste Modell, und deshalb, so meine Vermutung, gilt er als real. Phantasien und Einbildungen werden stabiler als das Modell der Sinne, und deshalb werden sie zur Wirklichkeit. Das System wird nicht mehr von äußeren Eindrücken gesteuert.

Was kann ein empfindliches biologisches System in dieser Situation tun, um zum Normalzustand zurückzukehren? Ich vermute, es könnte sich selbst gleichsam fragen: «Wo bin ich? Was geht vor?» Selbst jemand, der unter extremem Streß steht, behält ein gewisses Gedächtnis. Er erinnert sich vielleicht an seinen Unfall, oder er weiß, daß er wegen einer Operation im Krankenhaus war, oder er erinnert sich an die Schmerzen bei einem Herzinfarkt. Deshalb wird er versuchen, die Ereignisse aus dem wenigen zu rekonstruieren, woran er sich erinnern kann.

Über Erinnerungsmodelle wissen wir heute, daß sie interessanter-weise häufig in der Vogelperspektive konstruiert werden, das heißt, die Ereignisse oder Abläufe wirken wie von oben gesehen. Wer das seltsam findet, sollte sich einmal an den letzten Lokalbesuch oder die letzte Wanderung an einer Küste erinnern. Von wo aus sieht man dabei die erinnerte Szene? Meist von oben – und genau das meine ich.

Damit wird deutlich, wie ich die Out-of-body-Erlebnisse erkläre: Ein Erinnerungsmodell, das in der Vogelperspektive konstruiert ist, hat die Vorherrschaft über das Sinnesmodell gewonnen. Es erscheint völlig real, weil es zu dem betreffenden Zeitpunkt das beste, stabilste Modell ist, das dem System zur Verfügung steht – es erscheint aus genau dem-selben Grund real, aus dem auch alles andere immer real erscheint.

Diese Theorie der Out-of-body-Erlebnisse führt zu vielen überprüf-baren Vorhersagen. So sollten Menschen, die gewohnheitsmäßig die Vogelperspektive einnehmen, häufiger solche Erfahrungen machen. So-wohl der australische Psychologe Harvey Irwin (1986) als auch ich selbst (Blackmore 1988) haben festgestellt, daß Menschen, die sich in ihren Träumen oft als Zuschauer erleben, häufiger auch Out-of-body-Erfahrungen machen, wobei es allerdings unter denen, die dabei ver-schiedene Blickwinkel einnehmen, anscheinend keine Unterschiede gibt. Wie ich weiterhin feststellen konnte, berichten gerade Leute, die in ihrer Vorstellung leicht zwischen verschiedenen Blickwinkeln hin- und herwechseln können, besonders häufig über Out-of-body-Erlebnisse.

Nach dieser Theorie ist die Welt des Out-of-body-Erlebnisses ein Gedächtnismodell. Es paßt nur dann zur wirklichen Welt, wenn der Betreffende bereits etwas weiß oder es aus der verfügbaren Information ableiten kann.

Das ist für die Erforschung der Todesnähe-Erfahrungen eine große Herausforderung. Manche Forscher behaupten, an der Schwelle zum Tod könnten die Menschen tatsächlich Dinge sehen, von denen sie ver-mutlich zuvor nichts wußten. Der amerikanische Herzspezialist Mi-chael Sabom (1982) schreibt zum Beispiel, die Patienten hätten genau das Auf und Ab der Anzeigenadeln an den Überwachungsgeräten be-schrieben, obwohl sie die Augen geschlossen hatten und offensichtlich bewußtlos waren. Weiterhin verglich er diese Beschreibungen mit de-nen von Menschen, die sich *einbildeten*, sie seien wiederbelebt worden, und dabei stellte sich heraus, daß die «echten» Patienten weitaus ge-nauere und detailliertere Beschreibungen lieferten.

Aber dieser Vergleich hat auch seine Tücken. Vor allem konnten die Patienten, die wirklich wiederbelebt wurden, wahrscheinlich einen Teil der Manipulationen spüren, die an ihnen vorgenommen wurden, und sie konnten hören, was vor sich ging. Von allen Sinneswahrnehmungen geht das Gehör als letztes verloren, und wie man schon beim Hören von Hörspielen oder Rundfunknachrichten merkt, kann man sich aus dem, was man nur hört, ein sehr deutliches visuelles Bild machen. Auf diese Weise verschafft sich vielleicht auch der Sterbende eine genaue Vorstellung. Natürlich kann man mit dem Gehör nicht die Schwankungen der Anzeigenadeln wahrnehmen, und wenn Sabom recht hat, dann habe ich unrecht. Diese Frage läßt sich nur durch weitere Forschungen klären.

Daß ausschnittweise Lebenserfahrungen noch einmal aufblitzen, ist in Wirklichkeit nicht so geheimnisvoll, wie es scheint. Wie man schon seit längerer Zeit weiß, kann die Stimulation von Zellen im Schläfenlappen des Gehirns zu plötzlichen Erlebnissen führen, die wirken, als ob Erinnerungen lebendig würden. Ähnliches kennt man auch von epileptischen Erkrankungen des Schläfenlappens; an solchen Anfällen können auch andere Strukturen im limbischen System des Gehirns beteiligt sein, so der Mandelkern und der Hippokampus, die ebenfalls mit dem Gedächtnis zu tun haben.

Man stelle sich nun vor, das Rauschen im sterbenden Gehirn stimuliere solche Zellen. Die Erinnerungen steigen auf, und da sie nach meiner Hypothese zu dem betreffenden Zeitpunkt das stabilste Modell des Systems sind, erscheinen sie real. Für den Sterbenden können sie durchaus stabiler sein als das verworrene, überlagerte Sinnesmodell.

Die Verbindung zwischen Epilepsie des Schläfenlappens und Todesnähe-Erfahrungen bildete die Grundlage für ein ganz und gar neurobiologisches Modell solcher Erfahrungen (Saavedra-Aguilar und Gomez-Jeria 1989). Danach führt der Streß im Zusammenhang mit der Todesnähe zur Freisetzung von Neuropeptiden und Neurotransmittern, insbesondere der endogenen Endorphine. Diese Substanzen stimulieren dann das limbische System und andere damit verbundene Bereiche. Die Wirkung der Endorphine wäre auch eine Erklärung für das Glücksgefühl und andere positive Empfindungen, die so häufig im Zusammenhang mit Todesnähe-Erfahrungen auftreten.

Natürlich besteht der Lebensrückblick nicht nur aus Erinnerungen. Der Betreffende hat das Gefühl, er beurteile diese Ereignisse aus seinem Leben und erkenne ihre Bedeutung und ihren Sinn. Auch das, meine

ich, ist nichts Seltsames. Wenn die normale Welt der Sinneswahrneh-
mung verschwunden ist und Erinnerungen wirklich zu sein scheinen,
verändert sich die Sicht auf unser Leben. Wir hängen weniger an aktu-
ellen Plänen, Hoffnungen, Zielen und Ängsten; sie schwinden und werden unwichtig, während die Vergangenheit wieder zum Leben er-
wacht. Wir können sie nur hinnehmen, wie sie ist, und niemand außer
uns selbst richtet darüber. Dafür spricht meiner Ansicht nach, daß so
viele Menschen nach einer Todesnähe-Erfahrung berichten, sie hätten
ihre Vergangenheit gleichmütig hingenommen.

Wir kommen jetzt zu dem scheinbar außergewöhnlichsten Teil der Todesnähe-Erfahrungen: zu den Welten jenseits des Tunnels und der Out-
of-body-Erlebnisse. Aber ich glaube, es ist schon jetzt abzusehen, daß
auch sie so außergewöhnlich nicht sind. In diesem Zustand ist nicht die
äußere, sondern die innere Welt Realität. Alles, was der Betreffende
sich deutlich genug vorstellen kann, ist Wirklichkeit. Und was stellen
wir uns vor, wenn wir sterben? Viele Menschen genau die Welt, die sie
zu sehen wünschen, da bin ich sicher. Ihr Geist wendet sich vielleicht
anderen Menschen zu, die sie gekannt haben und die vor ihnen gestor-
ben sind, oder aber einer Welt, auf die sie ihre Hoffnung richten. Wie
die anderen Bilder, von denen zuvor die Rede war, erscheinen auch
diese vollständig real.

Und schließlich gibt es noch die Aspekte der Todesnähe-Erfahrungen, die sich nicht beschreiben oder in Worte fassen lassen. Sie haben
ihre Ursache vermutlich darin, daß manche Menschen auch den nächsten Schritt noch getan haben, den Schritt ins Nichtsein. Um das zu
erklären, möchte ich eine andere Frage stellen. Was ist Bewußtsein?
Wenn man es als einen Gegenstand, einen anderen Körper oder eine
Substanz begreift, begibt man sich in die gleichen Schwierigkeiten wie
bei den Out-of-body-Erlebnissen. Ich möchte lieber sagen: Bewußtsein
selbst ist ein geistiges Modell. Mit anderen Worten: Alle geistigen Modelle in einem Menschen sind bewußt, aber nur eines davon ist das
Modell vom «Ich». Es ist dasjenige, das ich für mein Ich halte und auf
das ich alles andere beziehe. Es gibt meinem Leben einen Kern. Mit
seiner Hilfe kann ich denken, daß ich eine Person bin, etwas, das Kontinuität hat. Auf diese Weise kann ich außer acht lassen, daß «ich» mich
von einem Augenblick zum nächsten verändere und sogar jede Nacht
im Schlaf verschwinde.

Wenn aber das Gehirn an der Schwelle des Todes steht, fällt dieses Modell vom Ich vielleicht einfach weg. Es gibt kein Ich mehr. Das ist ein seltsames, dramatisches Ereignis: Es gibt niemanden mehr, der die Erfahrung macht, und doch ist die Erfahrung da.

Dieser Zustand ist natürlich schwer zu beschreiben, denn das «Du», das die Beschreibung versucht, kann sich den Zustand des Nichtseins nicht vorstellen. Aber diese tiefgreifende Erfahrung hinterläßt ihre Spuren. Das Ich ist hinterher ganz offenbar nie mehr dasselbe.

Mir scheint, es dürfte klargeworden sein, warum ein eigentlich physiologischer Vorgang das Leben eines Menschen so tiefgreifend verändern kann. Das Erlebnis bringt das übliche (und für Irrtümer anfällige) Verhältnis zwischen einem selbst und der Welt durcheinander. Wir alle halten uns selbst nur allzugern für ein unvergängliches Gebilde, das einen vergänglichen Körper bewohnt. Aber schon Buddha lehrte, daß wir diese Illusion durchschauen müssen. Nach meiner Überzeugung gibt die Todesnähe-Erfahrung dem Menschen einen kleinen Einblick in das Wesen seines Geistes, der auf anderem Wege kaum zu gewinnen ist. Drogen können ihn vorübergehend erzeugen, bei wenigen haben mystische Erlebnisse diese Wirkung, und auch durch langjährige Übung in Meditation läßt er sich vielleicht erreichen. Aber die Todesnähe-Erfahrung kann jeden aus heiterem Himmel treffen und ihm zeigen, was er nie zuvor wußte: daß der Körper nur Fleisch ist und wir eigentlich nicht so wichtig sind. Und das ist eine höchst befreiende, erleuchtende Einsicht.

Wenn meine Analyse der Todesnähe-Erfahrungen zutrifft, lassen sich Rückschlüsse auf das nächste Stadium ziehen. Durch den Sauerstoffmangel kommt es zunächst zu einer Aufhebung der Hemmung und dadurch zu verstärkter Aktivität, welche schließlich zum Stillstand kommt. Da diese Aktivität die geistigen Modelle entstehen läßt, die das Bewußtsein bilden, hört das alles auf. Es gibt keine weiteren Erlebnisse mehr, kein Ich, und das ist, soweit es das geistig konstruierte Ich betrifft, das Ende.

Susan Blackmore ist Lehrbeauftragte für Psychologie am Fachbereich Sozialwissenschaften der University of Bath sowie am Fachbereich Psychologie der University of Bristol (Großbritannien).

(Deutsch von Sebastian Vogel)

Psychische Illusionen

Susan Blackmore

Warum glauben so viele Menschen an übersinnliche Phänomene? Weil sie übersinnliche Erfahrungen machen. Und warum machen sie übersinnliche Erfahrungen? Weil derartige Erfahrungen die unausweichliche Konsequenz unserer Art zu denken sind. Meiner Meinung nach sind sie, ebenso wie optische Täuschungen, der Preis, den wir für eine im allgemeinen sehr effektive Beziehung zu einer im höchsten Maße komplexen Welt zahlen.

Laut einer Gallup-Umfrage (Gallup und Newport 1991) glaubt etwa ein Drittel aller Amerikaner an Telepathie, und ungefähr ein Viertel behauptet sogar, selbst schon eine derartige Erfahrung gemacht zu haben. Persönliche Erfahrungen mit Hellseherei und Psychokinese wurden zwar nicht so häufig genannt, dennoch sind auch hier die Zahlen sehr hoch und gegenüber früheren Untersuchungen keineswegs rückläufig. Diese Umfrageergebnisse entsprechen in etwa den Resultaten älterer Erhebungen und gleichen ihnen auch insofern, als nach wie vor als häufigste Begründung für den Glauben an das Übersinnliche die persönliche Erfahrung angegeben wird (Palmer 1979; Blackmore 1984).

Unter einer «übersinnlichen Erfahrung» soll im folgenden jedwede Erfahrung verstanden werden, die nach Ansicht der betroffenen Person nur unter Heranziehung des Übersinnlichen oder Paranormalen erklärbar ist. Dabei soll die Frage, ob eine derartige Hypothese überhaupt erforderlich ist, völlig außer acht gelassen werden. Vielmehr wollen wir uns um ein Verständnis bemühen, wie es zu derartigen Erfahrungen kommt.

Meine Hypothese lautet, übersinnliche Erfahrungen sind mit optischen Täuschungen vergleichbar. Die Erfahrung mag zwar real sein, ihr Ursprung aber liegt in geistigen Vorgängen und nicht in irgendwelchen Eigentümlichkeiten der wahrnehmbaren Welt. Ähnlich wie optische Täuschungen gehen diese Erfahrungen zurück auf kognitive Prozesse, die für gewöhnlich verläßliche Ergebnisse liefern, unter bestimmten Umständen jedoch zu falschen Antworten führen. Mit anderen Worten, sie sind ein Preis, den wir für den Gebrauch einer effizienten Heuristik zu zahlen haben.

Im Bereich des Sehens ergeben sich Täuschungen beispielsweise dann, wenn wir in zweidimensionalen Figuren Tiefe zu sehen meinen und uns Konstanzmechanismen die Antwort geben, die für wirkliche räumliche Tiefe zutreffend wäre. Ein ähnliches Beispiel aus dem Bereich übersinnlicher Erfahrungen wäre etwa die Täuschung, eine vermeintlich vorhandene Ursache erfordere eine Erklärung. Anders ausgedrückt handelt es sich bei übersinnlichen Erfahrungen um Kausalitätstäuschungen. Ich möchte dies im folgenden an fünf Arten von Täuschungen näher erläutern.

1. Illusionen von Zusammenhang

Erfahrungen mit Telepathie, Hellsehen und Präkognition beinhalten jeweils ein Zusammentreffen von Ereignissen, eine sogenannte Koinzidenz, die «zu unwahrscheinlich ist, um nur zufällig sein zu können». Zum Beispiel, wenn eine Person vom Tod eines anderen träumt und dieser binnen weniger Stunden stirbt; wenn jemand den Drang verspürt, seinen Partner vom Bahnhof abzuholen, wo dieser dann auch wirklich nach einer Panne auf Hilfe wartet; oder wenn man auf ein Außenseiter-Pferd setzt, das später ein Rennen gewinnt.

Während manche Menschen derartige Ereignisse mit der Bemerkung abtun, dies sei schlicht bloßer Zufall, behaupten andere, das könne eben jener nicht sein. Letztere werden dann nach einer kausalen Erklärung für die Koinzidenz suchen. Können sie keine Erklärung finden, werden sie möglicherweise eine «Ursache», wie etwa außersinnliche Wahrnehmung, heranziehen oder auf irgendeine Art nonkausaler, aber sinnvoller Zusammenhänge wie etwa C. G. Jungs «akausales Synchronizitätsprinzip» (Jung 1990) zurückgreifen.

Dabei kann der Mensch auf zwei Arten von Fehleinschätzungen verfallen. Zum einen besteht die Gefahr, daß man Ereignisse, die miteinander in Zusammenhang stehen, als bloße Zufälle abtut und es dadurch versäumt, nach Erklärungen für vorhandene Zusammenhänge zwischen den Ereignissen zu suchen; und ebensogut kann es sein, daß man zwischen zufälligen Ereignissen eine Verbindung sieht und nach Erklärungen sucht, obwohl keine erforderlich sind. In der realen, durch unzureichende Information und komplexe Interaktion geprägten Welt können beide Arten der Fehleinschätzung vorkommen. Dabei sind es mutmaßlich Fehleinschätzungen der zweiten Art, die Anlaß zu Spekulationen über Erfahrungen von außersinnlicher Wahrnehmung geben.

Und umgekehrt sind es wohl vor allem Personen, die an das Paranormale glauben (im Psychologenjargon auch «Schafe» genannt), die eher zu Fehleinschätzungen der letztgenannten Art neigen, im Gegensatz zu denen, die nicht an das Paranormale glauben (sogenannte «Böcke»).

Eine Voraussage auf der Grundlage dieses Ansatzes lautet also, daß die Wahrscheinlichkeit für übersinnliche Erfahrungen bei Personen, die häufiger nach Erklärungen für Zufälle suchen, größer ist. Das hieße, «Schafe» dürften die Wahrscheinlichkeit von Zufällen unterschätzen. Tom Troscianko und ich (1985) kamen tatsächlich zu dem Ergebnis, daß Schafe bei einer Reihe von Wahrscheinlichkeitsaufgaben schlechter abschnitten als Böcke.

Bei einem Test ließen wir die Versuchspersonen beispielsweise am Computer Münzen werfen – Kopf oder Zahl – und vorher raten, wie viele Zufallstreffer sie wahrscheinlich erzielen würden. Die richtige Antwort, nämlich zehn Treffer bei zwanzig Versuchen, scheint recht offensichtlich zu sein. Dennoch lagen Böcke mit einer durchschnittlichen Trefferschätzung von 9,6 deutlich näher am richtigen Wert als Schafe mit einem Schnitt von 7,9.

2. Kontrollillusionen

In Fällen, wo die Koinzidenz in der Handlung einer Person und einem externen Ereignis liegt, sind möglicherweise dieselben Mechanismen im Spiel, mit dem Unterschied, daß es sich nun bei der vermeintlichen Ursache um vermeintliche persönliche Kontrolle handelt! Im Zusammenhang mit Psi spricht man dann von Psychokinese. Langer (1975) bezeichnet dieses Phänomen als «Kontrollillusion». Bei einer Psi-Aufgabe neigten Schafe nachweislich eher zu dieser Art von Einbildung als Böcke (Ayeroff und Abelson 1976; Jones et al. 1977; Benassi et al. 1979).

Man könnte nun ins Feld führen, daß dann, wenn Psychokinese bei derartigen Aufgaben auftritt, die Wahrnehmung von persönlicher Kontrolle keine Täuschung sein kann. Dies ist jedoch wenig wahrscheinlich, insofern in diesen Experimenten überhaupt keine Psychokinese auftrat. Um auch diese Erklärungsmöglichkeit für die beobachtete Differenz auszuschließen, bedienten wir uns einer kaschierten Psi-Aufgabe. Obgleich bei diesem Experiment keinerlei Beweis für Psychokinese vorlag, neigten auch in diesem Fall Schafe weit mehr zu der Illusion von Kontrolle als Böcke.

3. Illusionen von Ordnung und Zufälligkeit

Ordnung und Zufälligkeit können nicht eindeutig unterschieden werden. Ist eine Reihe von Geschehnissen nur lang genug, kann darin jede Geschehniskombination oder Geschehnisfolge durch Zufall auftreten. Dennoch ist das Extrahieren einer Ordnung aus dem vorhandenen Reizangebot ein wesentlicher Bestandteil aller sensorischen Prozesse. Genau wie bei Koinzidenzen können auch in diesem Bereich zwei Arten von Fehleinschätzungen auftreten. Die erste besteht darin, eine vorhandene Ordnung nicht zu erkennen, wohingegen die zweite Fehlerart darin liegt, daß man eine Ordnung zu erkennen meint, die nicht vorhanden ist. Wir behaupten auch hier, daß Menschen sich aufgrund der letztgenannten Art von Fehleinschätzungen dazu veranlaßt sehen, nach Ursachen zu suchen, wo keine sind, und möglicherweise zu paranormalen Erklärungen zu greifen.

Hieraus läßt sich die Vorhersage ableiten, daß Menschen, die dieser Art von Fehleinschätzung unterliegen, mit hoher Wahrscheinlichkeit übersinnliche Erfahrungen haben (oder Erfahrungen, die sie für übersinnlich halten) und daher an das Paranormale glauben.

Bekanntermaßen ist der Umgang mit Zufälligkeiten nicht gerade die Stärke des Menschen. Probanden, die beispielsweise aufgefordert werden, eine Zufallszahlenreihe zu bilden (subjektive Zufallsgenerierung), wiederholen in der Regel einzelne Zahlen weit seltener, als nach Zufall zu erwarten wäre (vergleiche hierzu die Untersuchungen von Budescu 1987 und Wagenaar 1972). Dies ist mit dem «Gambler's Fallacy» (Trugschluß des Spielers) verwandt, der in der Annahme besteht, auf eine lange Serie von Rot müsse Schwarz folgen.

Eine Beziehung zum Glauben an das Paranormale wurde von uns anhand von drei Experimenten getestet. Die subjektive Zufallsgenerierung wurde mit Hilfe eines Telepathie-Experimentes untersucht, bei dem die Probanden zwischen fünf Symbolen zu wählen hatten. Dabei wiesen Schafe deutlich weniger Wiederholungen auf als Böcke. Versuchspersonen, die hinsichtlich ihrer Psi-Gläubigkeit zwischen den Schafen und Böcken lagen, wiesen einen Zwischenwert an Wiederholungen auf.

In einem zweiten Experiment wurde subjektive Zufallsgenerierung anhand der Nachahmung von Würfelwürfen (6 Alternativen) getestet. Auch hier derselbe Effekt. Im dritten Experiment schließlich wurden die Probanden mit Würfelsequenzen einer jeweils unterschiedlichen Anzahl von Wiederholungen konfrontiert und gefragt, welche davon ihrer Meinung nach wahrscheinlich als erste durch Zufall auftreten würde. Obwohl alle Augenfolgen selbstverständlich gleich wahrscheinlich waren, gab es Probanden, welche die Augenfolge mit den bisher wenigsten Wiederholungen wählten. Zu dieser Gruppe zählten deutlich mehr Schafe als Böcke, wobei die Zwischengruppe auch wieder zwischen beiden lag. Diese Testergebnisse scheinen in hohem Maße konsistent zu sein und die erwartete größere Befangenheit von Schafen zu belegen.

4. Illusionen von Form

Bei der Objekterkennung können die bereits mehrfach genannten zwei Arten der Fehleinschätzung ebenfalls auftreten. Dabei beschränkt sich ein konservatives Verhalten auf das Nichterkennen vorhandener Formen, wohingegen ein weniger zurückhaltendes Verhalten auch das Erkennen nicht vorhandener Formen einschließt. Möglicherweise ist bei Personen, die zum Sehen nicht vorhandener Formen neigen, auch eine Neigung zum Sehen von Erscheinungen oder Geistern oder zum Rückgriff auf paranormale Erklärungen vorhanden.

Die Klärung dieser und einer damit zusammenhängenden Frage war Gegenstand eines Experimentes, das von Catherine Walker an der Bristol University durchgeführt wurde. Die Frage war folgende: Falls Schafe im Vergleich zu Böcken eine größere Bereitschaft zur Formerkennung in verzerrten Abbildungen an den Tag legen – handelt es sich dabei dann um eine Fehleinschätzung, oder neigen Böcke eher dazu, vorhandene Formen nicht zu erkennen?

Fünfzig Versuchspersonen erhielten die Psi-Gläubigkeitsskala und eine Identifizierungsaufgabe. Die Stimuli bestanden aus vier Gruppen von jeweils sieben Bildern, die von kaum erkennbaren Klecksen bis zu deutlich konturierten Formen reichten, am Ende zwei Blätter, ein Vogel, ein Fisch und eine Axt. Die Bilder wurden den Probanden jeweils zehn Millisekunden lang gezeigt, voneinander abgesetzt durch eine Zwischeneinblendung schwarzer Punkte auf weißem Grund. Beginnend mit den vier am wenigsten erkennbaren Stimuli wurden die Probanden nacheinander mit der Bilderserie konfrontiert, wobei die vier zu jeder Gruppe gehörenden Bilder in zufälliger Anordnung gezeigt wurden. Die Versuchspersonen sollten dann angeben, ob sie irgendeine Form sehen können, und wenn ja, welche.

Die Voraussage lautete, im Verlauf der Präsentation würden Schafe früher als Böcke behaupten, Formen zu sehen, ohne diese allerdings mit größerer Genauigkeit identifizieren zu können. Mit anderen Worten, sie würden ein niedrigeres Identifizierungskriterium an den Tag legen. Diese Voraussage wurde durch das Expériment voll und ganz bestätigt. Die nach der Psi-Gläubigkeitsskala ermittelten Werte korrelierten zwar nicht mit der Anzahl korrekt identifizierter Bilder, jedoch sehr genau mit der Anzahl nicht korrekter Identifizierungen und der Neigung zum Sehen einer Form, ohne sie genau identifizieren zu können. Anders ausgedrückt, die Schafe neigten zwar stärker zu falschen Vermutungen, schnitten aber beim Erkennen der vorhandenen Bilder keineswegs schlechter ab. Demgegenüber waren Böcke zwar ebenfalls bereit, das Vorhandensein einer Form zuzugeben, sie verhielten sich jedoch mit Vermutungen darüber, was diese Form darstellen könnte, wesentlich zurückhaltender als Schafe.

Dies bestätigt, daß Schafe eher zu der Behauptung neigen, sie sähen in vieldeutigen Stimuli Formen. Hierfür gibt es allerdings eine Vielzahl möglicher Gründe. So könnte beispielsweise die Kreativität mit dem Glauben an das Paranormale und der Tendenz zur Formwahrnehmung korrelieren. Doch unabhängig von den Ursprüngen dieser Tendenz stimmen die Versuchsergebnisse mit der Annahme überein, daß der Glaube an das Paranormale bei Personen, die stärker zur Formerkennung an sich vieldeutiger Stimuli neigen, einen günstigen Nährboden findet.

5. Illusion der Erinnerung

Zusätzlich zu den oben beschriebenen Prozessen kann eine selektive Erinnerung dazu beitragen, daß die Häufigkeit von Koinzidenzen weit höher eingeschätzt wird, als sie in Wirklichkeit ist. Hintzman, Asher und Stern (1978) belegten die selektive Erinnerung an sinnvoll zusammenhängende Ereignisse. Fischhoff und Beyth (1975) wiesen nach, daß

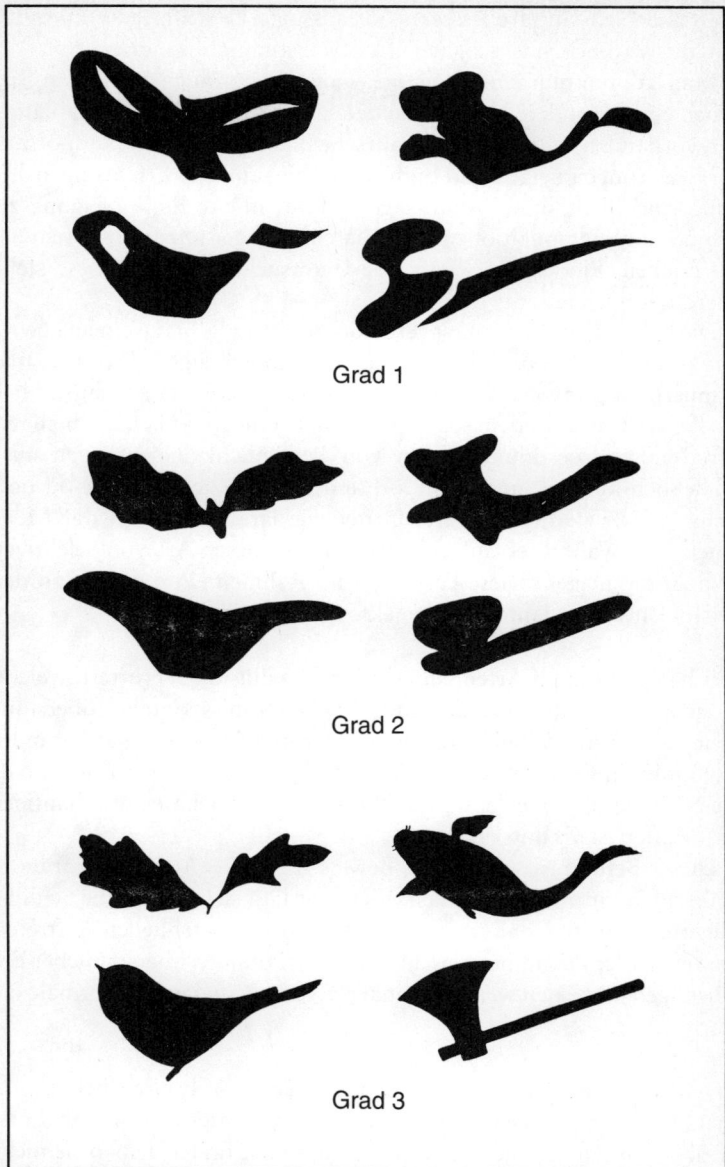

Grad 1

Grad 2

Grad 3

Drei der fünf vorgegebenen Erkennbarkeitsgrade

Menschen sich an ihre früheren Voraussagen falsch erinnern, um sie mit dem wirklichen Geschehen in Übereinstimmung zu bringen.

Man könnte nun eine Prognose wagen, derzufolge Menschen, bei denen eine besondere Neigung zu derartigen Erinnerungsmanipulationen vorhanden ist, mit hoher Wahrscheinlichkeit auch zu paranormalen Erklärungen neigen und mithin für übersinnliche Erfahrungen anfällig sind. Falls diese Voraussage stimmt, müßte diese Neigung zu Erinnerungsmanipulationen bei Schafen häufiger anzutreffen sein als bei Böcken. Eine wissenschaftliche Untersuchung dieser These steht allerdings noch aus.

Die Beliebtheit von Wahrsagern könnte ebenfalls bis zu einem gewissen Grad mit selektiver Erinnerung zusammenhängen. Das selektive Erinnern an sinnvolle Koinzidenzen sowie zutreffende Aussagen über die Person tragen zu dem sogenannten Barnum-Effekt bei, das heißt zu der Tendenz, bestimmte Arten von Persönlichkeitsdeutungen ausschließlich auf sich und nicht auf andere zu beziehen (Dickson und Kelly 1985). Falls dem so wäre, dürften wir daraus schließen, daß Menschen, die Wahrsager aufsuchen, mehr zu dieser Art von selektiver Erinnerung neigen. Diese Frage soll im Rahmen eines derzeit an der Bristol University laufenden Projektes geklärt werden.

Wir haben nun fünf Arten von psychischen Illusionen erörtert, welche möglicherweise die Grundlage für eine Vielzahl spontaner übersinnlicher Erfahrungen bilden, die ihrerseits zum Glauben an das Paranormale führen. Gestützt wird diese Hypothese durch die Tatsache, daß die Neigung zu vielen derartigen Illusionen unter Schafen weit häufiger anzutreffen ist als unter Böcken.

Dieser Befund ist weniger als Beweis gegen das Auftreten paranormaler Phänomene zu verstehen. Vielmehr läßt sich daraus die Schlußfolgerung ableiten, daß man *unabhängig* vom tatsächlichen Auftreten paranormaler Phänomene ein häufiges Vorkommen übersinnlicher Erfahrungen und einen weitverbreiteten Glauben an das Paranormale erwarten darf.

Der Mensch muß bei dem Versuch, sich seine Welt plausibel zu machen, unweigerlich Fehler begehen – das war unsere Grundannahme. Er übersieht Dinge, die vorhanden sind, und erfindet sie, wo sie nicht sind. Dies trifft auf einfache Signale ebenso zu wie auf komplizierte

Zusammenhänge, und auf wissenschaftliche Theorien ebenso wie auf Wahrnehmungstheorien.

Im Alltag wäre die Entsprechung zu einem Schaf jemand, der in allem und jedem etwas Interessantes findet. Das Problem solcher Menschen ist, möglicherweise Dinge und Zusammenhänge zu sehen, die gar nicht vorhanden sind. Das Pendant zu einem Bock ist jemand, der, um überhaupt etwas zu sehen oder zu erfahren, zunächst eine Menge Beweise benötigt. Bedauerlicherweise entgeht diesen Menschen dadurch jede Menge Spaß.

Auf die Wissenschaft übertragen entspräche dem Schaf ein Typus von Wissenschaftler, der sofort jede auch noch so abwegige Theorie aufgreift und jeder auch noch so schwachen, am Ende gar falschen Spur folgt. Den Böcken wiederum entspräche ein Wissenschaftlertypus, der verschrobene Theorien grundsätzlich links liegen läßt und sich statt dessen lieber an das Herkömmliche und Bewährte hält. Diese Einstellung mag zwar ein gewisses Maß an Sicherheit bescheren, sie setzt ihre Anhänger dadurch jedoch gleichzeitig der Gefahr aus, eine wirklich aufregende neue Theorie ebenfalls nicht als solche zu erkennen.

Man trifft also seine Wahl und hat dafür auch die Konsequenzen zu tragen – Spaß oder Langeweile, Angst vor Fehlern oder der Reiz des Neuen. Wie steht es nun aber mit dem Skeptizismus? Ich bin keineswegs der Meinung, der echte Skeptiker sei mit dem Bock gleichzusetzen. Der echte Skeptiker ist nicht auf die eine Seite des Spektrums fixiert und kann seine Kriterien ändern, wenn die Situation dies erfordert; er steht dem Bock, der alles verneint, ebenso skeptisch gegenüber wie dem alles bereitwillig annehmenden Schaf. Echte Skeptiker sind in der Lage, den jeweiligen Umständen entsprechend ihre Angst vor Lächerlichkeit ebenso zu bezähmen wie ihre Neugier; sie sind je nach Einschätzung der Dinge in der Lage, sich zu hüten oder etwas zu riskieren. Der echte Skeptiker ist somit nicht der Über-Bock, sondern schon eher so etwas wie ein geflügeltes Pferd.

(Deutsch von Karl-Heinz Gschrey)

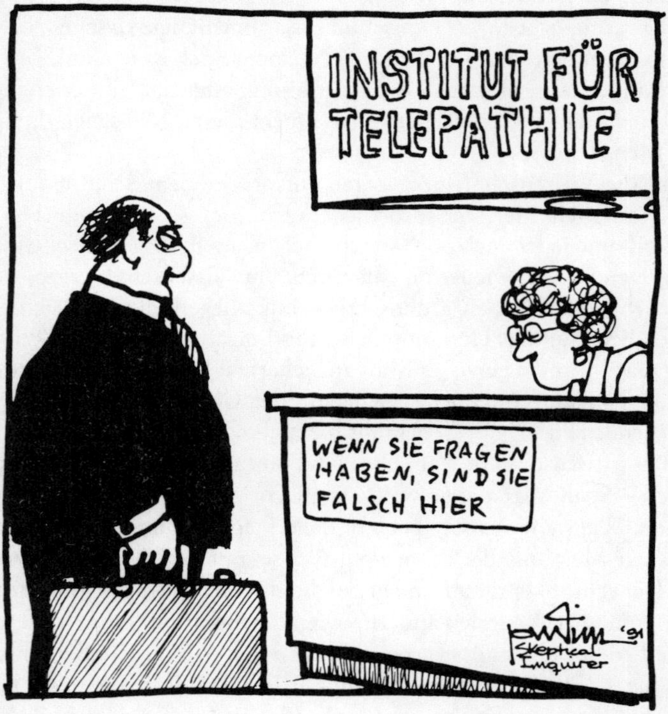
INSTITUT FÜR TELEPATHIE
WENN SIE FRAGEN HABEN, SIND SIE FALSCH HIER
Skeptical Inquirer

Vom Teufel mit der Telefonschnur gefesselt

Peter Huston

Zu meinen eindrücklichsten Reiseerlebnissen zählen Begegnungen mit Menschen, mit denen ich einfach zusammengesessen und Geschichten ausgetauscht habe.

Solche Leute sind meistens schon an sich sehr interessant und dabei – dank der flüchtigen Natur der Beziehungen von Reisenden, deren Pfade sich zufällig kreuzen – viel freimütiger, als sie es in einer konventionelleren Situation wären. Sie sprechen Dinge aus, über die sie normalerweise nicht reden würden, und da sie kaum vorhaben, ihren Gesprächspartner wiederzusehen, bereuen sie es meist auch nicht.

Unter solchen Bedingungen also geriet ich an eine der seltsamsten Geschichten, die mir je zu Ohren gekommen ist – und mir dabei dennoch glaubwürdig erscheint.

Ich saß in der Lounge eines billigen Hotels in Asien und kam unversehens mit einem anderen Amerikaner ins Gespräch; er war ungefähr so alt wie ich (damals Anfang Zwanzig), von derselben sozialen Herkunft und ebenfalls zum erstenmal in Asien. Er suchte hier nach Arbeit, um noch etwas anderes zu erleben als das wenig aufregende Dasein eines Heranwachsenden in den USA.

Irgendwann und irgendwie kamen wir auf Geister, Gespenster und das Übernatürliche. Meiner Meinung nach könne etwas daran sein – so äußerte ich ihm gegenüber meine Hoffnung, eines Tages darüber wissenschaftlich zu arbeiten.

Mein neuer Bekannter aber entgegnete, es sei nicht gut, nach Geistern Ausschau zu halten – er habe die Erfahrung gemacht, daß sie «normalerweise nach einem suchen».

Und dann erzählte er mir die folgende Geschichte.

In seinen «wilden Rocker-Tagen» in einer amerikanischen Großstadt sei er eine Zeitlang von einem Geist heimgesucht worden, von einem «Nachtmahr», genauer gesagt einem häßlichen alten Weib.

Die Attacken begannen damit, so sagte er, daß er aufwachte und merkte, daß er sich nicht mehr rühren konnte – er war wie gelähmt und hatte das Gefühl eines lastenden Gewichts auf seiner Brust. Verständlicherweise beunruhigte ihn das, und sein erster Gedanke war, dies seien womöglich Anzeichen für irgendeine Geisteskrankheit.

Mit der Zeit wurde es schlimmer. Er wachte in gelähmtem Zustand auf und mußte zusehen, wie die alte Hexe in den Raum schwebte; sie ließ sich dann auf seinem Bett nieder und setzte sich auf seine Brust. Eine Welle gräßlichster Angst durchschauerte ihn, während ihr Gewicht ihn niederdrückte und festhielt; manchmal spürte er ihren fauligen Atem, wenn sie sich direkt über ihn beugte. Schließlich, nach einer Zeit unvorstellbaren Grauens, verschwand sie, und er merkte, daß er auch wieder aufstehen und sich bewegen konnte. Doch nun war er erst richtig starr vor Schreck, völlig verwirrt und durchgedreht.

Die nächtlichen Attacken, so erzählte er, hätten sich oft wiederholt, und er sei bereits ernsthaft überzeugt gewesen, psychiatrische Hilfe zu benötigen, wäre nicht mindestens einmal gerade seine Freundin bei ihm gewesen, die versichert habe, sie hätte die Hexe ebenfalls gesehen. Das hatte ihn beruhigt, und fortan erklärte er sich seine Erlebnisse als eine Einwirkung übernatürlicher Kräfte.

Die Geschichte verwirrte mich ein wenig. Ich wußte nicht, was ich davon halten sollte. Vielleicht – das schien am einfachsten – hatte er sich die Sache einfach ausgedacht, um zu sehen, wie ich reagieren würde; doch das glaubte ich eigentlich nicht, so wie er die Geschichte erzählt hatte – ein bißchen verlegen und unsicher, was hinter dem Erlebten stecken könnte, auch unsicher, wie ich wohl reagieren würde, zögernd.

Zu unserer Überraschung kreuzten sich unsere Wege noch ein paarmal – über längere Zeit hatten wir sogar ständig Kontakt –, während wir Arbeit suchten, reisten, uns Arbeitsgenehmigungen besorgten und ähnliches. Ich lernte ihn besser kennen, und niemals wieder erzählte er andere derartige Geschichten oder erwähnte diese noch einmal.

Je mehr Zeit wir miteinander verbrachten, desto mehr schien er mir ein integrer, normaler Mensch zu sein, der keinen Grund hatte, Stories über Geisterattacken zu erfinden.

Einmal, als ich ihn fragte, ob er noch weitere Erfahrungen mit Geistern gemacht habe, seit er nach Asien gekommen sei, wirkte er sogar peinlich berührt, verneinte und wechselte rasch das Thema.

Kurz und gut, seine Erzählung ließ sich nicht in der Kategorie Grusel-

geschichten aus der Junior High School ablegen. Ich mußte immer mal wieder darüber nachdenken, nach möglichen plausiblen Erklärungen suchend.

Über die Jahre hin hatte ich keine finden können – aber schließlich sogar selbst ein ähnliches Erlebnis.

Mehrmals wachte ich auf, spürte, daß ich mich nicht mehr regen konnte, und fühlte einen starken Druck auf der Brust. Ich versuchte mit aller Kraft, mich zu bewegen, und konnte doch nur zittern. Es war eine beängstigende Erfahrung, und wie mein Freund dachte ich zuerst, meine geistige Gesundheit lasse nach. Fast eine Woche lang setzten sich die Attacken Nacht für Nacht fort. Ich fand keine Erklärung, war zutiefst besorgt und stand unter äußerster Anspannung, während ich wieder und wieder vergeblich zu begreifen suchte, was mit mir vorging.

Abends mochte ich nicht einschlafen, aus Angst, verrückt zu werden oder einen Herzstillstand zu bekommen.

Meine Frau hielt es für möglich, daß ich vom Geist meiner Großmutter heimgesucht würde, die kürzlich auf der anderen Seite der Erde verschieden war (ich lebe in Asien, meine Großmutter starb in New

Jersey). Ich muß gestehen, daß ich diese Erklärung verwarf, und zwar nicht aus Skepsis oder wissenschaftlichen Gründen, sondern weil es meiner Großmutter überhaupt nicht ähnlich sah, um die ganze Welt zu reisen, um mich wegen der verpaßten Beerdigung zu quälen, wo doch die in nächster Nähe wohnenden Enkel auch nicht hingegangen waren.

Zu dieser Zeit mußten meine Frau und ich uns entscheiden, ob wir ein Telefon in unserer Wohnung installieren lassen wollten (in Taiwan ist nicht automatisch ein Telefon in der Wohnung, sondern jeder Mieter muß es für recht hohe Gebühren selbst anschließen lassen). Ich war eigentlich dagegen gewesen, aber meine Frau unbedingt dafür. Schließlich gab ich nach, obwohl ich wußte, sowohl die Einrichtung als auch die Rechnungen für Orts- und Ferngespräche würden mich teuer zu stehen kommen.

Eines Nachts wachte ich wieder mal auf. Unfähig, mich zu bewegen, sah ich plötzlich, daß sich die Telefonschnur irgendwie über meinen Körper gelegt hatte und kurz davor war, mich durch einen Stromschlag zu töten.

Gerade noch rechtzeitig kam ich zu mir: Ich konnte mich wieder bewegen, war jedoch völlig durcheinander. Aufgeregt machte ich meiner Frau Vorwürfe, denn sie hatte gar nicht gemerkt, wie ich zitterte und unter diesem schrecklichen Erlebnis litt.

Noch verwirrender wurde es allerdings, als ich nun entdeckte, daß die Telefonschnur weit weg am anderen Ende des Zimmers lag und es praktisch gar nicht möglich war, daß sie sich über mich drapierte, selbst wenn jemand sie hätte aufheben und dort hinlegen wollen.

Nunmehr überzeugt, kurz vor einem geistigen Zusammenbruch zu stehen, rief ich meine Eltern an. Da erzählte mir mein Vater, auch er sei schon verschiedentlich aufgewacht und habe sich nicht mehr bewegen können. Er hatte das sehr merkwürdig gefunden, bis er mit seinem Bruder darüber sprach und dieser ihm gestand, er habe ähnliches auch schon mal erlebt.

Dieses Gespräch war eine riesige Erleichterung für mich – und danach hörten die Attacken auf.

Ich dachte nicht mehr weiter an das Ganze, bis ich zufällig auf eine wissenschaftliche Erklärung dafür stieß.

Was mein Freund, meine Familie und ich erlebt hatten, wird oft als Nachtangst bezeichnet. Die meines Freundes entsprach mehr dem klassischen Typ mit Nachtmahr, während mein Erlebnis mit der «dämonischen Telefonschnur» eine eher ungewöhnliche Variante darstellte. Solche Erfahrungen, so beunruhigend und ängstigend sie für die ahnungslosen Betroffenen sein mögen, sind relativ gutartig und genau betrachtet leicht zu erklären.

Ein Erlebnis dieser Art hat zwei Aspekte. Zum ersten die Schlafparalyse. Das ist ein weitgehend normaler Zustand; man wacht auf und merkt, daß man sich nicht mehr rühren kann. Obwohl es auch eines von vielen Symptomen einer Geisteskrankheit sein kann (Narkolepsie), ist die Schlafparalyse in der Regel ein ziemlich unbedeutendes, recht verbreitetes Phänomen.

Wenn man schläft, sind bestimmte Teile des Gehirns effektiv lahmgelegt und funktionieren nicht mehr wie im Wachzustand. Eine dieser unterdrückten Funktionen ist die Bewegungsfähigkeit. Sieht man einmal von Schlafwandlern ab (die nicht in den Bereich dieses Artikels fallen), werden grobe Muskelbewegungen beim Schlafenden gehemmt. Im Falle der Schlafparalyse wacht der Mensch auf, bevor sein Gehirn sich wieder anpassen und die normale, ungehemmte Bewegung zulassen kann. Dies wird als die Ausdehnung eines Schlafphänomens in die Wachphase angesehen. Menschen können durch Berührung – oder wenn sie ihren Namen hören – augenblicklich aus der Schlafparalyse herausgeholt werden. Auch ohne einen äußeren Stimulus ist die gewöhnliche Schlafparalyse von kurzer Dauer und reguliert sich selbst.

Ein eng damit verwandtes und gelegentlich gleichzeitig auftretendes Phänomen sind Halluzinationen. Man wacht dann zwar auf, halluziniert jedoch und sieht Bilder. Diese Bilder können manchmal sehr lebhaft und phantastisch oder furchteinflößend sein. Der Geist meines Freundes und meine mich elektrisierende Telefonschnur sind Beispiele dafür. Obwohl beide merkwürdige und unglaubliche Eigenschaften hatten, wurden sie doch lebhaft wahrgenommen, intensiv erfahren und in dem Moment auch für wirklich gehalten – entsprechend groß war die Verwirrung hinterher.

Die Fähigkeit, subjektiv erfahrene Wirklichkeit in Frage zu stellen, ist eine weitere Gehirnfunktion, die beim Träumen außer Kraft gesetzt ist. Das erklärt die absonderliche, doch von uns nicht weiter angezweifelte Natur gewöhnlicher Träume. Diese Außerkraftsetzung der die Wirklichkeit überprüfenden Funktionen des Gehirns erstreckt sich offensichtlich auch auf die Phase des Halluzinierens. In manchen Fällen kann das zu verstärkten Emotionen wie heftiger Angst führen, die sich auf die obige Weise also ganz einfach erklären lassen. Das plötzliche Erlebnis, gelähmt und möglicherweise geistig gestört zu sein, kann einen schon sehr ängstigen; doch Wissenschaftler gehen davon aus, daß die Gründe für diese Angst oft woanders liegen.

Solche Halluzinationen können alle oder nur einzelne Sinne einbeziehen, doch meist betreffen sie das Gehör oder sind visueller Art. Sie widerfahren meist nur einer einzelnen Person; ich nehme an, die Freundin meines Bekannten hatte behauptet, sie habe «die Hexe» ebenfalls gesehen, um ihn zu beruhigen. Vielleicht meinte sie aber auch wirklich, etwas gesehen zu haben. Da ich sie nie kennengelernt hatte, weiß ich ihr Verhalten nicht einzuschätzen.

Halluzinationen und verwandte Phänomene unmittelbar *vor* dem Einschlafen treten nicht selten bei Kindern auf. Wenn diese also behaupten, daß sie abends zu einer Zeit, wo sie eigentlich schon schlafen sollten, Ungeheuer sehen, könnte das insofern «stimmen».

Solche Erlebnisse sind sehr wichtig für Erforscher «unerklärlicher Phänomene». Sie lassen einen auch viele Fälle von Ufo-Entführungen und ähnliches besser verstehen. Der Psychologe Robert A. Baker meint, die von Whitley Strieber in ‹*Communion*› beschriebenen Erlebnisse mit derartigen Halluzinationen erklären zu können; Strieber behauptete, von kleinen fötusähnlichen Gestalten entführt und manipuliert worden zu sein, die sich immer wieder in sein Schlafzimmer einschlichen und ihm durch ihr Treiben letzten Endes sehr viel Ärger – und freilich finanziellen Gewinn – gebracht haben.

Budd Hopkins, Verfasser von ‹*Missing Time*›, hat kürzlich in einem Artikel der Zeitschrift *Omni* mehrere solcher Berichte besprochen. In mindestens dreien davon waren es Kinder – oder Erwachsene, die sich an Kindheitserlebnisse erinnerten –, die vor dem Einschlafen in ihrem Schlafzimmer außerirdische Wesen oder andere unheimliche Fremde gesehen hatten. Halluzinieren bietet sich als Ansatz für eine Untersuchung solcher Phänomene an – und fehlt auffälligerweise in dem Artikel.

In ‹*Traditions of Belief*›, einer Studie von Gillian Bennett über den Glauben an übernatürliche Erscheinungen bei Frauen der Mittelschicht im heutigen England, findet man noch viele weitere Berichte über merkwürdige Gestalten in abendlichen Kinderzimmern. Für die Erwachsenen gehören sie rückblickend zu den Erlebnissen, die sie zu der

Überzeugung brachten, daß an der «geheimnisvollen Seite des Lebens» doch etwas dran sein könnte.

In der ausgezeichneten Essay-Sammlung ‹*Phenomenon: Forty Years of Flying Saucers*› diskutiert Mark Moravec, inwieweit Ufo-Beobachtungen mit schlafnahen Halluzinationen zu tun haben könnten. Der Autor hält fest, solche Halluzinationen könnten viele der Ufo-artigen Erscheinungen erklären, die von übermüdeten Fernfahrern oder Leuten geschildert werden, die beim Aufwachen merkwürdige Dinge sähen – Lichter vor dem Fenster und kleine fremde Wesen in ihrem Zimmer.

Die Bilder während schlafnaher Halluzinationen können alles umfassen, wovon man auch träumen kann. Offenbar kulturell determinierte Ufo-Phänomene, Geistererscheinungen (häufig Alpträume vom Typ Nachtmahr) der die weniger beängstigenden Erscheinungen kürzlich verstorbener Bekannter (die dann zum Beispiel Dinge sagen, die nur sie wissen können, was wiederum als Beweis für ihre übernatürliche Herkunft genommen wird), Elfen, Kobolde, unheimliche Wesen, helle Lichter – alles ist möglich und so real, wie ich die dämonische Telefonschnur um mich spürte.

Es ist wichtig zu begreifen, daß solche Phänomene kein Zeichen von geistiger Schwäche oder Krankheit sind. Sie werden von normalen Menschen bei unbezweifelter Gesundheit erfahren. Jeder, der nach Erklärungen für paranormale Phänomene sucht, sollte solche Erfahrungen berücksichtigen.

Peter Huston ist Schriftsteller und Lehrer für Englisch als Fremdsprache. Zur Zeit lebt er in Taiwan.

(Deutsch von Wiebke Schmaltz)

Am Rand der Wissenschaft und darüber hinaus

Astrologie im *Guardian*

Geoffrey A. Dean, Ivan W. Kelly, James Rotton
und Don H. Saklofske

Die angesehene britische Zeitung *The Guardian* präsentierte in einer
vierteiligen Serie vom 19. bis 22. März 1984 die Ergebnisse einer groß-
angelegten Studie über die Beziehung zwischen Sternzeichen und Beruf.
Autor war Professor Alan Smithers, Leiter der erziehungswissenschaft-
lichen Abteilung der Manchester University. Er führte aus (1984 a):

> Alle zehn Jahre müssen wir Briten uns an einer nationalen Volkszäh-
> lung beteiligen. Dazu gehören auch Fragen nach Beruf und Geburts-
> datum. Eine Computeranalyse dieser Angaben müßte also nach-
> weisen können, ob Beruf und Geburtsdatum in irgendeiner Weise
> zusammenhängen.
>
> Mit Unterstützung der Koestler Foundation wurde es dem *Guar-
> dian* möglich, bei der britischen Statistikbehörde eine spezifische
> Datenzusammenstellung aus der Volkszählung von 1971 zu erwer-
> ben, der bis dato letzten, die das von uns gewünschte Material zur
> Verfügung stellt.
>
> Das Office of Population Censuses and Surveys konnte eine Zehn-
> Prozent-Stichprobe aller «wirtschaftlich aktiven» Personen zur Ver-
> fügung stellen. Dazu zählen neben den Beschäftigten auch diejeni-
> gen, die beim Volkszählungstermin krank gewesen sind, sowie die
> Personen, die arbeiten wollten, aber keine Stelle hatten. Erfaßt
> wurde nur, wer in Großbritannien geboren und hier ansässig ist. Mit
> 1 461 874 Männern und 842 799 Frauen, die sämtlich einer von 223
> Berufsgruppen zugeordnet wurden, hatten wir ein umfassendes
> Sample. Ein Zusammenhang zwischen Beruf und Geburtsdatum
> wurde bisher noch nie so systematisch untersucht.

Soweit Smithers. Seine Studie unternahm im Grunde einen einfachen
Vergleich zwischen den ermittelten Sternzeichen-Verteilungen und den
zuvor durchgeführten Zuschreibungen von fünfzehn «unserer erfah-

rensten und bestqualifizierten Astrologen» (Smithers) sowie den Vorhersagen von Charles Harvey, dem Präsidenten des britischen Astrologenverbandes. Die Astrologen bat man anzugeben, welche drei Berufe am engsten mit jedem der zwölf Sternzeichen und welche beiden Sternzeichen am engsten mit den 223 von der Studie erfaßten Berufen verknüpft seien. Charles Harvey machte verschiedene Vorhersagen, darunter die, daß Krankenschwestern, Gewerkschaftsfunktionäre und Vertreter insgesamt in alternierenden Sternzeichen geboren sein würden.*

Smithers nennt die Berufe, die von seinen fünfzehn astrologischen Experten am häufigsten den einzelnen Sternzeichen zugeordnet wurden und für die außerdem Daten aus der amtlichen Statistik vorliegen. Daraus ergibt sich eine Aufstellung von insgesamt 36 Berufen (siehe Tabelle 1). Für jeden dieser Berufe zeigt Smithers außerdem in einer Grafik die tatsächliche Sternzeichen-Verteilung in der Gesamtbevölkerung auf, damit die Zeitungsleser «selbst sehen können, wie gut die Astrologen abgeschnitten haben».

Smithers findet, die Astrologen hätten ihre Sache ziemlich gut gemacht und Harveys Aussage über die Sternzeichen von Krankenschwestern und Gewerkschaftsführern habe sich eindrucksvoll bestätigt. Er hält fest: «Die Studie belegt nicht ein für allemal die Weisheit der Astrologie. Aber sie enthält doch genügend Merkwürdigkeiten, die zu denken geben. Da wären zum Beispiel Charles Harveys Vorhersagen für Krankenschwestern und Gewerkschaftsfunktionäre und die Fälle, wo die Astrologenrunde recht behielt...» Danach schränkt er jedoch ein: «Ich bin trotz allem nicht überzeugt. Für die meisten Treffer gibt es eine andere Erklärung.» Welche, verrät er im vierten und letzten Teil der *Guardian*-Serie (1984 d), nämlich: jahreszeitliche Faktoren, soziale Gewohnheiten und der Glaube an die Astrologie.

Im Anschluß an Smithers' Untersuchung druckte der *Guardian* einen Kommentar von Charles Harvey (1984). Harvey führt aus, daß *erstens* Astrologen das Sternzeichen gar nicht als beherrschenden Faktor bei der Berufsentscheidung werteten und *zweitens* die Sternzeichen sich traditionell auf Persönlichkeitsmerkmale und individuelle Unter-

---

* *Anm. d. Ü.*: Im astrologischen Tierkreiszeichen wechseln als «männlich» oder «aktiv» bewertete Sternzeichen mit «weiblichen» oder «passiven» ab: Widder (männlich), Stier (weiblich) und so weiter; vgl. S. 157.

Tabelle 1
Welches Sternzeichen tendiert zu welchem Beruf?

Sternzeichen	Berufe
Widder	Sportler, Zahnarzt, Automechaniker, Feuerwehrmann
Stier	Buchhalter, Architekt, Bauer, Bäcker
Zwillinge	Autor/Journalist, Handlungsreisender, Lehrer
Krebs	Koch, Sozialarbeiter
Löwe	Schauspieler/Musiker, Manager
Jungfrau	Büroangestellte/Kassierer, Optiker, Stenotypistin
Waage	Friseur/Kosmetikerin, Schneider
Skorpion	Arzt, Bergmann, Polizist
Schütze	Sportler, Geistlicher, Rechtsanwalt
Steinbock	Beamter, Bauingenieur, Politiker, Bergmann
Wassermann	Elektriker, Röntgentechnikerin
Fische	Schauspieler/Musiker, Künstler, Barkeeper, Fischer

Diese Berufe, für die statistische Daten vorliegen, werden von Smithers' fünf-zehnköpfiger astrologischer Expertenrunde am häufigsten für die einzelnen Sternzeichen genannt. Bei den Zensusdaten liegt der Stichprobenumfang für die verschiedenen Berufe zwischen 613 (Optiker) und 233516 (Büroangestellte und Kassierer), Mittelwert = 5000. Läßt man, um Verzerrungen durch Extremwerte zu vermeiden, die drei kleinsten und die drei größten Stichproben weg, so reicht die Spannweite der dann noch verbleibenden 30 Berufe von 1177 bis 28491 Personen; durchschnittlicher Stichprobenumfang = 9712.

Quelle: Smithers 1984 a

schiede bezögen, die selbst in ein und demselben Beruf weit auseinan-dergingen. Köche zum Beispiel könnten Stier, Krebs oder Schütze sein, je nachdem, ob sie es mehr mit der Haute Cuisine, der Gesundheitskü-che oder mit Fast Food hielten. Dieser Einschränkungen und Smithers' eigener vorsichtiger Haltung ungeachtet wagt Harvey dann den Schluß, die *Guardian*-Studie gehöre zu einer nicht näher bestimmten Zahl neuerer Untersuchungen, die die Wiederkehr der Astrologie als seriöse Wissenschaft versprächen. Seiner Ansicht nach «ermöglicht die Astrologie Aussagen, die nachprüfbar sind».

Smithers' Experten gaben für 223 Berufe an, welche beiden Sternzei-chen sie als Astrologen am ehesten mit jedem dieser Berufe verbinden. Smithers wertet jedes genannte Sternzeichen als Treffer, wenn die Volkszählungsdaten belegen, daß es in dem jeweiligen Beruf über-

Tabelle 2
Vergleich vorhergesagte Sternzeichen mit Volkszählungsdaten

Beruf	Berufs-klasse	Vorhergesagtes Zeichen	Häufigstes Zeichen
Bergarbeiter	4	*Skorpion, Steinbock* (Treffer)	Schütze
Automechaniker	3	*Widder* (Treffer)	Fische
	3	*Waage* (Treffer)	Steinbock
Bäcker	3	*Stier* (Treffer)	Jungfrau
Büroangestellte/Kassierer	3	*Jungfrau* (Treffer)	Waage
Stenotypistin (= Sekretärin)	3	Jungfrau	Krebs
Friseur	3	Waage	Löwe
Optiker	1	*Jungfrau* (Treffer)	Zwillinge
Bauingenieur	1	Steinbock	Krebs
Autor/Journalist	2	*Zwillinge* (Treffer)	*Zwillinge* (Treffer)

durchschnittlich häufig vorkommt. Er präsentiert die Ergebnisse für zehn Berufe, bei denen sich die Astrologen weitgehend einig sind (siehe Tabelle 2). Diese Ergebnisse zeigen, daß acht von elf Vorhersagen ins Schwarze trafen. Doch was bedeutet das gemessen an der zu erwartenden zufälligen Trefferzahl?

Wenn jedes Sternzeichen mit gleicher Wahrscheinlichkeit in einem Beruf überdurchschnittlich häufig vorkommen kann, dann ist die zu erwartende Trefferquote gleich der Hälfte der getroffenen Vorhersagen. In Smithers' Studie kommt allerdings die ungleichmäßige jahreszeitliche Verteilung der Sternzeichen, die sich aus sozio-ökonomischen Faktoren erklärt (und wie sie sich auch in jahreszeitlichen Schwankungen der Geburtenrate ausdrückt), bei den einzelnen Berufsklassen deutlich zum Ausdruck: Die in Herbst und Winter geborenen Sternzeichen Jungfrau bis Fische* kommen in den sogenannten *oberen* Berufsklassen *unter*durchschnittlich oft, in den *unteren* Berufsklassen aber *über-*

---

* Die jahreszeitliche Verteilung der Sternzeichen *(Anm. d. Ü.)*:

Widder	21. 3. – 20. 4.	Waage	24. 9. – 23.10.
Stier	21. 4. – 20. 5.	Skorpion	24.10. – 22.11.
Zwillinge	21. 5. – 21. 6.	Schütze	23.11. – 21.12.
Krebs	22. 6. – 22. 7.	Steinbock	22.12. – 20. 1.
Löwe	23. 7. – 23. 8.	Wassermann	21. 1. – 19. 2.
Jungfrau	24. 8. – 23. 9.	Fische	20. 2. – 20. 3.

durchschnittlich oft vor. Das heißt: Sind Sternzeichen und Berufsklassen derart ungleichmäßig verteilt – wie in Tabelle 2, wo die Sternzeichen Jungfrau bis Fische wie auch die unteren Berufsklassen überrepräsentiert sind –, dann haben die einzelnen Sternzeichen nicht mehr die gleiche Chance, überdurchschnittlich häufig vorzukommen, die zu erwartende Trefferzahl weicht aus diesem Grund von 50 Prozent ab. Tatsächlich liegt in Tabelle 2 die Zahl der aus jahreszeitlichen Gesetzmäßigkeiten zu erwartenden Treffer bei sieben; acht Treffer aus dem astrologischen Lager sind also nicht weltbewegend.

Den strengeren Test, die Vorhersagen der Astrologen dem in einem jeweiligen Beruf am häufigsten vorkommenden Sternzeichen gegenüberzustellen, unterläßt Smithers. Tabelle 2 macht deutlich, daß es in diesem Fall nur einen einzigen Treffer gäbe (was genau der nach Zufall zu erwartenden Zahl entspricht).

Berufe, über deren Sternzeichen-Zuordnung die fünfzehn Astrologen sich nicht einig waren, schließt Smithers aus. Wir wollten herausfinden, was passiert, wenn keine Berufe ausgelassen und zugleich weitere astrologische Expertenmeinungen herangezogen werden. Dazu verglichen wir Smithers' Zensusdaten erstens mit den Sternzeichen-Zuordnungen in Tabelle 1; zweitens mit den Sternzeichen-Zuordnungen bei D. Parker und J. Parker (1971), einem Werk, das als repräsentativ für seriöse englische Astrologiebücher gelten darf; und drittens mit C. J. Puotinens Überblick (1980) über US-amerikanische Quellen. In allen drei Fällen war die Analyse unkompliziert, da weder die Sternzeichen Jungfrau bis Fische noch die unteren Berufsklassen überrepräsentiert waren. Wie die Resultate (Tabelle 3) zeigen, erzielten nur Smithers' Astrologen eine signifikante Trefferquote.[1]

Obwohl, streng statistisch gesehen, insgesamt nicht signifikant, weisen die in Tabelle 3 dargestellten Ergebnisse allgemein doch ein wenig in die von den astrologischen Vorhersagen vorgegebene Richtung. Bedeutet dies eine Bestätigung der Sternzeichen-Astrologie? Die Antwort lautet nein, denn es gibt hierfür eine simple, nichtastrologische Erklärung. H. J. Eysenck und D. K. B. Nias (1982) haben gezeigt, daß Menschen, denen die Zuschreibungen ihres Sternzeichens bekannt sind, zu *Selbstattribution* neigen – das heißt, sie nähern sich in Selbstbild und Verhalten nachweisbar den astrologischen Sternzeichen-Beschreibungen an. Diejenigen, die ihr Sternzeichen nicht kennen, zeigen dagegen keinen erkennbaren Effekt.[2]

Tabelle 3
Vergleich astrologische Vorhersagen – Zensusdaten

Quelle	Anzahl der Vorhersagen	Vorhergesagtes Zeichen überdurchschnittlich häufig		Vorhergesagtes Zeichen am häufigsten	
		Beobachtet	Erwartet	Beobachtet	Erwartet
Smithers' Expertenrunde	37	25	18,5	5	3,1
Parker und Parker	59	32	29,5	4	4,9
Puotinen	106	61	53,0	10	8,8

Die Tabelle zeigt die Zahl der beobachteten Treffer und die Zahl der erwartbaren Zufallstreffer.

Da die meisten der von Smithers getesteten beruflichen Entsprechungen durch die weithin propagierte Sternzeichen-Mystik zum Teil bereits ins Allgemeinwissen eingegangen ist, läßt sich die leichte Tendenz der in Tabelle 3 dargestellten Ergebnisse plausibel auf Selbstattribution zurückführen.[3]

Smithers behauptet freilich, Selbstattribution habe keinen Einfluß auf die Berufsentscheidung. Er erkennt die Selbstzuschreibung bestimmter Eigenschaften zwar als Persönlichkeitsfaktor an, konstatiert aber, «der ernste Schritt, sich für einen Beruf zu entscheiden, ist doch etwas ganz anderes» (1984 a).

In Wirklichkeit treffen die meisten ihre Berufswahl aufgrund dessen, was sie selbst, ihre Eltern und zukünftigen Arbeitgeber als ihre Interessen und Fähigkeiten ansehen, das heißt, sie befinden sich in einer Situation, in der eventuelle (auch unbewußte) Kenntnisse des eigenen Sternzeichens sehr wohl zum Tragen kommen können.[4] Außerdem ist die Berufsentscheidung keineswegs rein schicksalhaft – selbst diejenigen, die in einem bestimmten Tätigkeitsfeld bis an die Spitze kommen, sind oft nur durch einen glücklichen Zufall oder sogar aus Versehen hineingerutscht. Ein Beispiel dafür ist H. J. Eysenck selbst, der ursprünglich Physik studieren wollte; weitere finden sich bei A. Bandura (1982). Wenn bei der Berufswahl also glückliche und unglückliche Zufälle mitspielen können, warum dann nicht auch Selbstattribution?

Smithers' Analyse basiert auf dem Vergleich zwischen den Vorhersagen der Astrologen und den Spitzenwerten in seinen Grafiken, aber er legt keinerlei statistische Auswertungen vor. In ihren Leserbriefen an den *Guardian* stellten Wissenschaftler ihm die auf der Hand liegenden Fragen: Wie verläßlich sind die Spitzenwerte? Sind sie reproduzierbar? Und sind sie überhaupt statistisch signifikant? In seiner Erwiderung (1984 e) an die Leser führt Smithers aus: «Eine statistische Auswertung – weggelassen auf Anraten des *Guardian*, wo man annahm, die Leser würden sich für die Einzelheiten nicht interessieren – legt nahe, daß an dem Datenmaterial tatsächlich etwas dran ist. Außerdem wurden, wo das Sample geteilt werden konnte… in beiden Teilen gleichlaufende Trends festgestellt.»

Bei einer späteren Diskussion seiner Studie anläßlich der «4th International Astrological Research Conference» in London vom 27. bis 28. Oktober 1984 bekannte Smithers jedoch, er habe seine Sternzeichen-Samples nicht halbiert, um zu prüfen, ob die Ergebnisse wiederholbar seien.

Smithers stellt Harveys korrekte Vorhersage groß heraus, wonach Angehörige der helfenden Berufe (namentlich Krankenschwestern, Stichprobenumfang 35 039) häufiger in weiblichen (geraden) Zeichen, beginnend mit Stier, geboren würden, Gewerkschaftsfunktionäre (Stichprobenumfang 742) dagegen häufiger in durchsetzungsfähigeren oder männlichen (ungeraden) Zeichen, beginnend mit Widder.* Nun gehören Krankenschwestern aber unter allen in Tabelle 1 aufgeführten Berufen gerade dem fürsorglichsten und *femininsten* an (gefolgt vielleicht von den Friseusen). Gewerkschaftsfunktionäre ihrerseits üben den durchsetzungsstärksten und *maskulinsten* Beruf aus (vielleicht mit Polizisten an zweiter Stelle). Mit anderen Worten, es handelt sich hier um die Berufe, die sich am deutlichsten auf die Unterscheidung zwischen männlichen und weiblichen Sternzeichen beziehen und bei denen die entsprechenden Wirkungen der Selbstattribution folglich auch am deutlichsten zu spüren sein müßten. Wir können dieses Ergebnis des-

---

* *Anm. d. Ü.:* Die Zweiteilung des astrologischen Tierkreises in männliche und weibliche Zeichen: *Männlich* sind Widder, Zwillinge, Löwe, Waage, Schütze, Wassermann. *Weiblich* sind Stier, Krebs, Jungfrau, Skorpion, Steinbock und Fische.

Widder Löwe Schütze } Feuer	Stier Jungfrau Steinbock } Erde	Zwillinge Waage Wassermann } Luft	Krebs Skorpion Fische } Wasser

halb nicht notwendigerweise als Beleg für das Vorhandensein echter astrologischer Effekte werten.

Hier liegt noch ein weiteres Problem, über das Smithers hinweggeht. Seine Untersuchung umfaßt eine große Zahl von Berufen. Könnten die ermittelten Resultate nicht zufallsbedingt sein? Dies ist vor allem bei den Gewerkschaftsfunktionären zu fragen, deren Sample den zweit-niedrigsten Umfang unter allen untersuchten Berufen erreicht. Womöglich hat die Stichprobenvarianz (also die zufällige Variation in der Stichprobe) hier so überhandgenommen, daß die Ergebnisse jede Bedeutung verlieren, ein Gesichtspunkt, den Smithers ignoriert.

Smithers hat, alles in allem, eine interessante Studie erarbeitet, die uns den bisher genauesten Einblick in die Beziehung zwischen Sternzeichen und Beruf ermöglicht. Wir stimmen mit ihm darin überein, daß «an den Daten etwas dran ist», bestreiten aber, daß es sich um einen genuin astrologischen Effekt handelt. Unsere hier nur skizzierte Gegenanalyse von Smithers' Datenmaterial legt vielmehr nahe, daß seine Ergebnisse auf statistische Schwankungen und Selbstattributionseffekte zurückführbar sind. Auf jeden Fall liefert die Studie keinen Beleg für die Richtigkeit der Sternzeichen-Astrologie.

Anmerkungen

1 Aus Platzmangel war es uns unmöglich, den ganzen Vergleich abzudrucken. Interessierte Leser erhalten genauere Informationen durch Professor I. W. Kelly, Department of Educational Psychology, University of Saskatchewan, Saskatoon, Canada, S7N 0W0.

2 Entsprechendes gilt für unsere Wahrnehmung anderer. Wenn uns jemand sagt, eine andere Person habe diese oder jene Eigenschaften, dann lassen wir uns häufig in unserer Wahrnehmung davon beeinflussen, unabhängig davon, ob die Information korrekt ist oder nicht. Derartige Effekte sind tiefgreifender, als gemeinhin angenommen wird (Cooper and Good 1983).

3 Auch Smithers' astrologische Experten, wie er selbst erläutert, beziehen ihre Auffassung nicht aus empirischen Untersuchungen, sondern letztlich aus dem, was sie in astrologischen Büchern lesen. Da Astrologiebücher gemeinhin das immer gleiche traditionelle Gedankengut wiederholen, sind alle – Astrologen wie Laien – der gleichen Indoktrination ausgesetzt. Dadurch entsteht ein idealer Nährboden für Selbstattributionseffekte und sich selbst erfüllende Prophezeiungen.

4 Und natürlich auch die Tips der astrologischen Geschäftsberatung. Inzwischen läßt man sich bei der Auswahl von Angestellten, zumindest in den USA, vielerorts von mehr oder weniger differenzierten astrologischen Regeln leiten. Studenten der University of California in Berkeley klagen darüber, daß Arbeitgeber im Gebiet von San Francisco Bay Stellenbewerber aufgrund ihres Sternzeichens diskriminieren. «Dein Pech, wenn du Skorpion oder Stier bist – den Job kriegst du jedenfalls nicht» (Bastedo 1978).

Geoffrey Dean, früher Mitarbeiter des Forschungsinstituts der Commonwealth Scientific and Industrial Research Organization, ist heute Redakteur beim größten technischen Fachverlag Australiens. Ivan Kelly ist Professor für Erziehungspsychologie an der University of Saskatchewan. James Rotton ist Psychologieprofessor an der Florida International University. Don Saklofske ist Psychologieprofessor an der University of Sasketchewan.

(Deutsch von Lieselotte Mietzner)

Welche Persönlichkeitsanalysen akzeptieren wir?

Philippe Thiriart

In vielen Berufen wird die Effizienz daran gemessen, wie zufrieden die Klienten mit der erbrachten Leistung sind. Kann jedoch ein Psychologe annehmen, daß er die Persönlichkeit eines Klienten richtig einschätzt, nur weil der Klient mit diesem Bild von sich einverstanden ist?

Menschen neigen dazu, *positive* Aussagen über die eigene Person zu akzeptieren, unabhängig davon, ob solche Ergebnisse durch psychologische Tests oder nichtwissenschaftliche Methoden wie Handlesen und Wahrsagen erlangt wurden.

In der Vergangenheit sind vielerlei Experimente durchgeführt worden, die sich mit diesem Effekt befaßt haben (Snyder und Shenkel 1975; Thiriart und Legault 1982; Baillargeon und Danis 1984; Sunerton und Fichten 1984). In einigen Experimenten wurden die Probanden erst einmal davon überzeugt, daß ihre Charaktereigenschaften gründlich analysiert würden, entweder durch einen sogenannten Persönlichkeits-Inventur-Test oder eine astrologische Bestimmung. Sie bekamen dann Fragebögen vorgelegt mit Aussagen, die auf viele Menschen zutreffen, etwa: «Sie halten sich für jemanden, der sich seine Meinungen selbständig bildet und die Behauptungen anderer nicht ohne ausreichende Gründe akzeptiert» oder «Sie besitzen eine Reihe von persönlichen Fähigkeiten, die Sie noch nicht zu Ihrem Vorteil eingesetzt haben» oder «Ganz im Inneren sind Sie sehr viel sensibler, als Sie sich nach außen hin geben.»

Mit solchen Aussagen konfrontiert, glaubt fast jeder der Probanden, er besitze diese Eigenschaften ganz sicher im Gegensatz zu den Menschen im allgemeinen. Er neigt dazu, diese Charakterisierung als Hinweis auf seine persönliche Einzigartigkeit anzusehen.

In einem anderen Experiment sollten die Testpersonen ihr eigenes Persönlichkeitsprofil aus einer Reihe ähnlicher Profile herausfinden. Roger L. Greene und seine Kollegen (1979) stützten sich dabei auf den California Personality Inventory Test (CPI) von H. G. Gough. Im CPI werden besonders die Eigenschaften in Kategorien zusammengefaßt, die im weiteren Sinne mit sozialem Verhalten zu tun haben: Geselligkeit, Selbstbejahung, Wohlergehen, Verantwortung, Selbstbeherrschung, Toleranz und so weiter. In Greenes Experiment bekamen 68 Studenten zwei Persönlichkeitsprofile vorgelegt; sie sollten das auf sie zutreffende auswählen. Bei dem einen handelte es sich um ihr eigenes Profil, was sie nicht wußten und dessen Ergebnisse sie selbst noch gar nicht kannten, bei dem anderen waren die ausgeprägtesten Eigenschaften des eigenen Persönlichkeitsprofils genau ins Gegenteil verkehrt worden. 48 von 68 Probanden entschieden sich am Ende für ihr eigenes Persönlichkeitsprofil und nur zwanzig für das verfälschte.

Das Ergebnis zeigt zahlenmäßig also eine gewisse Fähigkeit zur Selbsteinschätzung. Wenn man allerdings bedenkt, wie leicht die Entscheidung in einer solchen Situation eigentlich fallen müßte, dann weist die Tatsache, daß immerhin zwanzig (von 68) Testpersonen das falsche Profil für zutreffend hielten, auch wieder auf gewisse Grenzen der Selbsterkenntnis hin.

Legte man den Testpersonen verschiedene unverfälschte Persönlichkeitsprofile zur Beurteilung vor, fiel die Entscheidung für das eigene schon sehr viel schwerer. Shawn Carlson (1985) wollte herausfinden, ob die Probanden zutreffende Beschreibungen von sich selbst als solche erkannten, wenn sie drei zur Auswahl hatten. Nur 46 der 106 Testpersonen konnten ihr eigenes Profil korrekt identifizieren, obwohl allein schon nach der Zufallsverteilung 35 zu erwarten gewesen wären. Mehr als die Hälfte der Probanden schrieb sich also selbst ein fremdes Persönlichkeitsprofil zu. Warum?

Wir wollten versuchen, diese Frage durch eine andere Art von Experiment zu beantworten. Psychologen und Astrologen formulieren Aussagen über die Persönlichkeit ihrer Klienten, die manchmal zutreffend sind und manchmal nicht. Wir wollten unseren Testpersonen eine in verschiedene Kategorien aufgegliederte Beschreibung ihrer Persönlichkeit vorlegen, um herauszufinden, ob sie zwischen den Kategorien mit korrekten Angaben und denen mit verfälschten Daten unterscheiden konnten. Wir verwandten dabei den Test «Zwischenmenschliche Wertvorstellungen» von Leonard V. Gordon (1976).

Unsere Hypothese besagte, daß die Korrektheit einer Aussage über eine persönliche Eigenschaft nur schwach mit der Akzeptanz seitens der Testperson korreliert. Wir vermuteten, daß die Probanden kaum dazu in der Lage wären, zwischen unverfälschten Persönlichkeitsbeschreibungen und manipulierten zu unterscheiden. Wir wollten ebenfalls herausfinden, von welchen Faktoren es abhängig war, wenn die Profilergebnisse akzeptiert wurden.

Unsere Versuchsgruppe bestand aus 99 weiblichen und 33 männlichen Collegestudenten; das Durchschnittsalter betrug 18 Jahre.

Gordons Test «Zwischenmenschliche Wertvorstellungen» ermittelt die relative Bedeutung, die ein Mensch folgenden sechs Wertkategorien beimißt:

1. Konformismus: gesellschaftlich korrekt handeln, sich nach den Regeln richten, sich den Forderungen der Umwelt gemäß verhalten, sich wie ein Konformist benehmen.

2. Anerkennung: bewundert werden, als Vorbild gelten, für wichtig gehalten werden, positiv auffallen, Anerkennung bekommen.

3. Güte: sich für andere Menschen einsetzen, mit anderen teilen, den weniger Begünstigten helfen, großzügig sein.

4. Unabhängigkeit: eigene Entscheidungen treffen können, Dinge so organisieren, wie man es selbst für richtig hält.

5. Führungsqualitäten: für andere Menschen verantwortlich sein, anderen übergeordnet sein, eine Führungs- oder Machtposition einnehmen.

6. Unterstützung: mit Verständnis rechnen können, von Mitmenschen ermutigt werden, mit Freundlichkeit und Rücksicht behandelt werden.

Eine niedrige Prozentzahl in einer der Kategorien bedeutet nicht etwa, daß die Versuchsperson auf diesem Gebiet einen Mangel aufweist, sondern lediglich, daß ihr diese zwischenmenschliche Eigenschaft nicht besonders wichtig ist.

Das Testergebnis für jede Kategorie wird in einer Prozentzahl ausgedrückt; sie bemißt sich nach der Bedeutung, welche die Testperson einer bestimmten Wertvorstellung beimaß. Zugrundegelegt wird dabei eine standardisierte Prozentskala. (Die standardisierte Prozentskala war aus einer landesweiten Befragung nach Geschlecht aufgeteilter Kontrollgruppen hergeleitet worden. 2412 männliche und 1529 weibliche Collegestudenten hatten sich dafür zur Verfügung gestellt.)

Bei der Auswertung der Tests wurden die Ergebnisse aus zwei Wertekategorien nach einer bestimmten Methode gefälscht, indem entweder

50 Prozent addiert oder subtrahiert wurden, je nachdem, ob die Prozentzahl ursprünglich unterhalb oder oberhalb von 50 Prozent lag. Wenn das Ergebnis für eine bestimmte Kategorie zum Beispiel bei 80 Prozent lag, so behauptete man dem Probanden gegenüber, er habe 30 Prozent erzielt. Diese Methode kehrte also die Gewichtung der Prozentzahl exakt um.

Einen Monat nach dem Test wurden jedem Teilnehmer die bearbeiteten und zum Teil gefälschten Ergebnisse zugestellt. Gleichzeitig erhielt er eine schriftliche Beschreibung jeder der sechs Kategorien. Mündlich teilte man ihm dann mit, was seine Prozentzahl für jede einzelne Kategorie bedeutete: 1 bis 19 Prozent besagt, die Eigenschaft ist für die Testperson unwichtig; 20 bis 39 Prozent bedeuten selten wichtig; 40 bis 59 Prozent einigermaßen wichtig; 60 bis 79 Prozent oft wichtig, und eine Bewertung von 80 bis 99 Prozent heißt, daß diese Eigenschaft für die Versuchsperson sehr oft sehr wichtig ist.

Die Versuchsperson wurde nun gebeten, genau zu überlegen, wie sie sich in bezug auf die einzelnen Kategorien im täglichen Leben verhalte und ob ihr die erreichte Prozentzahl in der jeweiligen Kategorie adäquat erscheine oder nicht. Dazu stand ihr eine Skala von 1 (absolut nicht zutreffend) bis 6 (absolut zutreffend) zur Verfügung. Erst anschließend wurden die Testpersonen über ihre wahren Prozentzahlen in den verschiedenen Kategorien wie auch über den Zweck des Experiments informiert. Die Ergebnisse zeigt Tabelle 1.

Tabelle 1

	Abgelehnt	Akzeptiert	Gesamtzahl
Gefälscht	113 (43 %)	151 (57 %)	264 (100 %)
Wahr	152 (29 %)	376 (71 %)	528 (100 %)
Summe	265 (33 %)	527 (67 %)	792 (100 %)

Die Testpersonen akzeptierten insgesamt etwa zwei Drittel der vorgelegten Prozentzahlen als zutreffend (527 von 792) und lehnten ein Drittel als unzutreffend ab. Wenn man die Ergebnisse im Hinblick auf wahre und gefälschte Bewertungen betrachtet, kann man an Tabelle 1 ablesen, daß die Testpersonen 43 Prozent der gefälschten und 29 Prozent der echten Zahlen als nicht zutreffend ablehnten. Dieser Unterschied ist allerdings nicht besonders eindrucksvoll, was man an dem sich daraus ergebenden niedrigen Korrelationskoeffizienten* ablesen kann. Im großen und ganzen zeigen diese Untersuchungen sehr ähnliche Ergebnisse wie die Experimente von Carlson, der einen Korrelationskoeffizienten von 0,15 ermittelte.

Wir gingen dann der Frage nach, ob eine Beziehung bestand zwischen der hohen Bewertung einer Kategorie (50 Prozent und mehr: die Testperson hält diese Kategorie zwischenmenschlichen Verhaltens für sehr wichtig) und der Akzeptanz der Ergebnisse, und zwar unabhängig davon, ob die Ergebnisse nun tatsächlich korrekt ermittelt oder willkürlich gefälscht wurden; siehe dazu Tabelle 2. Die Testpersonen lehn-

Tabelle 2

	Abgelehnt	Akzeptiert	Gesamtzahl
Niedrige Bewertung	198 (52 %)	184 (48 %)	382 (100 %)
Hohe Bewertung	67 (16 %)	343 (84 %)	410 (100 %)
Summe	265	527	792

ten 52 Prozent der Ergebnisse in den niedrig bewerteten Kategorien, aber nur 16 Prozent in den hoch bewerteten Kategorien ab. Daraus ergab sich ein Korrelationskoeffizient von 0,38.

Für jeden der sechs Werte wurde eine «multiple Regressionsanalyse» (ein spezielles statistisches Verfahren, A. d. Ü.) durchgeführt, die bestätigte, daß die jeweilige Akzeptanz sehr viel stärker von hohen Prozentzahlen auf der Bewertungsskala als von der Adäquatheit der Aussage abhing.

In den Kategorien «Güte», «Unabhängigkeit» und «Unterstützung» war die Korrelation zwischen hohen Prozentwerten und ihrer Akzeptanz besonders stark. Die Wahrscheinlichkeit, daß diese Koeffizienten sich zufällig ergeben haben, ist geringer als 1:1000. Die Korrelation zwischen der Akzeptanz und den wahren Prozentwerten dagegen war ausgesprochen gering.

---

* Der Korrelationskoeffizient ist das Maß für den Gleichschritt, in dem zwei Größen sich verändern. Er reicht von −1,00 bis 1,00. Der Betrag gibt an, wie stark die Korrelation ist, das positive oder negative Vorzeichen steht für die Richtung der Korrelation: Ein Koeffizient von −0,9 beispielsweise besagt, daß die Größe B fast so schnell sinkt, wie die Größe A steigt. (A. d. Ü.)

Warum können Testpersonen nur so schlecht zwischen gefälschten und authentischen Ergebnissen von Persönlichkeitstests unterscheiden? Vielleicht weil die Menschen, mit denen man sich charakterlich vergleicht, selten für die Gesamtbevölkerung repräsentativ sind. Die näheren Bekannten, an denen man sich beispielsweise bei der Kategorie «Unabhängigkeit» orientiert, sind vielleicht ausgesprochen unselbständig, gemessen an einer standardisierten Kontrollgruppe.

Hinzu kommt, daß es sich bei Aussagen über den Charakter eines Menschen häufig mehr um eine Ad-hoc-Beurteilung als um eine sorgfältige Beschreibung seines Verhaltens handelt. Wenn man einen Menschen als «nervös» bezeichnet, dann ist damit nicht etwa sein Verhalten in standardisierten Szenarien gemeint, sondern eine Beurteilung der Person, die sich auf willkürlich gewählte Situationen stützt (Beauvois 1984). Eine veränderte Situation kann dann leicht zu einer anderen Schlußfolgerung führen, wenn von Folgern hier überhaupt die Rede sein kann (Nisbett und Ross 1980).

Warum akzeptieren die Testpersonen so bereitwillig die gefälschten hohen Werte bei bestimmten Eigenschaften, obgleich ihre wahren Ergebnisse viel niedriger lagen? Die gesellschaftliche Attraktivität einer solchen Eigenschaft scheint die entscheidende Rolle zu spielen. Zumal für einen Studenten der Sozialwissenschaften (also die meisten unserer Testpersonen) die Vorstellung angenehm sein mag, selbständig zu handeln (Unabhängigkeit), vom Verständnis und der Zuwendung anderer zu profitieren (Unterstützung) und für andere wiederum nur Gutes zu wollen (Güte).

So könnte man auch sagen, Psychologen, Astrologen und Handleser, die zufriedene Klienten haben möchten, sollten ihnen erzählen, was sie hören wollen – und vielleicht ist es ja auch günstiger, wenn man für andere und für sich selbst ein Image projiziert, das bei allen als besonders wünschenswert und attraktiv gilt?

Philippe Thiriart lehrt Psychologie am Collège Edouard-Montpetit, Longueuil, Quebec, Kanada. Er ist außerdem Herausgeber des Bulletin des Sceptiques du Quebec. Das hier beschriebene Experiment wurde in Zusammenarbeit mit François Berthiaume, Professor für Psychologie am Collège Bois-de-Boulogne in Montreal, durchgeführt.

(Deutsch von Roswitha Enright)

Biologische Rhythmen oder Biorhythmen?

Anthony Wheeler

Das Wort «Biorhythmen» klingt ganz ähnlich wie «biologische Rhythmen», und mancher mag glauben, daß es sich nur um die Kurzform desselben Begriffes handelt. Sogar in der Kartei meiner Stadtbibliothek steht unter Biorhythmen: «Siehe biologische Rhythmen.»

Biorhythmen sollen feste Zyklen einer Dauer von 23, 28 oder 33 Tagen sein, die angeblich das ganze Leben durchziehen. Sie sollen sich als zyklische Variationen in physischen (männlichen), emotionalen (weiblichen) und intellektuellen Merkmalen zeigen, welche als solche wiederum die täglichen Schwankungen unserer Stimmungen, Interessen und Fähigkeiten sowie andere Faktoren (zum Beispiel die Anfälligkeit für Unfälle) bestimmen.

Was haben nun Biorhythmen mit dem zu tun, was wir über biologische Zyklen und Rhythmen wissen? Ich möchte hier die allgemeinen Charakteristika biologischer Zyklen und Rhythmen, wie Physiologen sie untersuchen und verstehen, anhand von ein paar typischen Beispielen erläutern. Wer Biorhythmen mit diesen physiologisch bedingten biologischen Rhythmen und Zyklen vergleicht, wird nämlich feststellen, daß sie, um es gelinde auszudrücken, eine Sache für sich sind.

Der Unterschied von «Zyklen» und «Rhythmen» ist nicht nur etymologisch bedingt. Ein «Zyklus» ist eine endlose Serie, eine Sequenz von Geschehnissen, die sich wiederholt, wobei jedes Geschehen eine Konsequenz der vorangegangenen Geschehnisse und die Ursache der folgenden ist.

Ein biologischer Zyklus zeigt sich zum Beispiel in der elektrischen Aktivität des Sinusknotens des menschlichen Herzens. Der Sinusknoten bildet den Anfang des Reizleitungssystems, das die Muskelbewegungen steuert. Durch Poren der Zellmembran diffundieren Natriumionen ($Na+$) in die Herzzelle, und Kaliumionen ($K+$) gelangen auf dem gleichen Weg heraus. Diese Ionenbewegung vermindert das normale Niveau elektrischer Polarisation der Zellmembran von -70 Millivolt (mV). Wenn die Polarisation bis auf −60 mV abgenommen hat, wird eine Depolarisation ausgelöst: eine schnelle, freie Diffusion von Natrium- und anderen Ionen in die Zelle, mit dem Ergebnis, daß sich das elektrische Potential gegen Null bewegt und dann bis auf +30 mV anwächst.

Der Verlust der elektrischen Polarisation der Zellmembran löst eine freie Diffusion von Ionen durch die angrenzenden Bereiche der Herzzellenmembran aus, es folgt auch dort der Verlust elektrischer Polarisation, und die gleiche Sequenz von Ereignissen setzt sich bis in weiter entfernte Bereiche fort. Die Welle von Ionendiffusion und elektrischer Depolarisation breitet sich über die Zellmembranen durch das Herz hindurch aus und bewirkt die Muskelkontraktion.

Inzwischen ist die Zellmembran beim Sinusknoten wieder dabei, die Diffusion von Na+ und K+ einzuschränken. Komplexe Proteine in der Membran ziehen nacheinander Na+ und K+ an, bewegen die Ionen durch die Membran und lassen sie wieder frei, und langsam stellt sich die ursprüngliche Polarisation von −70 mV wieder ein. Die Diffusion durch die Membranporen beginnt erneut, und die elektrische Polarisation nimmt wieder ab.

Dies ist der Aktivitätszyklus innerhalb des Sinusknotens; jedes Geschehen ist eine Folge der vorgehenden Geschehnisse und verursacht die nachfolgenden.

Wir können den Sinusknotenzyklus in einem Versuchstier messen, indem wir das Auf und Ab elektrischer Polarisierung der Zellmembranen aufzeichnen. Wir können ebenfalls, wenn auch nicht ganz so mühelos, die Veränderung des elektrischen Potentials der Membran einer einzelnen Sinusknotenzelle messen oder das Ein- und Austreten der Natrium- und Kaliumionen.

«Rhythmen» sind eine Ereignisfolge anderer Art: Auch hier sind Geschehnisse zu Abläufen verbunden, doch löst keineswegs ein Ablauf ursächlich den anderen ab (beziehungsweise hebt wieder von vorn an). Rhythmen werden nicht selten durch verborgene Zyklen ausgelöst.

Die Muskeln in den Vorkammern und Kammern des Herzens beispielsweise bewegen sich rhythmisch. Jeder Muskel empfängt eine Welle von Membrandepolarisationen, ein Aktionspotential, das durch die zyklische Aktivität des Sinusknotens entsteht. Die Zellmembranen depolarisieren, Ionen fließen, und Muskeln ziehen sich zusammen. Der Druck innerhalb der Herzkammern nimmt zu, und Blut wird gepumpt.

Jeder Ereignisablauf innerhalb der Herzkammern wird also durch Membrandepolarisierungen ausgelöst, die im Sinusknoten beginnen; dennoch ist jeder Ablauf relativ unabhängig vom vorhergehenden und hat wenig Einfluß, wenn überhaupt, auf den darauffolgenden oder gar auf die zyklische Aktivität des Sinusknotens. Dieser Knoten kann vom Rest des Herzens getrennt werden, zum Beispiel bei einem Versuch mit einem intakten Krötenherz; der Sinusknoten fährt in seiner zyklischen Aktivität fort, unabhängig davon, ob aktive Herzkammern vorhanden sind oder nicht. In einem anderen einfachen Experiment mit einem Krötenherz wird der Sinusknoten gekühlt und somit seine zyklische Aktivität verlangsamt. Die Folge ist ein größerer Abstand zwischen den Herzkammerkontraktionen. Werden aber die Herzkammern gekühlt, so hat das keinerlei Wirkung auf die Aktivität des Sinusknotens; trotz der Kühlung kontrahieren die Herzkammern in unveränderten Abständen.

Biologische Zyklen und Rhythmen haben jeweils einen Zweck und auch ganz bestimmte Ursachen. Die Herzkammern ziehen sich rhythmisch zusammen und pumpen so das Blut durch unseren Körper – dies ist der Zweck des Pumprhythmus. Die Ursache für die Kontraktionen sind aufeinanderfolgende Wellen von Membrandepolarisationen. «Zweck» ist hier ein anderer Ausdruck für das Ergebnis der Evolution, «Ursache» hingegen für biochemische Vorgänge, die dem «Zweck» dienen.

Ein weiteres Beispiel: Schafe paaren sich im Herbst – warum? Die Tragzeit dauert fünf Monate. Die Lämmer müssen spät genug geboren werden, damit das Mutterschaf schon genügend Gras in den letzten Wochen der Trächtigkeit vorfindet und ebenso, während es die Lämmer säugt. Das Lamm muß andererseits so früh im Jahr geboren werden, daß es groß genug ist, wenn der nächste Winter einsetzt. Nur die Lämmer werden überleben, die innerhalb einer kurzen Paarungszeit von nur wenigen Wochen im Herbst gezeugt wurden. Die Paarungszeit der Schafe hat sich also als zeitlich begrenzte und genau festgelegte Periode evolutionär entwickelt.

Woher «weiß» das Schaf, in welchem Zustand das Weideland in fünf Monaten sein wird? Pflanzenwuchs ist wetterabhängig, und die jahreszeitlichen Veränderungen des Wetters wiederholen sich regelmäßig. Der verläßlichste Anzeiger der Jahreszeit und deshalb auch des in fünf Monaten zu erwartenden Wetters ist die Veränderung der Tageslänge.

Mit dem Nahen der Paarungsperiode lassen sich Veränderungen an den Fortpflanzungsorganen der Schafe feststellen. Beispielsweise kann eine Vergrößerung der Hoden beim Schafbock gemessen werden. Untersuchungen der Eierstöcke des weiblichen Schafs zeigen das Wachstum von Follikeln.

Woher die Schafe nun wissen, daß es Zeit ist, sich zu paaren, ist weitgehend geklärt: Das Licht stimuliert nichtvisuelle Photorezeptoren in der Retina; die Sinnesnerven umgehen die visuellen Zentren im Gehirn und aktivieren bestimmte Nuklei des Hypothalamus. Hier entstehen Aktionspotentiale, die durch das Rückenmark im Nacken hinunter- und wieder hinaufgeführt werden, um so die Produktion der Zirbeldrüse anzuregen oder zu hemmen. Die Zirbeldrüse produziert eine Reihe biochemischer Substanzen. Besonders der Einfluß von Licht und Dunkelheit auf die Enzymproduktion der Zirbeldrüse ist ausgiebig untersucht worden, und man weiß auch, daß hier das Hormon Melatonin hergestellt und ausgeschüttet wird. Melatonin bleicht nicht nur die Haut von Kaulquappen, sondern kann auch, je nach Spezies, Reproduktionsaktivität anregen oder hemmen. Wenn nun im Herbst die Nächte länger werden, beeinflußt das Melatonin, das in den Stunden der Dunkelheit von der Zirbeldrüse hergestellt wird, bei den Schafen die Aktivität der Geschlechtsdrüsen. Es werden mehr Geschlechtshormone produziert und infolgedessen Eierstöcke und Hoden stimuliert. Die Paarungszeit beginnt.

Viele biologische Rhythmen werden durch Veränderungen in der Umwelt ausgelöst. Die zeitliche Koordinierung der Paarungszeit bei Schafen wird durch die abnehmende Tageslänge im Herbst bestimmt. Aber selbst wenn man die kurzen Wintertage mit elektrischem Licht künstlich verlängert und die langen Sommertage durch lichtabschirmende Maßnahmen verkürzt, um so das ganze Jahr hindurch eine konstante Tageslänge zu erzielen, wird die Paarungszeit der Schafe ungefähr zur natürlichen Zeit beginnen.

Die zeitliche Koordinierung unserer Zyklen und Rhythmen wird durch Umweltfaktoren (Zeitgeber) nur verfeinert (synchronisiert). Wenn man diese Faktoren ausschaltet, zeigt sich, daß der Organismus eine eigene «innere Uhr» besitzt. Diese biologischen Uhren gehen häufig ein wenig nach und lösen nur dann Aktivität aus, wenn der normale Auslösefaktor der Umwelt fehlt (zum Beispiel, wenn eine dicke Wolkenschicht die Lichtintensität stark vermindert).

Normalerweise folgen unsere körperlichen Vorgänge einem Rhythmus, der unseren wechselnden Bedürfnissen angepaßt ist. Unsere Körpertemperatur ist am niedrigsten in den frühen Morgenstunden und abends am höchsten; die Nieren produzieren nachts weniger Urin als am Tage, und so weiter. Wenn man Versuchspersonen eine Zeitlang in isolierten, für das Tageslicht nicht erreichbaren Räumen leben läßt und alle Hinweise auf die Tageszeit ausschaltet, zeigen sie dennoch ein nahezu normales Aktivitätsmuster, nur daß bei ihnen der «Tag» nicht 24 Stunden, sondern eher 25 bis 27 Stunden lang ist. Man spricht in diesem Fall von einem circadianen (= ungefähr taglangen) Rhythmus.

Tiere, die in der Gezeitenzone leben, müssen Ebbe und Flut absehen können; an ihrem Verhalten kann man einen circatidalen 12,4-Stunden-Rhythmus ablesen. Tiere hingegen, die auf dem höher gelegenen Strand leben, müssen wissen, wann es Springfluten und wann es Nipptiden gibt – ihre Aktivitätszyklen dauern 14,8 Tage (circasemilunarer Rhythmus). Die Tiere einer Population folgen demselben Verhaltensmuster zur selben Zeit; ihre Zyklen sind miteinander und mit ihrer Umgebung synchronisiert.

Unter künstlich konstant gehaltenen Bedingungen bleiben die Zyklen dieser Tiere nicht länger in Abstimmung mit dem auslösenden Umweltfaktor. Die Zyklen werden freilaufend und betragen in unseren Beispielen zwischen 13 und 14 Stunden beziehungsweise 15 bis 17 Tage. Unter solchen Umständen gehen die Rhythmen der einzelnen Tiere auseinander, und die Population verliert ihre Synchronizität. Alle biologischen Rhythmen und Zyklen können verändert oder manipuliert werden.

Man kann in Richtung Westen oder Osten mehrere Zeitzonen überfliegen. Nach der Ankunft paßt man sein Verhalten dann dem örtlichen Aktivitätsmuster an: man schläft zur neuen Nachtzeit, steht zur neuen Morgenzeit auf, arbeitet während des neuen Tages, geht ins Kino während des neuen Abends. Der Körper ist aber noch auf die alte Zeit eingestellt: Wir sind während des Tages müde, werden abends erst richtig aktiv und sind nachts hellwach. Das wird im allgemeinen als «Jetlag» bezeichnet. Erstaunlicherweise hat sich unser physiologischer Rhythmus aber schon nach circa fünf Tagen vollständig an den neuen Verhaltensrhythmus angepaßt.

Wird eine Schafherde aus England nach Südamerika verfrachtet, dann lassen sich bei richtigem Timing zwei Paarungsperioden innerhalb eines Kalenderjahres erreichen. Dieser Versuch wurde tatsächlich angestellt und das Ergebnis zu einem der ersten Hinweise für Physiologen, daß die Paarungszeit der Schafe von der Tageslänge abhängt.

Bei Biorhythmen liegt alles ganz anders. Es handelt sich dabei angeblich um drei Zyklen mit absolut unveränderlichen Perioden (23, 28 und 33 Tage). Jeder dieser Biorhythmen soll mit der Geburt beginnen und sich unbeirrbar bis zum Tod fortsetzen. Und das gelte für jeden von uns, unabhängig davon, wie wir geboren wurden, ob vaginal, ob durch einen geplanten frühen oder einen ungeplanten späten Kaiserschnitt. Genauso wirkungslos soll sein, ob das Kind extrem früh, etwas zu früh, am Stichtag oder zehn Tage nach dem errechneten Termin zur Welt kommt. Warum Biorhythmen punktgenau mit dem Tag der Geburt beginnen, ist bisher nirgendwo erklärt worden.

Ob man weite Strecken mit einem Jet zurücklegt, in der Nachtschicht arbeitet, an Langzeitexperimenten zur Schlaflosigkeit teilnimmt oder Drogen konsumiert, nichts kann also diese Biorhythmen aus der Bahn werfen. Selbst wenn jemand monatelang in einer konstanten, gleichförmigen Umgebung ohne Uhren lebt und der innere biologische Rhythmus sich auf etwa 26 Stunden einpendelt – die Biorhythmen bleiben unbeirrt. Sie lassen sich ganz offenbar nicht täuschen. Weder Umweltfaktoren noch Zeitgeber oder synchronisierende Kräfte können ihnen etwas anhaben.

Wir können diese mysteriösen Rhythmen auch nicht messen. In dem viel gelesenen Buch ‹Biorhythms› von Peter West steht folgendes: «Zu unseren physiologischen Rhythmen gehören auch drei deutlich definierte Zyklen, die unsere Verhaltensmuster beeinflussen, die aber weder Ursache noch Wirkung an sich haben: es handelt sich dabei einfach um kontinuierliche physiologische Veränderungen». Kurz gesagt, Biorhythmen liefern dem Physiologen keine der üblichen elektrischen, mechanischen, hydraulischen oder biochemischen Variablen, die gemessen und analysiert werden können.

Biologische Zyklen und Rhythmen sind Bestandteile unserer komplexen und in sich abgestimmten biologischen Beschaffenheit. Sie erklären viele unserer Beobachtungen. Periodische Herzgeräusche, Schwankungen in der Körpertemperatur, Menstruation und vieles mehr sind als Ausdruck physiologischer Rhythmen zu verstehen. Biorhythmen erklären im Grunde gar nichts. Sie haben keinerlei Beziehung zu irgendeiner biologischen Größe. Die Idee der Biorhythmen findet womöglich eben deshalb so leicht ihre Anhänger, weil es dabei keine physiologischen Veränderungen zu erklären und keine physiologischen Auswirkungen zu verstehen gibt.

Anthony Wheeler lehrt Physiologie am Fachbereich Physiologie und Pharmakologie der University of Queensland in St. Lucia, Australien.
(Deutsch von Roswitha Enright)

EINTAGSFLIEGEN - QUACKSALBEREI

Gaia ohne Mystik

Phil Shannon

Mit Aufkommen des neuen Umweltbewußtseins wurde auch die Vorstellung von der Erde als lebendigem, ganzheitlichem Wesen wiederbelebt. Unter den verschiedenen Theorien dazu zeichnet sich die «Gaia-Hypothese» aus; sie wurde bereits um 1970 von dem englischen Erfinder und Geochemiker James Lovelock aufgestellt und in den achtziger Jahren von ihm und der amerikanischen Mikrobiologin Lynn Margulis ausgearbeitet.

Einfach ausgedrückt besagt die Gaia-Hypothese, die Biosphäre der Erde (die das Leben ermöglichende Luft-, Boden- und Wasserhülle) wirke wie ein Superorganismus und könne sich selbst regulieren; das geschehe etwa so, wie auch im menschlichen Körper homöostatische Vorgänge Wassergehalt, Körpertemperatur und so weiter auf einem relativ konstanten Wert halten, wodurch der Organismus lebensfähig bleibt. Die Erde ist demnach als ein einziger komplexer Körper zu verstehen, und alle ihre Teile, vor allem die lebenden, wirken darauf hin, die Biosphäre so zu lassen, wie sie ist. Lovelock meint, die Homöostase des Planeten werde durch aktive Rückkopplungsprozesse aufrechterhalten. Für die globale Ökologie sind einzellige Mikroben dabei besonders wichtig. Höhere Lebensformen wie der *Homo sapiens* hingegen sind nicht unentbehrlich; einige Fassungen der Gaia-Hypothese sehen uns sogar als zerstörerisches Virus.

Der Spezies Mensch wird also keine Sonderstellung zugesprochen. Und das gefällt all jenen Umweltschützern, die es für angebracht halten, dieses allgegenwärtige Säugetier aus dem Mittelpunkt der Welt zu vertreiben und (ganz zu Recht, wie ich meine) so etwas wie Demut in das anthropozentrische Geschehen einzuführen, das auf Kosten anderer Arten und Ökosysteme (ohne die auch unser Leben gar nicht möglich wäre) die Wünsche der menschlichen Gesellschaft zu erfüllen sucht.

Trotzdem, einigen dieser Umweltbewußten ist beim Gedanken an Gaia nicht wohl. Nach Lovelock fällt der Mensch angesichts der

Widerstandsfähigkeit der globalen Regelsysteme kaum ins Gewicht; Gaia/Erde kann demnach immer wieder auch das Schlimmste verkraften und unbeschadet überstehen. Lovelock, der die Wirkung der Fluorchlorkohlenwasserstoffe (FCKW) auf die Atmosphäre entdecken half, leugnete fünfzehn Jahre lang, daß sie ernstlichen Schaden anrichten können (und sprach sich auch gegen ein Verbot aus), denn Gaia würde auf die eine oder andere Weise die Ozonlöcher wieder schließen. Auch durchbrennende Kernreaktoren oder Atombomben, behauptete er, könnten Gaia nichts anhaben; er setzte sich für die Kernenergie ein. Für Lovelock ist die Natur, global gesehen, eben nicht, wie der Astronom Carl Sagan es formuliert, «außerordentlich anfällig für die Verwüstung durch die Menschen».

Eingedenk dessen wahren viele Umweltschützer eine sichere Distanz zur Gaia-Hypothese; wohingegen sie bei jenen um so mehr Beachtung findet, die für eine im wesentlichen spirituelle Naturverehrung aufgeschlossen sind. Als 1986 in Colorado eine «Gaia-Synthese» stattfand, konnte man zwar nicht Lovelock und Margulis erleben, aber viel «Geopsychologie» (was immer das ist), Mythen der Pueblo-Indianer, «ätherische» Energie, Tänze und Riten. Gaias Anhänger treffen sich hin und wieder zu spiritistischen Sitzungen «in den Nächten des vollen und des neuen Mondes», zur Feier der Wintersonnenwende und ähnlichem. Sie veranstalten Kurse zu Zahlenmystik, Astrologie und anderen pseudowissenschaftlichen Themen (und all das natürlich für eine nicht zu knappe Gebühr). Auch unter sonst eher pragmatischen und nüchtern denkenden Menschen gibt es solche, die Gaia als Verkörperung der «Urgöttin Erde», den «Raum der Frauen» oder das «lebendige Sein der Erde» ansehen.

Auf einer einfachen sprachlichen Ebene fordert schon der Begriff «Gaia» als Name der griechischen Erdgöttin derartiges heraus. Lovelock wählte ihn auf Vorschlag seines Jugendfreundes William Golding, einem guten Kenner des klassischen Altertums. Den Anhängern der New-Age-Bewegung war dies ein willkommener Anlaß, entsprechend ihrer Ideologie einer physikalischen Erscheinung einen mystischen Urgrund zuzuschreiben, abseits und unzugänglich für die wissenschaftliche Forschung. Sie erkannten also in den Vorgängen der Kontrolle und Regulierung der Biosphäre eine bewußt vermittelnde übernatürliche Wesenheit, die Erdgöttin Gaia. Lovelock und seine Kollegin Margulis hatten diese Deutung nicht beabsichtigt. Für ihn war «Gaia» einfach ein reizvolles Kürzel gewesen, ansprechender und plastischer als die ursprüngliche Bezeichnung «Biokybernetische universelle System-Tendenz» (abgekürzt BUST).

Um die Gaia-Idee zu veranschaulichen, verwendet Lovelock oft das Modell eines imaginären Planeten, den er Daisyworld nennt. Auf diesem Planeten gibt es schwarze und weiße Daisies, also Gänseblümchen. Zunächst scheint die Sonne hier nur schwach und blaß; es gibt überwiegend schwarze Gänseblümchen, weil sie die Sonnenenergie besser absorbieren und für ihr Wachstum nutzen können. Die sich allmählich schwärzende Oberfläche des Planeten fängt so viel Wärme ein, daß Daisyworld sich aufheizt; den schwarzen Daisies wird es nun zu heiß, was dazu führt, daß die weißen Blümchen, weil sie mehr Sonnenstrahlen reflektieren können (ihre Albedo ist größer), besser an das Klima angepaßt sind als die schwarzen und genauso zahlreich werden; dadurch kühlt sich der Planet wiederum ab. Dieser Wechsel zwischen Schwarz und Weiß, zwischen Wärmeabsorption und -reflektion also, wirkt wie ein Thermostat, der für ein Energieniveau sorgt, bei dem es den Daisies insgesamt wohlergeht.

Unser Planet, behauptet Lovelock, ist im wesentlichen eine kompliziertere Daisywelt. Die Temperatur wird entscheidend vom Kohlendioxid geregelt, dessen Anteil an der Atmosphäre den Bedarf «aller auf Erden lebenden Materie, von den Walen bis zu den Viren, von den Eichen bis zu den Algen» deckt; er wird biologisch von all diesen Lebewesen kontrolliert. Nach Lovelocks Meinung erklärt diese Kontrolle durch das Leben besser als alles andere die für unser Sonnensystem vergleichsweise ungewöhnlichen Eigenschaften der Erde.

So sollte die Erde zum Beispiel aufgrund ihrer Lage zwischen den planetarischen Nachbarn Venus und Mars eine Oberflächentemperatur von etwa 300 Grad haben: Sie ist von der Venus mit ihrer im Mittel 477 Grad heißen Oberfläche 40 Millionen Kilometer entfernt und vom Mars mit seiner Oberflächentemperatur von −53 Grad 80 Millionen Kilometer. Tatsächlich aber weist sie eine Temperatur um 13 Grad auf – eine Temperatur, die Leben ermöglicht und zudem in den Milliarden Jahren der irdischen Existenz ungefähr gleich geblieben ist, obwohl die Sonne um 30 Prozent heißer wurde (heiß genug, um etwa auf der Venus das Wasser verdunsten zu lassen). Ohne den Einfluß, den das Leben über 3,5 Milliarden Jahre lang ausgeübt hat, würde es, so Lovelock, keine für das Leben günstige Umwelt mehr geben.

Auch die Zusammensetzung der Erdatmosphäre ist ungewöhnlich. Sie ist von einem chemischen Gleichgewicht weit entfernt. Es muß also, folgert Lovelock, einen aktiven Kontrollmechanismus geben, der in unserer Atmosphäre für eine stabile Zusammensetzung aus 79 Prozent Stickstoff, 21 Prozent Sauerstoff und 0,03 Prozent Kohlendioxid sorgt, während man doch eher eine Zusammensetzung wie auf Venus oder Mars erwarten sollte, also etwa zwei Prozent Stickstoff, 98 Prozent Kohlendioxid und keinen Sauerstoff (und deshalb auch kein Ozon, das Zellen vor der schädlichen ultravioletten Strahlung schützt). Eine so deutliche chemische Entropie hat sich auf den toten Planeten eingestellt, weil oxidierende Gase, wie Sauerstoff und Kohlendioxid, die in chemischen Reaktionen Elektronen aufnehmen, sich leicht mit reduzierenden Gasen verbinden (etwa Wasserstoff, Methan und Ammonium) – mit solchen also, die Elektronen abgeben. Venus und Mars haben jetzt Atmosphären, die nur oxidierende und neutrale Gase enthalten, die des Jupiter und Saturn haben nur reduzierende. Warum also, fragt Lovelock, ist die Erdatmosphäre nicht ebenso gleichförmig? Weil, so antwortet er, etwas am Werk ist, das dafür sorgt. Dieses Etwas, das kein anderer Planet hat, ist das Leben.

Gemäß der von Lovelock und seinen Anhängern entwickelten Theorie konnten die ersten Bakterien, als sie vor 3,5 Milliarden Jahren im Morast herumtollten, noch keinen Sauerstoff einatmen, sie erzeugten ihn lediglich als eine Art Giftmüll. Dieser giftige Sauerstoff verband sich entweder mit Mineralien zu Oxiden, oder er entkam in die Atmosphäre, wo ein Teil von ihm zu Ozon wurde.

Im Lauf von etwa einer Milliarde Jahren entstand aus den anaeroben Urvätern eine weitere Art von Mikroben; diese frühen Algen, die blaugrünen Zyanbakterien, entwickelten sodann unter dem Schutz der sich herausbildenden Ozonschicht die Photosynthese, die sehr effektiv Sonnenenergie in Pflanzenwachstum umwandelt. Dabei erzeugten sie wiederum bedeutende Mengen an Sauerstoff, der dann vor ungefähr 2,5 Milliarden Jahren die Atmosphäre überschwemmte.

Nach der Photosynthese wurde nun die Entstehung atmender Lebewesen, solcher also, die Sauerstoff aufnehmen können, zum zweiten evolutionären Sprung. Etwa um diese Zeit stabilisierte sich der Sauerstoffgehalt bei 21 Prozent, was zwar ausreicht, eine Unmenge atmender Organismen mit Sauerstoff zu versorgen, aber unterhalb der kritischen Grenze für spontane Verbrennung bleibt. Der Gaia-Theorie zufolge entwickelte sich das Leben nicht etwa aufgrund irgendwelcher glücklichen Umstände, sondern unter Bedingungen, die vom Leben selbst aufrechterhalten wurden, indem es Kontrollfunktionen wie Ozonbildung und Sauerstoffstabilisierung sowie den von Kohlendioxid bewirkten Treibhauseffekt nutzte. Lovelock behauptet, diese frühe biologische Evolution von anaeroben Mikroben über die Photosynthese bis hin zu atmenden Lebewesen stelle eine kollektive Aktion der Lebewesen dar, die schließlich diese Umwelt veränderte.

Dazu gehörte jedoch kein Entscheidungsprozeß. Nie beschloß ein Rat der Mikroben irgendeine Vorgehensweise, und keine Göttin schnippte mit den Fingern.

Kritiker behaupten nun, die Gaia-Hypothese sei letztlich doch teleologisch, sie schreibe der sicherlich nicht bewußt agierenden Flora und Fauna ein absichtsvolles Verhalten zu.

Menschen sind zielorientiert und können die Umwelt bewußt verändern, Mikroben, Algen, Bäume und Steine jedoch nicht. Lovelocks oft etwas lässiger Gebrauch des Sprachbildes «Gaia» verwischt diesen Unterschied in der Tat zuweilen. Wahre Verehrer einer Göttin Gaia glauben allerdings tatsächlich – im Gegensatz zu Lovelock – an ein Wesen, das über der Erde sitzt und sie beherrscht, indem es die Hebel der Biologie zieht.

Lynn Margulis trennt ebenso wie Lovelock ihren wissenschaftlichen Begriff der Gaia vom Übernatürlichen – «Die religiösen Nebentöne der Gaia machen mich krank!» lautet ihr knapper Kommentar zur Verzerrung der Gaia-Theorie durch die New-Age-Bewegung.

Kritiker der Gaia-Hypothese behaupten indes auch, einfachere, rein geophysikalische Erklärungen für die Besonderheiten der irdischen Biosphäre zu haben. Die meisten dieser Erklärungen beruhen auf mechanischen Einflüssen solcher abiologischer Systeme wie Plattentektonik, Vulkane und Kontinentalverschiebung. Das Paradestück der Gaia-Lehre, der das Leben bestimmende CO_2-Haushalt, läßt sich nach Ansicht der Kritiker auf diese Weise ausgezeichnet ohne Berufung auf Gaia erklären (der Gaia-These zufolge hält sich der CO_2-Spiegel bei 0,03 Prozent, wozu vor allem Bäume und Phytoplankton, winzige pflanzenähnliche Organismen in den Meeren, beitragen; dadurch bleibt die Erde warm genug für Leben). Eine Erklärung für den CO_2-Haushalt könnte folgendermaßen aussehen: Eine aufgrund des Treibhauseffektes heißere Erde wäre auch feuchter; auf ihr wachsen dann mehr Bäume; es fällt mehr Regen über den Landmassen, der mehr Nährstoffe in die Meere spült, welche wiederum mehr Plankton ernähren. Die vermehrte Zahl an Bäumen und Plankton bindet mehr Kohlendioxid aus der Luft, das später zur Verwitterung von Gestein führt, indem es sich mit dessen Silikaten verbindet. Die dabei entstehenden Kohlenstoffverbindungen gelangen ins Meer, wo sie als Sedimentgestein zur Ruhe kommen. So verschwindet das Kohlendioxid; aber es kehrt zurück, denn nun kommt die Plattentektonik ins Spiel, also die Kontinentalverschiebung der Erdkruste. Das Stoßen und Mahlen trägt die Kohlenstoffsedimente an den Rand der Kontinente; wenn sich der Meeresboden ausbreitet, gleiten die Sedimente unter die Landmassen und tiefer ins Innere des Planeten, wo sie höhere Temperaturen und höheren Druck vorfinden; dann setzt Kalziumkohlenstoff CO_2 frei, das schließlich wieder über die Gebirgskämme der Meere oder durch Vulkanausbrüche in die Atmosphäre gelangt – wodurch diese sich erwärmt.

Auf dem Mars hat dieser wie ein Thermostat wirkende Kreislauf versagt. Als das CO_2 aus der Marsluft herabregnete, kühlte sich dieser sonnenfernere Planet so stark ab, daß alles Wasser gefror, und weil der Mars zu klein ist, um aufgrund seiner inneren Wärme die Kruste durch innere Aktivität in Bewegung zu halten, blieb der Kohlenstoff eingeschlossen. Deshalb ist der Mars kalt, trocken und tot, während die Erde durch ein glückliches kosmologisches und geologisches Geschick warm, feucht und lebendig ist.

Lovelock hält dagegen, es seien ja eigentlich die Mikroben in der Erde und damit das Leben, das den Kohlenstoff-Silizium-Zyklus regele und durch die Erzeugung von CO_2 die Verwitterung beschleunige; denn dabei werden organische Stoffe zersetzt, es wird mehr Kohlensäure erzeugt und damit der Kreislauf in Gang gehalten. Diese Zersetzung geschieht um so rascher, je wärmer die Mikroben sind; sie helfen so der Verwitterung und der Entfernung von CO_2 nach und kühlen den Planeten ab. Diese Mikroben sind, so gesehen, ein Temperaturfühler – «Das Leben ist eine geologische Kraft», schließt Lovelock.

Treibt diese Überlegung eine unüberbrückbare Kluft zwischen die (biologisch denkenden) Anhänger der Gaia-These und die (abiologisch denkenden) Geochemiker und Geophysiker? Oder ist nicht vielmehr die Behauptung begründet, die Biosphäre unseres Planeten werde durch eine komplexe Verbindung sowohl geologischer als auch biologischer Mechanismen reguliert? «Gaia» jedenfalls ist eine wissenschaftliche Hypothese, aus der sich Vorhersagen ableiten lassen und die sich überprüfen läßt. 1988 widmete sich eine wichtige, jedes zweite Jahr stattfindende Konferenz der Amerikanischen Geophysikalischen Vereinigung eine Woche lang der Gaia-Theorie. Obwohl auch ein gewisser Bruder John vom Institut für Unsterblichkeit in San Francisco dort einen kurzen Auftritt hatte, wurde Gaia bei dieser Versammlung der angesehensten Geophysiker, wie die Zeitschrift *New Scientist* berichtet, «nach übereinstimmender Meinung zum Thema für ernstzunehmende wissenschaftliche Forschung».

Der Anspruch von Anhängern der New-Age-Bewegung, die Gaia-Hypothese falle genuin in ihren Bereich, ist nicht gerechtfertigt. Genau wie unser Körper aus Milliarden lebender, aber nicht bewußter Zellen besteht, die dank der Evolution des Menschen auf Umweltfaktoren von selbst so reagieren, daß es dem Wohl des Ganzen dient, braucht die Erde kein übernatürliches Wesen oder eine Ideologie, um das Leben zu steuern. Die eigentliche und noch unbeantwortete Frage an die Gaia-Hypothese ist rein wissenschaftlich: Haben die Veränderungen auf dem Planeten biologische oder geologische Ursachen, oder wirkt eine Verbindung von beiden? Selbst wenn das Gaia-Modell, wie viele intuitiv reizvolle Theorien, sich schließlich als falsch erweisen sollte, wird sie wissenschaftlich wertvoll gewesen sein, weil sie unser Verständnis der Entwicklung von Leben auf der Erde gefördert und neue Einsichten über das Zusammenspiel zwischen Lebewesen und ihrer Umwelt vermittelt hat.

Bemerkenswert freilich sind die Parallelen zwischen jenen, die an einen übernatürlichen Erdgeist glauben, und jenen, die Paranormales für real halten. Beide suchen häufig nach einer wissenschaftlichen Begründung ihrer Überzeugungen (ob nun durch eine Pseudowissenschaft oder durch eine Verzerrung der Naturwissenschaft wie im Gaia-Fall). Eine Ähnlichkeit besteht auch im Umgang mit sprachlichen Bildern. Für einige *bedeutet* Gaia eine Erdgottheit. Ähnliches passiert oft mit Heisenbergs Unschärfeprinzip, dem Kern der Quantenphysik – es besagt, man könne einen subatomaren Kuchen nicht gleichzeitig behalten (den Ort eines Elektrons oder Atoms genau bestimmen) und essen (seine Bewegung messen) und deshalb sei seine Wirklichkeit (die eines Dinges mit Ort und Bewegung) gewissermaßen abhängig vom Beobachter. Die Anhänger der Parapsychologie verstehen das oft so, als ob alle Wirklichkeit, nicht nur die der Atomphysik, letztlich subjektiv sei und alle Wahrheit relativ.

Die Gaia-Hypothese, ob richtig oder falsch, hat ihren eigenen Wert, sowohl als wissenschaftliche Theorie als auch als philosophische Einstellung zur Umwelt. Und dieser Wert wird sich ermessen lassen.

Phil Shannon ist ein Verbindungsoffizier der australischen Commonwealth-Regierung, der seit langem in ökologischen Bewegungen aktiv ist.

(Deutsch von Anita Ehlers)

Multikulturelle Pseudowissenschaft

Bernard Ortiz de Montellano

Minderheitengruppen sind in Naturwissenschaft und Technik unterrepräsentiert, und es wäre gut, jungen Menschen Beispiele für wissenschaftliche Leistungen von Angehörigen solcher Minderheitengruppen vor Augen zu führen.

Leider wird dieses Ziel auch mit Mitteln verfolgt, die nur den Wissenschaftsanalphabetismus fördern und den Einstieg zum Beispiel junger Afro-Amerikaner in wissenschaftliche Berufe verhindern.

Im Jahr 1987 wurden von der Schulbehörde von Portland, Oregon, die sogenannten *African-American Baseline Essays* veröffentlicht, eine Reihe von insgesamt sechs Aufsätzen. Erklärter Zweck dieser Schriften war es, Lehrern Materialien an die Hand zu geben, die es ihnen erleichtern würden, wissenschaftliche Leistungen von Afrikanern und Afro-Amerikanern im Unterricht zu behandeln.

Der für die naturwissenschaftlichen Fächer gedachte *Science Baseline Essay* mit dem Titel «African and African-American Contributions to Science and Technology» («Afrikanische und afro-amerikanische Beiträge zu Naturwissenschaft und Technik», Adams 1990) stammte von Hunter Haviland Adams, angeblich in der wissenschaftlichen Forschung am Argonne National Laboratory tätig. Tatsächlich ist Adams ein Industrie-Hygienetechniker, der «keinerlei Forschungsarbeiten am Argonne Laboratory durchführt» und dessen höchstes Diplom der High-School-Abschluß ist (Baurac 1991).

Der *Science Baseline Essay* ist nach einem Muster gestrickt, das jeder, der sich mit Pseudowissenschaft beschäftigt, nur zu gut kennt. Er postuliert die Existenz paranormaler Phänomene und befürwortet die Einbeziehung von Religion in das wissenschaftliche Paradigma. Er unterscheidet nicht zwischen Informationen aus populärwissenschaftlichen Magazinen oder Büchern und solchen aus wissenschaftlichen Quellen. Die Zitate sind oft nicht korrekt ausgewiesen oder falsch.

Als Beispiele für Leistungen der alten Ägypter werden mehrfach paranormale Phänomene herangezogen und natürlich dabei so behandelt, als seien sie real und die entsprechenden Konzepte wissenschaftlich valide. Die Ägypter werden als «schwarz» eingestuft, und ihre Kultur wird zum Vorläuferstadium der afro-amerikanischen erklärt.

Adams schreibt, daß die Ägypter bereits mit den Tierkreiszeichen operierten und «astropsychologische Abhandlungen» verfaßten; er impliziert eindeutig, dabei handle es sich um Naturwissenschaft. Bereits an anderer Stelle hatte er behauptet, die Astrologie sei naturwissenschaftlich begründet und «jedes Lebewesen mit einer himmlischen Seriennummer oder einem speziellen Schwingungsspektrum» geboren worden (Adams 1987). Sein *Baseline Essay* erklärt die alten Ägypter ferner zu «Meistern des Psi, der Präkognition, der Psychokinese, des Hellsehens und anderer unentwickelter menschlicher Fähigkeiten». Er postuliert einen Unterschied zwischen nichtwissenschaftlicher Magie und «Psychoenergetik», welche wiederum zur Wissenschaft zähle, ohne jedoch seine Kriterien für diese Unterscheidung offenzulegen. Er definiert Psychoenergetik als die «multidisziplinäre Erforschung der Schnittstellen und der Interaktion von menschlichem Bewußtsein mit Energie und Materie» und erhebt sie zu einer genuinen Wissenschaftsdisziplin. Schon die professionellen Psi-Techniker der alten Ägypter, die *Hekau*, hätten diese Kräfte wirksam zu nutzen vermocht, und inzwischen sei Psi durch moderne Labor- und Feldversuche erforscht und nachgewiesen.

Das Papier richtet sich in erster Linie an Grundschullehrer. Da es die Autorität der Schulbehörde hinter sich versammelt, angeblich von einem qualifizierten Experten stammt und in einer wissenschaftlich klingenden Sprache abgefaßt ist, dürfte es etliche Lehrer dazu veranlassen, Psi nunmehr als wissenschaftlich abgesichertes Konzept zu akzeptieren.

Ein anderes Problem stellt die im *Baseline Essay* enthaltene Behauptung dar, die ägyptische Religion sei ein zentrales Organisationsprinzip der ägyptischen Gesellschaft gewesen. Dabei gehe es um Glaubenssätze wie:

(1) Anerkennung eines Höchsten Bewußtseins oder einer Höchsten Schöpfungskraft;

(2) Glaube an die Existenz aller Dinge durch Göttliche Selbstorganisation;

(3) Glaube an ein lebendiges Universum;

(4) Glaube an materielle und transmaterielle Ursache-Wirkungs-Zusammenhänge;

(5) Glaube an das Fortleben des Bewußtseins nach der Auflösung des Körpers und

(6) Betonung des inneren Erlebens als Weg der Erkenntnis.

Laut *Baseline Essay* bildete die «Maat» genannte göttliche Ordnung – auch als Wahrheitsgöttin auftretend – das erste System wissenschaftlicher Paradigmata und die Basis, auf der «die alten Ägypter naturwissenschaftliche Forschung aller Art betrieben». Adams räumt ein, daß die Paradigmata von «Maat» denen der modernen westlichen Naturwissenschaft antithetisch gegenüberstehen. Ein gering vorgebildeter Leser wird jedoch nur die lange Liste angeblicher Entdeckungen und wissenschaftlicher Leistungen der alten Ägypter sehen, mit welcher der *Baseline Essay* zu belegen versucht, «Maat» sei der Methodik der modernen Naturwissenschaft ebenbürtig, wenn nicht gar überlegen gewesen.

Natürlich kann man ägyptische Religion und Ethik im Unterricht zur vergleichenden Religionsbetrachtung oder in sozialkundlichen Fächern behandeln, aber das ist etwas ganz anderes, als zu lehren, die ägyptische Religion sei ein Kernbestandteil der ägyptischen «Naturwissenschaft» gewesen und als solche wiederum der modernen «westlichen» Naturwissenschaft gleichwertig oder überlegen. Die schulische Auseinandersetzung mit Moral und Ethik ist mit naturwissenschaftlichem Unterricht gut vereinbar; ethische Prinzipien wie Ehrlichkeit, Wahrhaftigkeit und Achtung vor anderen spielen auch in den Naturwissenschaften eine Rolle, da bei der Evaluierung der Konsequenzen von Forschungsprojekten Kriterien wie Gerechtigkeit, Gleichberechtigung oder die Vermeidung von Nachteilen für andere Menschen zum Tragen kommen. Nichts zu suchen haben solche Dinge hingegen dort, wo es um das Erklären und Verstehen von Naturgesetzen geht. Der Zweite Hauptsatz der Thermodynamik beispielsweise hat keine übernatürliche oder moralische Komponente. Seine *Anwendung* kann wohl in bestimmten Fällen moralische und ethische Fragen aufwerfen, die der Diskussion bedürfen, aber das ist etwas völlig anderes, als in der Schule zu lehren, übernatürliche oder transmaterielle Ursachen seien in den Naturwissenschaften akzeptable Erklärungen.

Das Kernproblem liegt in der Umsetzung des *Baseline Essay*.

Wir können auf ihn in jedem Fall die beiden Grundprinzipien für den

Umgang mit paranormalen Postulaten anwenden (nach Gill 1991, S. 271). Diese besagen erstens, die Beweislast liegt bei demjenigen, der solche Behauptungen erhebt, und zweitens, außergewöhnliche Behauptungen erfordern außergewöhnlich stichhaltige Beweise. Im *Baseline Essay* werden bezüglich der alten Ägypter exorbitante Behauptungen erhoben, die kaum oder gar nicht belegt werden. So wird beispielsweise aus der Verwendung des Wortes *entwickelt* in einem ägyptischen Schöpfungsmythos abgeleitet, die Ägypter hätten schon «mindestens 2000 Jahre vor Charles Darwin über eine Evolutionstheorie verfügt». Und aus der Tatsache, daß sich im Kairoer Museum ein etwa 15 × 20 Zentimeter großes Objekt befindet, das aussieht wie ein schwanzloser Vogel und angeblich das Modell eines Gleitseglers darstellt, zieht Adams den Schluß, die Ägypter hätten bereits vor 4000 Jahren über ausgereifte Gleitsegler verfügt und diese «frühen Flugzeuge zu Reise-, Expeditions- und Sportzwecken benutzt». Der *Essay* plappert ehrfürchtig die Behauptung nach, bestimmte Abmessungen der Cheopspyramide repräsentierten ein kodiertes Wissen um den 26000-Jahreszyklus der Äquinoktien und die Akzeleration der Erdumdrehung. Er behauptet ferner, die Ägypter hätten schon vor 4000 Jahren Galvanisierverfahren gekannt und vor etwa 2000 Jahren Kupfer-Eisen-Batterien besessen.

Und um die Bandbreite der Darstellung zu illustrieren, noch ein weiteres Beispiel: Der *Essay* stellt (ohne Quellenangabe) die Behauptung auf, die Ägypter hätten bereits einen wirksamen Schwangerschaftstest gekannt. «Keimende Gerstenkörner wurden mit einer Urinprobe der Frau besprengt. Hörten sie auf zu sprießen, galt die Frau als nicht schwanger. Moderne wissenschaftliche Experimente haben gezeigt, daß diese Methode in rund 40 Prozent aller Fälle funktionierte...»

Damit hätten die «modernen wissenschaftlichen Experimente» allerdings nur gezeigt, daß die ägyptische Methode weniger verläßlich war als das schlichte Werfen einer Münze – Trefferquote 50 Prozent. Auch in diesem Fall wird die zugrundeliegende Quelle inkorrekt zitiert und interpretiert. Das vollständige Zitat aus dem Berliner Papyrus (Manniche 1989) lautet: «Gerste [*Hordeum vulgare*] und Emmer [*Triticum dicoccum*]. Die Frau muß beide [Körnerarten] täglich mit Urin befeuchten. Wenn beide sprießen, wird sie ein Kind gebären. Wenn die Gerste sprießt, bedeutet dies ein männliches Kind. Wenn der Emmer sprießt, bedeutet dies ein weibliches Kind. Wenn keins von beiden wächst, wird sie kein Kind bekommen.» Da das ägyptische Wort für Gerste männlich ist, das für Emmer dagegen weiblich, haben wir es hier mit dem typischen Fall einer magischen Vorgehensweise zu tun. Das Verfahren basiert auf dem Gebot der Ähnlichkeit, der Analogie, das magischen Prozeduren meist zugrunde liegt.

Der *Baseline Essay* ist reine Pseudowissenschaft, aber da die Schulbehörden derzeit überall in den USA unter dem Druck stehen, multikulturelle Inhalte in die Lehrpläne aufzunehmen, und entsprechende Materialien spärlich sind, fand er rasante Verbreitung. Hunderte von Exemplaren wurden an Schulbehörden überall im Land verschickt. Carolyn Leonhard, Koordinatorin für multikulturelle/multiethnische Unterrichtsprojekte an den öffentlichen Schulen von Portland, hat die *Baseline Essays* bei über fünfzig Präsentationen vorgestellt. Andere Schulbehörden haben die *Essays* inzwischen übernommen oder dies zumindest ernsthaft erwogen. Der *Science Baseline Essay* wird in Portland seit mehreren Jahren verwendet, und die öffentlichen Schulen von Detroit haben sich dem inzwischen angeschlossen.

Natürlich müssen engagierte Wissenschaftler verläßliche und wissenschaftlich stichhaltige Unterrichtsmaterialien entwickeln, die jegliche Leistungen, ungeachtet ethnischer Präferenzen oder Ausschlußkriterien, zu würdigen wissen. Und gerade das alte Ägypten hat hier bestimmt viel Interessantes zu bieten – allerdings nur dann, wenn man es seines New-Age-Kostüms entkleidet. So läßt sich etwa der Bau der Pyramiden sehr gut in Unterrichtseinheiten über Mechanik einbeziehen; die Ägypter verfügten über eine interessante Bewässerungstechnik, und wir verdanken ihnen die Aufteilung des Tag-Nacht-Zyklus in jeweils zwölf Stunden etc. Gerade weil es so wichtig ist, daß mehr Angehörige von Minderheitengruppen auch in naturwissenschaftliche Berufe vordringen können, müssen wir ihnen einen hochkarätigen naturwissenschaftlichen Unterricht zukommen lassen – und nicht so eine alberne Satire.

Bernard Ortiz de Montellano lehrt als Professor für Anthropologie an der Wagner State University in Detroit, Michigan. Er ist Gründungsmitglied der Society for the Advancement of Chicanos and Native Americans in Science (SACNAS).

(Deutsch von Cornelia Holfelder-von der Tann)

Wissenschaftsmythen

Milton Rothman

Immer wenn ich zu erklären versuche, daß die Kenntnis physikalischer Gesetze eine mißtrauische Einstellung gegenüber Berichten von Ufos, außersinnlicher Wahrnehmung, Astrologie und ähnlichem untermauert, bekomme ich eine Reihe von Standardantworten. Diese Antworten zeigen, daß vieler Leute Vorstellungen über die Wissenschaft Züge mythischen Denkens tragen.

Es sind im wesentlichen fünf Stereotype, die ich immer wieder zu hören bekomme:

1. *Nichts wissen wir sicher.* Diese Aussage entspricht dem philosophischen Skeptizismus. Zudem hat die Überzeugung, daß «wir nichts mit Sicherheit wissen», eine strategisch wichtige Funktion in der Argumentation derer, die an paranormale Phänomene glauben. Wenn wir nichts mit Sicherheit wissen, dann kann jedes unserer gegenwärtig gültigen Naturgesetze in Zukunft umgestoßen und von seinem Gegenteil abgelöst werden; wenn wir nichts mit Sicherheit wissen, dann können Wissenschaftler nicht behaupten, ein bestimmtes Phänomen sei von Natur aus unmöglich; wenn wir nichts mit Sicherheit wissen, dann werden hochentwickelte Zivilisationen in der Zukunft vielleicht imstande sein, allerlei unglaubliche, heute noch für unmöglich gehaltene Dinge zu tun. Somit ist die Überzeugung, wir verfügten über kein sicheres Wissen, eine prima Voraussetzung für den Glauben an Mythen.

Wenn wir den Mythos umformulieren zu: «Es ist unmöglich, zu behaupten, irgend etwas sei unmöglich», tritt das Paradox unmißverständlich zutage, und aus diesem Grund ist an der Behauptung wohl auch a priori etwas falsch.

Unser philosophischer Skeptizismus reicht bis in die Antike zurück. Bei dem gern zitierten Platon sind das Wirklichste und Objektivste die «Ideen», sie sind die «wahre Wirklichkeit», wie sie dem Raumzeitlichen, der sogenannten Erscheinungswelt, nicht eigen ist. Die Gegenstände dieser Welt partizipieren auch an den Ideen, diese selbst können jedoch nur durch «intuitive Schau», die sich jedem rationalen Zugriff entzieht, erkannt werden.

Bezeichnenderweise ging der Aufstieg der modernen Wissenschaft mit einer Hinwendung zum philosophischen Realismus einher. Die modernen Neurowissenschaften gehen davon aus, daß es keinen abgesonderten «Geist» (oder eine abgesonderte Ideenwelt) gibt, sondern lediglich Funktionsmechanismen des physischen Nervensystems. Und wir können die reale Welt dadurch erkennen, daß wir die Signale interpretieren, die über die Sinneskanäle in unser Gehirn weitergeleitet werden. Die gesamte zeitgenössische Wissenschaft gründet auf der Ablehnung des Geist-Körper-Dualismus.

Die Grundprämisse der modernen Wissenschaft lautet, meine Existenz und die Existenz der Außenwelt stehen zweifelsfrei fest. Und sobald wir von der Existenz einer realen Welt ausgehen, haben wir einen ersten Schritt in Richtung sicherer Erkenntnis getan. Entweder wir wissen etwas mit Sicherheit, oder wir wissen überhaupt nichts.

Trotz (oder wegen) der unbestrittenen Notwendigkeit, Sorgfalt und Bescheidenheit walten zu lassen, haben die Physiker in den letzten hundert Jahren zahlreiche neue Erkenntnisse gewonnen. Es gibt Wissensgebiete, die ein derart hohes Maß an gesicherter Kenntnis aufweisen, daß es töricht wäre, ihre Gültigkeit in Abrede zu stellen. Einige wenige Beispiele mögen dies verdeutlichen:

a) Eins plus eins ist zwei. Das ist die mathematische Definition der Addition für den Bereich der reellen Zahlen, und innerhalb dieses Kontexts ist sie absolut wahr. Man kann andere Definitionen aufstellen, doch dann befindet man sich auf einem anderen Terrain der Mathematik (beispielsweise Vektoraddition). Dieses scheinbar triviale Beispiel zeigt zunächst, wie wichtig Definitionen in der Wissenschaft sind. Doch auch wenn eine Definition in sich vollkommen und mathematisch exakt ist, hängt ihre Anwendbarkeit auf die physikalische Welt von den Eigenschaften der realen Objekte ab, auf die sie sich bezieht. Eine Orange plus eine Orange ergibt immer zwei Orangen. In der Physik hingegen ist ein Kilogramm plus ein Kilogramm nicht immer gleich zwei Kilogramm.

b) Ein weiteres Beispiel für die gegenseitige Abhängigkeit von Definition und physikalischer Wirklichkeit: Alle Elektronen stoßen sich gegenseitig ab, weil sie erstens alle elektrisch negativ geladen sind und zweitens gleichnamige Ladungen sich immer abstoßen. Sie könnten dagegen einwenden: «Woher wissen Sie, daß es nicht irgendwo in der Natur einige Elektronen mit positiver Ladung gibt? Vielleicht hat man sie schlicht übersehen, weil sie so selten sind.» Die Antwort lautet, daß es tatsächlich Teilchen gibt, die in jeder Hinsicht mit den Elektronen übereinstimmen, außer daß sie positiv geladen sind. Doch diese Teilchen nennt man *Positronen* und nicht Elektronen. Alle Elektronen sind per definitionem negativ geladen. Durch eine Kombination von begrifflicher Definition und Experimenten, die die Existenz dieser Teilchen beweisen, gelangen wir zu einem recht sicheren Wissen. Es besteht keine Unsicherheit über das Vorzeichen der Elektronenladung, weil es sich dabei um eine diskrete Eigenschaft handelt.

c) Die Erde ist keine Scheibe. Soll heißen, ihre Oberfläche bildet keine Ebene. Ebenso behaupten wir, die Erde bildet nicht den Mittelpunkt des Weltalls. Während man vor noch nicht allzu langer Zeit für eine solche Behauptung auf dem Scheiterhaufen landen konnte, haben wir mittlerweile infolge physikalischer und kosmologischer Beobachtungen einen Punkt erreicht, wo diese Annahme als sicheres Wissen anerkannt wird.

Die voranstehenden Behauptungen bleiben unabhängig von präzisen Messungen gültig. Die Gültigkeit anderer wissenschaftlicher Aussagen dagegen hängt von der Präzision der Messungen ab, und in diesen Fällen müssen wir in der Tat einräumen, daß keine völlig exakte Messung möglich ist. Verkannt wird dennoch meistens die Tatsache, daß viele physikalische Messungen außerordentlich präzise durchgeführt werden können. So wurde das Teilchenmodell der modernen Physik durch eine Reihe von Messungen mit einem Ungenauigkeitsfaktor von insgesamt weniger als einem Milliardstel bestätigt. Der Energieerhaltungssatz – der für die Beurteilung pseudowissenschaftlicher und paranormaler Behauptungen von großer Bedeutung ist – wurde durch kernphysikalische Experimente mit einer Genauigkeit von einer Billiarde bestätigt. Um eine Vorstellung davon zu bekommen, was diese Präzision bedeutet, stellen Sie sich einfach vor, Sie könnten mit einer Geschwindigkeit von hundert Wörtern pro Minute Schreibmaschine schreiben und Sie machten nur einen Fehler je Billiarde geschriebener Wörter. Dann könnten Sie 30 Millionen Jahre lang tippen, ohne einen einzigen Fehler zu machen. Praktisch gesehen ist diese Präzision «vollkommen».

All das bedeutet, das Teilchenmodell und der Energieerhaltungssatz sind wissenschaftliche Erkenntnisse, die ein außerordentlich hohes Maß an Gewißheit aufweisen. Sie sind nicht «bloße Theorien», sondern wirkliche Erkenntnisse. Und auch wenn sie kein «absolutes Wissen» sein mögen, so stellen sie doch so gut verifizierte Erkenntnisse dar, daß es schon sehr gewichtiger Gegenbeweise bedürfte, um unser Vertrauen in sie zu erschüttern.

Wer alle Argumente mit der Behauptung einleitet, wir verfügten über keinerlei gesichertes Wissen, zeigt eine extreme Form von Skeptizismus. Sein Zweifel richtet sich gegen Wissenschaftler, die behaupten, medial veranlagte Menschen könnten nicht die Zukunft vorhersagen oder Ufos nicht längere Zeit ohne Stützvorrichtungen bewegungslos über einem Punkt der Erde schweben. Da derjenige, der an paranormale Phänomene glaubt, überzeugt ist, die Natur lasse derartige Erscheinungen zu, hüllt er sich in den Mantel eines übermäßig rigorosen Skeptizismus, der sich gegen wissenschaftliche Erkenntnisse richtet. Dieser dogmatische Skeptizismus ignoriert die empirischen Erkenntnisse, die die Wissenschaftler in den letzten hundert Jahren zusammengetragen haben.

Der Wissenschaftler seinerseits ist ein pragmatischer Skeptiker. Er hält es für wichtig, die naturwissenschaftliche Beweislage zu überprüfen, und glaubt, daß es nunmehr genügend Beweise gibt, um die meisten Behauptungen über paranormale Phänomene als zweifelhaft erscheinen zu lassen. Dabei bedient er sich der Deduktion aus validierten physikalischen Prinzipien. Er ist bereit, seine Meinung zu ändern, wenn triftige Beweise vorgelegt werden; fordert man jedoch von ihm, das Teilchenmodell der modernen Physik oder den Energieerhaltungssatz aufzugeben, dann will er zwingende Beweise sehen, bevor er seine Meinung ändert.

Es ist sehr wichtig, sich den Unterschied zwischen dogmatischem und pragmatischem Skeptizismus klarzumachen, wenn man wissenschaftliche Prinzipien auf die Analyse pseudowissenschaftlicher und paranormaler Sachverhalte hin anwendet.

2. *Nichts ist unmöglich*. Wer von der Prämisse ausgeht, daß wir nichts mit Sicherheit wissen, kann auch nicht mehr behaupten, ein bestimmter Vorgang sei unmöglich. Gehen wir hingegen davon aus, zumindest teilweise über gesichertes oder in hohem Maße verifiziertes Wissen zu verfügen, dann können wir sagen, bestimmte Ereignisse sind

von Natur aus unmöglich. So hat die moderne Physik einen neuen Weg gefunden, etwa die Unmöglichkeit eines Perpetuum mobile zu beweisen. Bei dem früher üblichen Verfahren der logischen Induktion war es erforderlich, alle Maschinen zu testen, um sicherzugehen, daß auch wirklich keine funktioniert. Dazu bedurfte es einer unendlichen Anzahl von Tests. Doch selbst dann konnte man nie sicher sein, denn es könnte jederzeit ein neuartiges Verfahren entwickelt werden, mit dem sich Energie ohne Energiezufuhr erzeugen ließe. Die moderne Physik hat nun jedoch festgestellt, daß in der Natur nur vier verschiedene Energieformen (entsprechend den vier Kräften in der Teilchenphysik) vorkommen. Um die Erhaltung der Energie zu beweisen, muß man nun lediglich zeigen, daß in jeder Reaktion zwischen einer beliebigen Anzahl bestimmter Teilchen, die nur durch vier Arten von Kräften miteinander wechselwirken, keine Energie erzeugt oder vernichtet wird. Da alles aus diesen Teilchen besteht, folgt daraus, das Prinzip der Energieerhaltung gilt für alle Vorgänge in der Natur. (Unter dem Mythos Nr. 4 werde ich Argumente anführen, warum diese vier Energieformen ausreichend sind.)

Wenn wir einige Behauptungen der Parapsychologie genauer analysieren, müssen wir gleich einwenden, daß es in der Natur keine physikalische Kraft gibt, die imstande ist, geordnete Energie (Information) außerhalb der Sinnesorgane von einem Gehirn zum anderen zu übertragen. Eine solche Kraft müßte über große Entfernungen wirken und stark genug sein, um Elektronen und Ionen zu bewegen. Die elektromagnetische Kraft ist die einzige Kraft in der Natur, die die erforderlichen Eigenschaften besitzt, doch wir wissen, die vom Gehirn emittierte elektromagnetische Strahlung ist viel zu schwach, um die behaupteten Wirkungen zu erzielen. (Und die vom Gehirn emittierte Strahlung könnte auch weder eine direkte Wahrnehmung über größere Entfernungen noch Präkognition erklären.) Diese Befunde machen uns sehr mißtrauisch gegenüber jeder Art subjektiver Erfahrung, die angeblich von externen, Gedanken stimulierenden Informationen ausgelöst wird, die nicht auch die Sinneskanäle passieren.

Versucht man zu erklären, weshalb die Naturgesetze gewisse Vorgänge als unmöglich ausschließen, verfallen die Parteigänger der Pseudowissenschaften durchgängig auf das Argument «Alles ist möglich». Doch die Physik ist gerade die Wissenschaft, die uns lehrt, das Mögliche vom Unmöglichen zu unterscheiden, und wir verfügen mittlerweile über genügend physikalische Erkenntnisse, um einige sehr zuverlässige Unterscheidungen zu treffen.

Dennoch muß man bei der Anwendung physikalischer Prinzipien auf paranormale Phänomene mit Vorsicht zu Werke gehen. Es ist oftmals schwierig oder gar unmöglich, vorauszusagen, wie sich eine bestimmte Situation entwickeln wird, oder auch nur zu erklären, was in der Vergangenheit geschah. Selbst die leistungsfähigsten Computer sind kaum in der Lage, eine Wetterprognose über einen Zeitraum von einer Woche abzugeben. Andererseits sagen die physikalischen Gesetze sehr genau, welche Dinge nicht eintreten können. Daher bewege ich mich auf sicherem Boden, wenn ich voraussage, keiner meiner Leser wird plötzlich zur Decke schweben – gleich welcher Religion er oder sie angehört. Bei solchen Prognosen stütze ich mich auf «Ausschlußgesetze», wie ich sie nenne, – das sind Naturgesetze, die festlegen, was nicht geschehen kann (Rothman 1988). Der Energie- und der Impulserhaltungssatz sind hervorragende Beispiele solcher Ausschlußgesetze. Ein weiteres Ausschlußgesetz ist das Relativitätsprinzip, wonach sich Materie, Energie und Information niemals schneller als mit Lichtgeschwindigkeit fortbewegen können. Durch umsichtige Anwendung dieser Gesetze können wir eine Vielzahl von Behauptungen mit einer hohen statistischen Sicherheit als unmöglich verwerfen.

Die Aussage «Alles ist möglich» – oder das äquivalente «Nichts ist unmöglich» – erweist sich somit als ein Mythos.

3. *Was wir heute zu wissen glauben, wird sich in Zukunft wahrscheinlich als falsch erweisen.* Sobald wir einräumen, daß wir «nichts mit Sicherheit wissen», stehen all unsere Erkenntnisse auf tönernen Füßen. Zuweilen treffe ich auf die pseudodemokratische Einstellung, alle Theorien seien gleichwertig, weil sie lediglich Meinungen widerspiegelten. Dabei wird jedoch die empirische Grundlage wissenschaftlicher Theorie übersehen.

Diese Einstellung kann zu einer Überzeugung führen, wonach alles, was wir heute für wahr halten, in der Zukunft als falsch erwiesen und durch eine neue Theorie ersetzt werde. Es stimmt, viele ältere Theorien sind von neueren abgelöst worden: Das geozentrische System wurde durch das heliozentrische Weltbild ersetzt; die Wärmestofftheorie von der kinetischen Theorie abgelöst; die Vorstellung eines «Äthers» wich der elektromagnetischen Theorie und so fort. Das daraus resultierende

Gefühl relativer Vorläufigkeit aller wissenschaftlichen Erkenntnisse wird von den Verfechtern paranormaler Phänomene bewußt ausgeschlachtet, so wenn sie behaupten: «Theorien des Bewußtseins werden sich in Zukunft so verändern, daß sie auch außersinnliche Wahrnehmungen berücksichtigen», oder: «Die Relativitätstheorie wird durch eine neue Theorie ersetzt werden, die es ermöglichen wird, die Lichtgeschwindigkeit zu überschreiten», oder: «Die Evolutionstheorie wird durch den Kreationismus abgelöst werden».

Jene, die sich dabei einen Anstrich von Wissenschaftlichkeit geben wollen, beziehen sich auf das Werk von Thomas Kuhn (1962), der den Begriff des *Paradigmenwechsels* einführte. Ein Paradigma ist ein Modell der Wirklichkeit, dessen Akzeptanz in der wissenschaftlichen Fachgemeinschaft durch soziale Einflüsse und empirische Daten bestimmt wird. Die Geschichte der Wissenschaft ist eine Geschichte der Paradigmenwechsel: von der Newtonschen Physik zur Relativitätstheorie, von der klassischen Mechanik zur Quantenmechanik. So wird man leicht zu der Annahme verführt, *alle* Paradigmen unterlägen dem Wandel; alle Theorien könnten per se in Zukunft widerlegt und durch andere ersetzt werden.

Doch Kuhn behauptet nirgends in seinem Buch, alle Paradigmen seien revidierbar. In der Vergangenheit wurden einige falsche Theorien durch richtige Theorien ersetzt, etwa das geozentrische Weltbild durch das heliozentrische System. Das neue Paradigma ist zutreffend und wird sich in Zukunft nicht verändern. Im allgemeinen nimmt die Richtigkeit von Theorien im Laufe der Zeit zu, da sich Meßapparaturen und experimentelle Methoden kontinuierlich verbessern. Häufig schließt das neue Paradigma das alte als einen Grenzfall ein. Niels Bohr nannte dieses Enthaltensein «Korrespondenzprinzip», nachdem er bewiesen hatte, daß die Quantenphysik zu den gleichen Ergebnissen kommt wie die Newtonsche Physik, sofern nur die Massen der betreffenden Objekte hinreichend groß sind.

Die Geschichte der Wissenschaft ist viel zu komplex, als daß man sie als eine Abfolge von Theorien behandeln könnte. Es gibt viele Theorien, die sich seit ihrer Einführung nicht verändert haben. So mußte zum Beispiel der Begriff der Energie als ein quantitativer Maßstab für Veränderungen in einem System nie einer grundlegenden Revision unterzogen werden, obwohl neue Energieformen entdeckt wurden, die es einzubeziehen galt (während sich andere als unnötig erwiesen und ausgesondert werden konnten). Das Gesetz, nach dem die in einem geschlossenen System enthaltene Energiemenge konstant bleibt, ist oft in Frage gestellt, aber nie falsifiziert worden.

Aus diesen Gründen glaube ich, daß man eine mythische Behauptung aufstellt, wenn man sagt: «Alles, was wir heute zu wissen glauben, wird wahrscheinlich in Zukunft widerlegt werden.»

4. *Hochentwickelte Zivilisationen der Zukunft werden sich Kräfte zunutze machen, die wir heute noch gar nicht kennen.* Wenn ich behaupte, Telepathie und andere Formen der außersinnlichen Wahrnehmung seien unmöglich, weil es keine Kraft in der Natur gibt, die Informationen direkt, also ohne Zwischenschaltung eines Sinnesorgans, in das menschliche Bewußtsein übertragen kann, dann könnte man mir entgegenhalten, daß es möglicherweise Kräfte in der Natur gibt, von denen wir nichts wissen, die man jedoch in Zukunft entdecken wird. Und wenn ich behauptete, es gebe keine Kraft in der Natur, die ein Raumfahrzeug in weniger als hundert Jahren von der Erde zu Alpha Centauri befördern könnte, wird man vielleicht erwidern, hochentwickelte Zivilisationen der Zukunft würden sich Kräfte zunutze machen, die wir uns heute noch gar nicht vorstellen können.

Ich glaube, diese Vorstellung von neuen unbekannten Kräften ist ein Mythos, und zwar aus mehreren Gründen. Weder entstehen Kräfte aus dem Nichts, noch können Menschen nach Gutdünken neue Kräfte erzeugen. Der Mensch wird die Natur niemals wirklich – im vollsten Sinne des Wortes – «kontrollieren». Der Mensch kann lediglich Objekte so anordnen, daß ihr von den Naturkräften determiniertes Verhalten mit seinen Wünschen in Einklang steht. Es gibt vier Naturkräfte:

	Große Reichweite	*Kurze Reichweite*
Stark	Elektromagnetische Kraft	Kernkraft
Schwach	Schwerkraft	Schwache Wechselwirkung

Die beiden Kräfte kurzer Reichweite wirken lediglich über Entfernungen von weniger als einem Atomkerndurchmesser. Die Kernkraft ist die stärkste Kraft, und sie sorgt für den Zusammenhalt der Kernteilchen. Die schwache Wechselwirkungskraft spielt beim Zerfall radioaktiver Teilchen eine Rolle. Wegen ihrer kurzen Reichweite ist sie für großräumige Vorgänge, etwa die Bewegung makroskopischer Objekte oder die Aussendung von Nachrichten durch den Raum, ohne Bedeutung.

Die Kräfte großer Reichweite wirken über weite Entfernungen; die Schwerkraft aber ist so schwach, daß es schon der Masse von Planeten und Sternen bedarf, ehe sie Wirkungen entfaltet, die ohne Hilfe höchstempfindlicher Meßgeräte wahrnehmbar sind. Die elektromagnetische Kraft ist für fast alle Vorgänge verantwortlich, die sich in den uns vertrauten menschlichen Bereichen abspielen: Sie hält Festkörper zusammen; sie aggregiert Atome zu Molekülen; sie ermöglicht uns, mit Hilfe elektromagnetischer Wellen Bilder durch den Raum zu übertragen; sie liegt den chemischen und biologischen Prozessen zugrunde.

Wie steht es nun mit möglichen weiteren Kräften? Die Möglichkeit weiterer Kräfte in der Natur läßt sich nicht a priori ausschließen, und die Physiker halten ständig Ausschau danach. In den letzten Jahren gab es viele Berichte über eine neue Art von Schwerkraft, die entweder eine abstoßende Kraft ist oder eine andere Reichweite hat als die gewöhnliche Schwerkraft. Aber diese Kraft wäre extrem schwach – so schwach, daß alle bis heute durchgeführten Experimente widersprüchliche Ergebnisse erbrachten, was die Frage aufwirft, ob es sich nicht bloß um eine trügerische Spur handelt.

Und das führt uns zu der entscheidenden Frage: Wo in der Natur ist überhaupt Platz für eine weitere starke, fernwirkende Kraft? Meiner Ansicht nach wäre eine solche Kraft, existierte sie denn tatsächlich, bereits entdeckt worden. Wohlgemerkt, Kräfte gehen nicht aus dem Nichts hervor. Sie basieren vielmehr auf Wechselwirkungen zwischen Elementarteilchen. Nun genügen jedoch die vier bekannten Kräfte zur Erklärung des Verhaltens sämtlicher Elementarteilchen, aus denen die gewöhnliche Materie besteht. Um eine weitere Kraft zu erhalten, brauchte man eine neue Teilchenfamilie. Ich will nicht leugnen, daß sich möglicherweise in Teilchenbeschleunigern bei extrem hohen Energien neue Teilchentypen erzeugen lassen, doch unter gewöhnlichen Bedingungen – «Raumbedingungen», wie die Physiker sagen – genügt das Standardmodell der Teilchenphysik, und in diesem Modell reichen die vier bekannten Kräfte zur Erklärung aller Phänomene aus.

Da auch das menschliche Gehirn aus gewöhnlicher Materie besteht, kann man die sogenannten parapsychologischen Phänomene nicht mit Hilfe solch neuer, unbekannter Kräfte erklären. Was die Möglichkeit der Erzeugung außergewöhnlicher Materie betrifft, die wiederum ex-

trem starke Fernwirkungskräfte für den Antrieb interstellarer Raum-
fahrzeuge entwickeln könnte, so ist zu sagen, daß selbst die gewaltigen
Energiegeneratoren von Quasaren und Schwarzen Löchern keine
nachweisbare Strahlung außerhalb des vom Standardmodell beschriebenen Bereiches emittieren. Sollten unerwartete Formen von Materie
und Energie existieren, so wechselwirken sie offenkundig nicht mit der
gewöhnlichen Materie und eignen sich daher nicht für praktische An-
wendungszwecke.

5. *Hochentwickelte Zivilisationen auf anderen Planeten nutzen
starke Kräfte, die uns auf der Erde nicht zur Verfügung stehen.* Das
typische Ufo, wie es in der modernen Mythologie dargestellt wird, ist
ein untertassenähnliches Objekt, das ohne sichtbare Stützvorrichtungen in der Luft steht. Es gibt keine bekannte Kraft in der Natur, die eine
solche Masse unbewegt in der Luft halten könnte. Einige Ufo-Schwär-
mer behaupten, das Schweben sei auf magnetische Felder zurückzuführen. Wir wissen jedoch eine ganze Menge über magnetische Felder und
können daher ausschließen, daß ein solcher Wunderakt der Levitation
durch magnetische Felder verursacht wird. Um frei zu schweben,
braucht ein Magnet einen anderen Magneten, von dem er sich abstößt
(zudem wären magnetische Felder, die dies zu leisten vermöchten, immer auch nachweisbar). Raketen könnten die erforderliche Kraft nur
für ein paar Minuten bereitstellen. Was bliebe dann noch übrig? An
diesem Punkt lautet die Standardantwort: Hochentwickelte Zivilisationen auf anderen Planeten nutzen starke Kräfte, die uns auf der Erde
unbekannt sind.

Die Antwort auf eine solche Behauptung stimmt weitgehend mit der
Antwort auf Mythos Nr. 4 überein. Es gibt nur vier unterschiedliche
Kräfte, und von diesen hat lediglich die elektromagnetische Kraft eine
für den Menschen besonders nutzbringende Reichweite und Stärke.
Und diese Kraft ist nicht imstande, ein schweres Raumfahrzeug ohne
wahrnehmbare Licht- und Geräuschentwicklung freischwebend im
Raum zu halten. Es gibt keinen Grund zu der Annahme, Planeten, die
weit entfernte Sterne umkreisen, besäßen andere Arten von Kräften,
weil wir bei der Analyse des von diesen Sternen emittierten Lichts feststellen, daß alle Sterne die gleichen Materie- und Energiearten enthalten wie unser Sonnensystem. Die physikalischen Gesetze gelten für das
gesamte Weltall. Tatsächlich bildet diese Annahme der Gleichförmig-
keit des Weltalls die wesentliche Prämisse der modernen Kosmologie.

Wenn die gesamte Materie des Weltalls im Urzustand als extrem verdichtete Masse vorlag und sich erst nach dem Urknall (Big Bang) ausbreitete, muß die Materie überall dieselbe sein, weil sie aus derselben Quelle stammt. Es ist unmöglich, daß andere Teile des Weltalls aus anderen Arten von Materie mit völlig anderen Eigenschaften bestehen.

Milton Rothman ist Physiker und schrieb unter anderem die Bücher ‹Discovering the Natural Laws› *und* ‹A Physicist's Guide to Skepticism›.

(Deutsch von Thorsten Schmidt)

Quantenspuk

Victor J. Stenger

> Ich kann nicht ernsthaft an [die Quantentheorie] glauben, denn sie ist nicht mit dem Gedanken verträglich, daß die Physik eine Wirklichkeit in Zeit und Raum darstellt, die frei ist von spukhaften Fernwirkungen.
>
> Albert Einstein

Die «spukhaften Fernwirkungen», die Einstein an der Quantenmechanik so störten, sind jenen höchst willkommen, die nach einer wissenschaftlichen Grundlage für solche Dinge wie Telepathie und Verständigung mit Überlichtgeschwindigkeit suchen. Einige sehen darin auch die holistische Vorstellung bestätigt, alles, was im Weltall geschehe, sei gleichzeitig mit allem anderen verbunden.

Doch wie wir sehen werden, läßt die übliche Deutung der Quantenmechanik – von Einstein angezweifelt, vom Experiment jedoch triumphal bestätigt – keinen Raum für außersinnliche Erscheinungen oder simultane Verbindungen von Ereignissen. Im Gegenteil, die Annahme paranormaler Erscheinungen verletzt die Grundsätze der Physik des zwanzigsten Jahrhunderts, also der Relativitätstheorie und Quantenmechanik. Diese Grundsätze wurden zahllose Male empirisch überprüft und widersetzten sich allen Versuchen von Wissenschaftlern und Pseudowissenschaftlern, sie zu widerlegen.

Einsteins Unzufriedenheit mit der Quantenmechanik ist bekannt; es entbehrt nicht der Ironie, daß gerade seine Photonentheorie des Lichts viel zur Quantenrevolution beigetragen hat. Im siebzehnten Jahrhundert behauptete Isaac Newton, Licht sei seinem Wesen nach materiehaft oder «körperlich». Im neunzehnten Jahrhundert jedoch brachte das wellenähnliche Verhalten des Lichts die Wissenschaftler dazu, Newtons Korpuskulartheorie zugunsten der erstmals von seinem Zeitgenossen Christiaan Huygens (1629–1695) aufgestellten Wellentheorie aufzugeben.

Im Jahr 1905 bezog sich Einstein auf die damals fünf Jahre alte Idee von Max Planck, wonach Licht in diskreten Päckchen, «Quanten», gebündelt ist, und belebte damit die Korpuskulartheorie in einer moderneren Form. Er behauptete, Licht bestünde aus lokalisierbaren Teilchen, sogenannten Lichtquanten – Photonen. An dieser Quantelung des Lichts besteht heute kein Zweifel mehr – diese Tatsache wird tagtäglich in Tausenden von Labors bestätigt.

Erfahrungsgemäß weist das Licht jene diskreten und lokalen Eigenschaften auf, die wir mit Teilchen verbinden. Aber auch seine Welleneigenschaften, wie etwa seine Fähigkeit, sich gleichzeitig durch mehrere im Raum getrennte Öffnungen ausbreiten zu können, sind experimentell bestätigt.

Diese Art schizophrenen Verhaltens ist nicht allein auf Photonen beschränkt. Elektronen, Neutronen und andere Formen der Materie, die als lokalisierte Teilchen auftreten, können sich anscheinend ebenfalls immer wieder nicht entscheiden, ob sie nun eigentlich Teilchen oder Welle sind. Es hängt alles von der Messung ab: Wenn man nach lokalisierten Elektronen, Neutronen oder Photonen fahndet, findet man sie; wenn man andererseits ein Experiment durchführt, das Welleneigenschaften messen soll, findet man auch diese. Genau dieser Welle-Teilchen-Dualismus, den gewöhnliche Materie genauso aufweist wie das Licht, ist nun das, was die Quantenmechanik so spukhaft macht.

In seiner 1905 aufgestellten speziellen Relativitätstheorie betonte Einstein einen Aspekt der wissenschaftlichen Methode, der für die Entwicklung der Quantenmechanik entscheidend werden sollte: Physikalische Größen sind durch die Art ihrer Messung definiert. Diese Betonung der Messung entsprach dem Gedankengut der Schule des «logischen Positivismus», die sich etwa zur selben Zeit in der Philosophie herausgebildet hatte. Nach positivistischer Auffassung hat als einzige Wirklichkeit das empirisch Beobachtbare zu gelten. Metaphysische Begriffe sind danach kognitiv sinnlos, denn sie haben keinen empirischen Gehalt, das heißt sie sind der Beobachtung nicht zugänglich.

Obwohl Einstein der positivistischen Weltanschauung viele Anstöße gab, distanzierte er sich später von ihr und bestand darauf, physikalische Eigenschaften müßten über die reine Messung hinaus eine intrinsische Wirklichkeit haben. Dieser Meinungswandel war das Ergebnis der später von ihm entwickelten allgemeinen Relativitätstheorie, in der Raum und Zeit objektive Wirklichkeit sind.

Der Positivismus in der Physik setzte sich statt dessen mit Niels Bohr, Max Born und anderen aus der «Kopenhagener Schule» durch. Die Kopenhagener Deutung der Quantenmechanik, heute weltweit von den meisten Physikern akzeptiert, behauptet, ein Ding könne überhaupt erst dann eine Eigenschaft haben, wenn es gemessen wird.

Immer wenn wir etwas beobachten, müssen wir mit dem beobachteten Objekt wechselwirken, es irgendwie stören. Das ist bei großen Objekten, beispielsweise dem Mond und den meisten Körpern unseres alltäglichen Erfahrungsbereiches, kein Problem; wenn wir sie mit Licht von der Sonne oder künstlichen Lichtquellen bestrahlen, erfahren sie kaum einen Rückstoß. Im atomaren und subatomaren Bereich jedoch kann die Beobachtung verheerend wirken. Da sich zum Beispiel die Lage eines Elektrons im Inneren eines Atoms nicht messen läßt, ohne das Atom zu zerstören, hat ein Elektron nach der Kopenhagener Deutung im Atom keinen festen Ort.

Wenn wir diesen Gedanken auf alle physikalischen Größen ausweiten, kommen wir zu dem Schluß, daß sie alle nur dann wirklich werden, wenn sie gemessen werden. Das erinnert vielleicht an den uralten Idealismus der Hindu, wonach die Welt in unserem Kopf steckt, oder an die Gedanken des New Age: «Wirklichkeit ist all das, wovon man möchte, es sei wirklich.» Die Tatsache, daß die Wirklichkeit selten so ist, wie man sie haben möchte, ist der beste Hinweis darauf, daß es tatsächlich eine Welt außerhalb unserer Köpfe gibt!

Die Wirklichkeit jedoch, von der hier gesprochen wird, ist speziell die der *physikalischen Größen*, der Variablen zur Beschreibung von Aspekten wie Raum, Zeit, Masse und Temperatur. Nach der Kopenhagener Deutung sind diese Aspekte menschliche Erfindungen, definiert durch die Art ihrer Messung.

Zur Kopenhagener Deutung der Quantenmechanik gehört, daß die Gleichungen der Physik es nicht erlauben, die Bewegung eines Objekts von einem Ort zum anderen mit völliger Sicherheit vorherzusagen; nur die *Wahrscheinlichkeit* dieser Bewegung ist vorhersagbar. Diese Wahrscheinlichkeit wird durch eine rein mathematische Größe, die sogenannte «Wellenfunktion», beschrieben.

Der Gedanke, daß die Bewegung einzelner Körper zumindest nicht ausschließlich durch früheres Geschehen bestimmt ist, widerspricht der Annahme der Newtonschen Mechanik, wonach alle Bewegung im Prinzip vorhersagbar ist, jedenfalls wenn man über genügend Information verfügt, um die Berechnungen anstellen zu können. Im Gegensatz dazu gestatten die Gleichungen der Quantenmechanik nur, das durchschnittliche Verhalten einander ähnlicher Systeme vorherzusagen, nicht jedoch das genaue Verhalten einzelner Systeme.

Kurz nach Bekanntwerden der Quantenmechanik behauptete der Entdecker des Welle-Teilchen-Dualismus, Louis de Broglie, Teilchen würden durch Führungswellen gelenkt, und diese bewirkten das beobachtete wellenähnliche Verhalten von Elektronen und anderen Teilchen (de Broglie 1930). Er verknüpfte die quantenmechanischen Wellenfunktionen mit den Führungswellen.

In seinem 1951 erschienenen Buch ‹Quantum Theory› entwickelte David Bohm den Gedanken von de Broglie weiter; er vermutete, es könne sogenannte «verborgene Parameter» geben, die eine vollständigere Beschreibung der Natur gewährleisten als die herkömmliche Quantenmechanik – vollständiger in dem Sinne, daß sie die statistische Natur der Quantenmechanik durch deterministische Grundsätze ersetze. Die verborgenen Parameter würden den Kräften und Potentialen der klassischen Physik entsprechen, welche die Bewegung von Körpern bewirken (Bohm 1951, Bohm, Hiley und Kaloyerou 1987).

Einstein und zwei jüngere Kollegen, Boris Podolsky und Nathan Rosen, hatten 1935 eine Arbeit geschrieben, in der sie behaupteten, die Quantenmechanik müsse in ihrer Beschreibung der Wirklichkeit notwendig «unvollständig» sein. Gewisse Quantensysteme, etwa solche, die aus zwei Teilchen bestehen, ließen sich, so sagten sie, so präparieren, daß das Ergebnis einer Messung an einem der Teilchen das Ergebnis einer Messung am zweiten festlegt – also bereits bevor die zweite Messung durchgeführt wird. Dies kann selbst dann der Fall sein, wenn die Teilchen im Raum so weit voneinander entfernt sind, daß eine Verständigung zwischen ihnen vor dem zweiten Meßvorgang nur mit einem Signal erfolgen könnte, das schneller ist als Lichtgeschwindigkeit.

Einstein und seine Kollegen schlossen daraus, die Teilchen müßten entweder die gemessene Eigenschaft eben doch schon vor der Messung haben – was im Widerspruch zur Quantentheorie steht, wonach eine Eigenschaft erst durchs Messen existent wird – oder es müsse eine nichtlokale «spukhafte Fernwirkung» geben. Diese Behauptung wurde als das «EPR-Paradoxon» bekannt (Einstein, Podolsky und Rosen 1935).

Zum Verständnis des EPR-Paradoxons müssen zwei Grundbegriffe geklärt werden: erstens *Wirklichkeit* und zweitens *Lokalität*. Einstein und seine Kollegen definierten Wirklichkeit für ihre Zwecke folgendermaßen: «Wenn wir, ohne auf irgendeine Weise ein System zu stören, den Wert einer physikalischen Größe mit Sicherheit vorhersagen können, dann gibt es ein Element der Realität, das dieser Größe entspricht.»

Offensichtlich haben die konkreten Dinge unserer alltäglichen Erfahrung diese Eigenschaft der Wirklichkeit – sie sind insofern vorhersagbar. Wenn wir einen Baum sehen und den Kopf dann zur Seite drehen, können wir mit großer Sicherheit vorhersagen, daß er noch da sein wird, wenn wir wenige Augenblicke später wieder zu ihm hinschauen. Träume und Phantasien weisen diese Vorhersagbarkeit nicht auf.

Zur Erklärung des EPR-Paradoxons müssen wir auch definieren, was wir meinen, wenn wir zwei Ereignisse *lokal* nennen: Wenn wir ein Bezugssystem finden können, in dem die beiden Ereignisse *am selben Ort* stattfinden, nennen wir sie *lokal*. In diesem Fall findet zwischen den Ereignissen keine «Fernwirkung» statt (auch wenn dies, in einem anderen Bezugssystem betrachtet, so aussehen mag).

Vor Einstein und der Relativitätstheorie glaubten Wissenschaftler, der Geschwindigkeit von Körpern seien keine Grenzen gesetzt. Auch Informationen konnten nach dieser Ansicht beliebig schnell reisen. Unabhängig vom Abstand zweier Ereignisse in Raum und Zeit ließe sich daher immer ein Bezugssystem finden, in dem zwei Ereignisse lokal sind.

Wenn jedoch Einstein recht hat, muß es Ereignisse geben, die in keinem Bezugssystem lokal sind – weil jedes Signal zwischen ihnen die Lichtgeschwindigkeit übertreffen muß. In der Sprache der Relativitätstheorie heißt das, solche Ereignisse seien «außerhalb des Lichtkegels» (siehe Abbildung 1).

Das für Einstein unbehaglich «Spukhafte» bestand in der anscheinend ursächlichen Verbindung zwischen Ereignissen, die außerhalb des Lichtkegels liegen. Entsprechend der Relativitätstheorie muß es im Weltall Ereignisse geben, die *unabhängig* voneinander sind – also Ereignisse außerhalb des Lichtkegels. Zwischen diesen Ereignissen kann keine Wechselwirkung stattfinden. Eine wichtige besondere Menge von Ereignissen außerhalb des Lichtkegels sind jene, die gleichzeitig an meh-

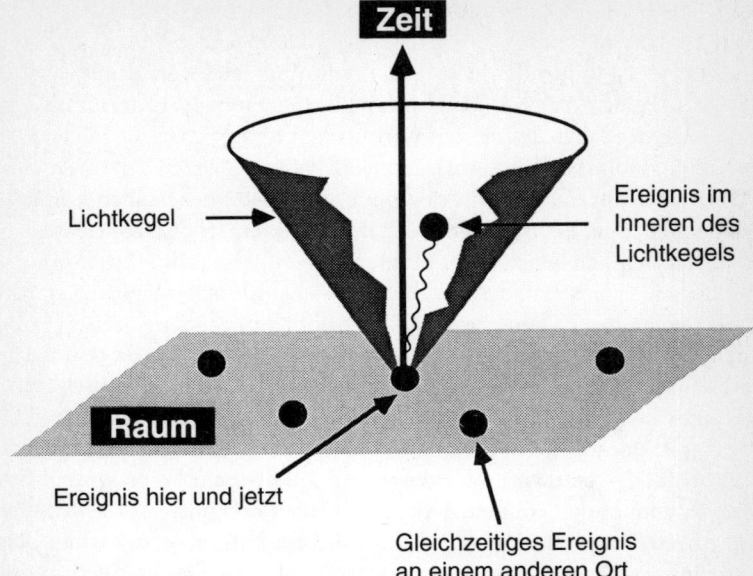

Abbildung 1. Darstellung von Ereignissen in Raum und Zeit. Zur Veranschaulichung ist der Raum hier als zweidimensionale Ebene gezeichnet und die Zeitachse senkrecht dazu. Ein «hier» und «jetzt» eintretendes Ereignis ist im Nullpunkt der Zeitachse angedeutet. Es kann ursächlich nur mit Ereignissen im Inneren des Lichtkegels verbunden sein. Wenn ein Signal ein Ereignis außerhalb des Lichtkegels erreichen soll, muß es schneller reisen als das Licht. Gleichzeitige Ereignisse an verschiedenen Orten können nicht verknüpft werden, weil sie außerhalb des Lichtkegels liegen.

reren Orten eintreten. Räumlich getrennte gleichzeitige Ereignisse können einander in keiner Weise beeinflussen (siehe Abbildung 1).

In einem 1951 veröffentlichten Buch entwarf David Bohm eine Versuchsanordnung, die später das entscheidende Experiment ermöglichte (Bohm 1951). Bohm nutzt dabei die bemerkenswerte Eigenschaft des Eigendrehimpulses eines Teilchens, jener elementaren Größe, die *Spin* genannt wird. Der Spin ist ein Vektor mit Komponenten entlang der drei Raumachsen x, y und z. Nach den Quantenregeln jedoch läßt sich zu einer bestimmten Zeit nur eine seiner drei Komponenten messen.

Wenn eine zweite Komponente des Spins gemessen wird, führt das

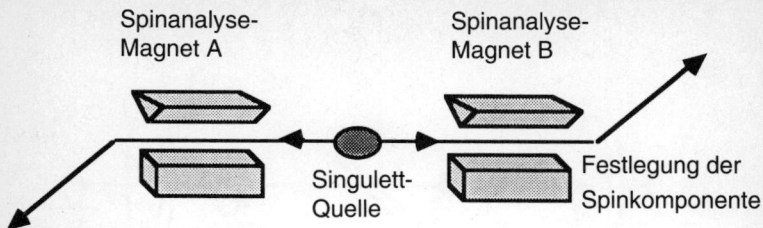

Spinanalyse-Magnet A

Spinanalyse-Magnet B

Singulett-Quelle

Festlegung der Spinkomponente

Messung der Spinkomponente

Abbildung 2. Das von David Bohm vorgeschlagene Experiment zum EPR-Paradoxon. Elektronen eines Elektronenpaars, das zunächst in einem Singulett- (Gesamtspin Null)-Zustand ist, werden von Magneten je nach der Drehrichtung ihres Spins in entgegengesetzter Richtung abgelenkt. Sobald man eine Spinkomponente an einem Ende mißt, kennt man die entsprechende Komponente am anderen Ende.

zu einer Veränderung in einer nachfolgenden Messung der ersten. Es ist, als ob man die Größe eines Menschen mit 1,70 Meter mißt, dann den Taillenumfang und danach noch einmal die Größe, und dafür jetzt 1,60 Meter ermittelt.

Bohm schlug nun das folgende Experiment vor: Nehmen wir an, man begänne mit zwei Elektronen in einem Zustand, in dem ihr Gesamtspin Null ist, einem sogenannten Singulett-Zustand. Dann mögen die Elektronen in entgegengesetzte Richtung fliegen (siehe Abbildung 2). Nachdem sie eine bestimmte Entfernung erreicht haben, messe man die Spinkomponente eines Elektrons etwa entlang der z-Achse. Da der Gesamtspin des Zweiteilchensystems erhalten bleibt, muß er auch dann Null bleiben, wenn die Teilchen getrennt werden; die Messung der z-Komponente des Spins von Elektron A legt folglich augenblicklich die z-Komponente des Spins von Elektron B fest.

Im Sinne von EPR entspricht die z-Komponente des Spins «einem Element der physikalischen Wirklichkeit», weil man mit absoluter Sicherheit das Ergebnis einer Messung von Elektron B vorhersagen kann. Aber wie steht es mit den x- und y-Komponenten des Elektronenspins? In der klassischen Physik sind alle drei Komponenten objektiv wirklich, genauso wie vermutlich auch die drei Komponenten des Drehimpulses der Erde. Das Elektron führt diese Eigenschaften demzufolge auf

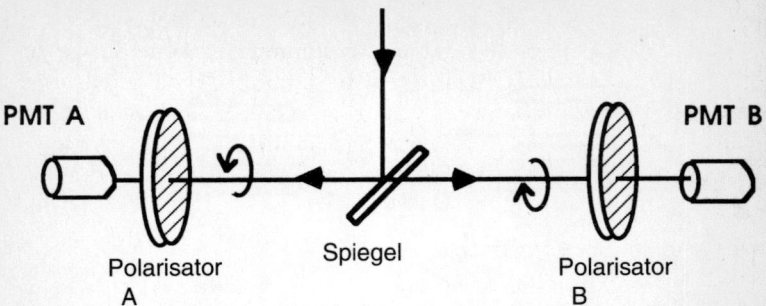

Abbildung 3. Schematische Darstellung des Aspect-Experiments. Der halbdurchlässige Spiegel spaltet einen Lichtstrahl in zwei rechtszirkular polarisierte Strahlen auf. Die Strahlen durchlaufen die Polarisatoren, bevor sie in Lichtverstärkern (PMT – Photomultiplier Tubes) nachgewiesen werden.

seinem Weg von der Quelle zum Detektor einfach mit sich, genau wie es Masse und elektrische Ladung mitführt. Nach der herkömmlichen Quantenmechanik jedoch kann nur eine Spinkomponente zur Zeit wirklich sein, nämlich die zuletzt gemessene.

Wenn die drei Komponenten des Spins alle wirklich sind, müssen mindestens zwei von ihnen verborgene Parameter sein, da nicht alle drei gleichzeitig gemessen werden können.

Der gängigen Quantenmechanik zufolge sind sie indessen nicht verborgen; vielmehr sind sie *nicht wirklich*, weil eine Variable erst durch eine Messung wirklich wird.

Welche Deutung ziehen Sie vor? Die spukhafte, außersinnliche von Bohr und Born oder die «sinnliche» von Einstein, de Broglie und Bohm? Wie läßt sich zwischen ihnen entscheiden? So, wie alles in der Naturwissenschaft entschieden wird – durch das Experiment.

Die entscheidenden Versuche wurden von Alain Aspect und seinen Mitarbeitern am Institut für Angewandte Optik der Universität von Paris in Orsay durchgeführt (Aspect, Grangier und Gerard 1982).

Das von Bohm vorgeschlagene Experiment verwendet Elektronen, aber Photonen eignen sich ebenso zu einem aussagekräftigen Test, weil auch sie einen Spin haben – in «Wellensprache»: Das Licht besteht aus unterschiedlich polarisierten Wellen. Bei den Experimenten in Orsay erzeugte eine atomare Singulett-Quelle (mit Spin Null) Photonenpaare, deren Partner jeweils in entgegengesetzte Richtungen flogen. Wenn ein Photon später bei der Messung eine bestimmte Spinkomponente entlang einer Achse hat, hat das zugehörige Photon also die genau entgegengesetzte Spinkomponente. Konzeptuell ist das Experiment der vereinfachten Darstellung von Abbildung 3 ähnlich.

Jeder Strahl läuft durch Polarisatoren, deren Orientierung um die Achse des Strahls verstellt werden kann, und trifft dann auf einen Photonenzähler. Je nachdem, wie ein Polarisator eingestellt ist, läßt er mehr oder weniger Photonen zum Zähler durch – mit anderen Worten, eine bestimmte Polarisationsebene des Lichts wird gemessen. Welche Polarisationsebenen rechts oder links gemessen werden, entscheidet sich in Aspects Experiment erst zehn Nanosekunden, nachdem das Photonenpaar losgeflogen ist; die Lichtteilchen brauchen 20 Nanosekunden, um die 6,5 Meter lange Strecke zur Meßapparatur zurückzulegen. Informationen von einem Photon zum anderen könnten mithin nur mit Überlichtgeschwindigkeit übertragen werden.

Das Verrückte: Das Verhältnis der Zählergebnisse von rechts und links zeigte einen statistischen Zusammenhang beider Messungen, der nur dadurch zu erklären ist, daß die Messung einer bestimmten Spinkomponente des einen Photons die Spinkomponente des anderen Lichtteilchens determiniert.

Darüber hinaus stimmte die gemessene quantitative Beziehung (abgesehen von sehr kleinen experimentellen Fehlern) mit der überein, die aufgrund der herkömmlichen Quantenmechanik berechnet wurde. Die Quantenmechanik war triumphal bestätigt.

Haben wir damit eine spukhafte Fernwirkung? Messungen am Ende eines Strahls scheinen Messungen am anderen Ende zu bestimmen, und das innerhalb von Zeitintervallen, die so klein sind, daß jedes Signal zwischen den beiden die Lichtgeschwindigkeit hätte überschreiten müssen. Könnten psychische Effekte auf diese Weise wirken?

Überlegen wir einmal, ob wir ein EPR-Gerät bauen könnten, das mit Überlichtgeschwindigkeit Signale übermittelt. Nehmen wir an, wir hätten eine Singulett-Quelle, die die Photonen eines jeden Paars wie in Abbildung 3 in entgegengesetzte Richtung schickt. Am Ende beider Strahlen haben wir wieder Lichtverstärker; sie zählen die Photonen mit Polarisationen, wie sie durch die Rotationswinkel der Polarisatoren um die Strahlenachsen bestimmt werden.

Um Information von einem Punkt zu einem anderen zu leiten, muß eine Reihe von Bits übermittelt werden, die eine nichtzufällige Botschaft kodieren. Wenn beide Polarisatoren denselben Winkel bilden, wird keine Information übertragen. Der Lichtverstärker findet einfach die eine Hälfte der Photonen in der gewählten Richtung polarisiert und die andere Hälfte in der entgegengesetzten.

Um Botschaften ver- und entschlüsseln zu können, müssen sich die Polarisationswinkel von Sender und Empfänger verändern lassen. Jetzt kann der Beobachter am Ende des empfangenden Strahls nicht im voraus wissen, welchen Winkel er wählen soll – diese Information muß in der kodierten Botschaft an den Beobachter enthalten sein. Der Empfänger würde den Polarisationswinkel willkürlich verändern und versuchen, die Botschaft aus der Anzahl der bei jedem Winkel empfangenen Treffer abzulesen.

Zu jeder relativen Winkeleinstellung der Polarisatoren ergibt sich eine zählbare Verteilung von Photonen. Die relative Anzahl von Photonen bei jeder Einstellung folgt indes einem Intensitätsmuster, das sich aus der klassischen Optik ergibt! Die von den einzelnen Photonenzählungen gebildete Bitfolge am Empfängerende hat keinen weiteren Informationsgehalt, das Bitmuster ist rein zufällig und läßt keine Signalvermittlung zu. Um die von Aspect bestätigte Korrelation zur Informationsübermittlung zu nutzen, müßte der Sender dem Empfänger schon mitteilen, welche Polarisationsebene er jeweils mißt.

Aspects Experiment führt zu einem klaren und eindeutigen Schluß: Die Natur läßt sich nicht durch verborgene Parameter beschreiben, die beides sind, sowohl lokal als auch wirklich. Entweder muß die Einsteinsche Lokalität oder ein bestimmter, dem gesunden Menschenverstand entsprechender Begriff der Wirklichkeit aufgegeben werden. Es gibt keine dritte Möglichkeit.

Die meisten Verfasser populärwissenschaftlicher Schriften verzichten lieber auf die Lokalität als auf die Wirklichkeit. Sie können nicht verstehen, warum Physiker so ungern die Lokalität aufgeben mögen. Meine Antwort ist einfach. Wir haben keinen Grund – und auch kein Recht –, das zu tun. Die Einsteinsche Lokalität ist vollständig in Übereinstimmung mit allem, was wir über die empirische Welt wissen, von den Experimenten des neunzehnten Jahrhunderts, die vergeblich den Äther nachzuweisen suchten, bis hin zu Aspects Experimenten. Wir haben gerade gesehen, daß die anscheinend spukhafte Fernwirkung der

Quantenmechanik keine Übermittlung von Signalen mit Überlichtgeschwindigkeit zuläßt und deshalb die Einsteinsche Lokalität nicht verletzt. Die einzige Verletzung der Lokalität findet im Rahmen unserer eigenen Beschreibung der Beobachtungen statt.

Wollen wir uns auf die nötigsten Annahmen beschränken, müssen wir die intrinsische, objektive Realität der physikalischen Beobachtungsgrößen leugnen. Auf den ersten Blick erscheint das womöglich nicht gerade als sehr bescheiden. Damit stelle ich anscheinend die drastischste meiner Hypothesen auf. Dieser Mensch schafft die Wirklichkeit ab!

Aber genau genommen ist dieses Verfahren doch sehr einfach. Ich habe nämlich über die bereits implizit in der Relativitätstheorie und der Quantenmechanik enthaltenen Hypothesen hinaus keine neuen Hypothesen eingeführt. Wenn wir die Lokalität hinauswerfen (und Wirklichkeit beibehalten), machen wir zwei unannehmbare und nicht notwendige, sehr drastische Annahmen, weil wir damit behaupten, die beiden Säulen der Physik des zwanzigsten Jahrhunderts, Relativitätstheorie und Quantenmechanik, seien so, wie sie üblicherweise verstanden werden, falsch. Ich möchte lieber annehmen, daß sie richtig sind, da sie wiederholt bestätigt wurden.

Ich leugne eigentlich auch nicht die Wirklichkeit. Für mich gibt es den Mond auch, wenn ihn niemand ansieht. Ich behaupte nur, daß die wahre Wirklichkeit des Universums sich nicht immer in Dingen zeigt, die solche Eigenschaften wie Ort und Masse haben, die wir ihnen dann, wenn wir Physik betreiben, zuschreiben. Diese Parameter sind schließlich menschliche Erfindungen, die über solche speziellen Messungen mit Geräten wie Uhren und Photonenzählern hinaus keine genau definierbare Bedeutung haben.

Die Natur mit Hilfe physikalischer Variablen zu beschreiben ist nichts anderes, als etwas zu skizzieren oder zu photographieren. Ist es nicht ziemlich drollig, wenn man Abbildungen auf einem Stück Papier mit dem wirklichen Ding identifiziert? Wir lachen über jene dummen und abergläubischen Menschen, die Nadeln in Puppen piksen und meinen, das würde die dargestellte Person verletzen. Aber selbst die raffiniertesten Physiker schreiben ihren eigenen mathematischen Bildern hin und wieder eine Art magischer Wirklichkeit zu.

Einsteins Relativitätstheorie widerlegte die Vorstellungen eines kontinuierlichen Äthers und einer gleichzeitigen Verbindung zwischen Er-

eignissen. Die Quantenmechanik zerstörte die Vorstellung von konti-
nuierlicher Materie und Energie. Die Naturwissenschaft des zwanzigsten Jahrhunderts liefert das Bild einer Welt aus diskreten materiellen
Objekten, die innerhalb des Lichtkegels miteinander wechselwirken.
Alle heute bekannten Daten fordern weiter nichts.

Die Quantenmechanik liefert keinen Hebel für außersinnliche Erscheinungen. Quanteneffekte gehen sicherlich über normale Erfahrung
hinaus. Sie sind seltsam. Aber daraus folgt nicht, daß jeder seltsame
Gedanke mit der Quantenmechanik übereinstimmt.

*Victor J. Stenger ist Professor für Physik und Astronomie an der Uni-
versity of Hawaii in Honolulu, USA.*

(Deutsch von Anita Ehlers)

Epilog

Ein Poet sagte einst «Das gesamte Universum liegt in einem Glas Wein». Wir werden wahrscheinlich nie wissen, in welchem Sinn er das meinte, denn Poeten schreiben nicht, um verstanden zu werden. Aber es ist wahr, daß wir bei näherer Betrachtung eines Glases Wein das gesamte Universum sehen. Da sind die Dinge der Physik: die sich drehende Flüssigkeit, welche in Abhängigkeit von Wind und Wetter verdampft: die Reflexionen im Glas, und unsere Phantasie fügt die Atome hinzu. Das Glas ist ein Destillat der Erdgesteine, und in seiner Zusammensetzung sehen wir die Geheimnisse des Alters des Weltalls und die Evolution von Sternen. Welch seltsame Anordnung von Chemikalien befindet sich im Wein? Wie sind sie entstanden? Da gibt es die Fermente, die Enzyme, die Substrate und die Produkte. Dort im Wein ist die große Verallgemeinerung zu finden: Alles Leben ist Fermentation. Niemand kann die Chemie des Weines entdecken, ohne, wie Louis Pasteur, die Ursachen vieler Krankheiten zu entdecken. Wie lebendig ist der Rotwein, der seine Existenz dem Bewußtsein aufprägt, welches ihn beobachtet! Wenn unser kleiner Verstand aus irgendeiner Bequemlichkeit dieses Glas Wein, dieses Universum, unterteilt in Physik, Biologie, Geologie, Astronomie, Psychologie usw., dann erinnern wir uns daran, daß die Natur dies nicht kennt! Also wollen wir wieder alles zusammenfügen und endlich nicht vergessen, wozu es da ist. Lassen wir es uns noch ein letztes Vergnügen bereiten: Trinken wir es und vergessen alles!

Richard P. Feynman

Literatur

Ron Amundson: Der hundertste Affe

Brain/Mind Bulletin, 1982. The Hundredth Monkey, in: «Updated Special Issue: ‹A New Science of Life›»

Elda Hartley (Produzentin), 1983. ‹*The Hundredth Monkey*› (Film und Video), Hartley Film Foundation, Cos Cob, Connecticut

Kinji Imanishi, 1963. Social Behavior in Japanese Monkeys, in: Charles A. Southwick (Hg.), ‹*Primate Social Behavior*›, Van Nostrand, Toronto

Masao Kawai, 1963. On the Newly-Aquired Behaviors of the Natural Troop of Japanese Monkeys on Koshima Island, *Primates* 4, S. 113–115

Ders., 1965. On the Newly-Aquired Pre-Cultural Behavior of the Natural Troop of Japanese Monkeys on Koshima Islet, *Primates* 6, S. 1–30

Syunzo Kawamura, 1963. Subcultural Propagation Among Japanese Macaques, in: Charles A. Southwick (Hg.), ‹*Primate Social Behavior*›, Van Nostrand, Toronto

Ken Keyes, 1982. ‹*The Hundredth Monkey*›, Vision Books, Coos Bay, Oregon

Science Digest, 1981. The Quantum Monkey, vol. 8, S. 57

Rupert Sheldrake, 1981. ‹*A New Science of Life*›, Tarcher, Los Angeles (‹*Das schöpferische Universum: Die Theorie des morphogenetischen Feldes*›, Meyster, München 1983)

Arthur Stein, 1983. The «Hundredth Monkey» and Humanity's Quest for Survival, *Phoenix Journal of Transpersonal Anthropology* 7, S. 29–40

Atsuo Tsumori, 1967. Newly Aquired Behavior and Social Interactions of Japanese Monkeys, in: Stuart Altman (Hg.), ‹*Social Communication Among Primates*›, University of Chicago Press, Chicago

Lyall Watson, 1979. ‹*Lifetide*›, Simon and Schuster, New York (‹*Der unbewußte Mensch*›, Umschau, Frankfurt am Main 1979)

Anthony R. Pratkanis: Subliminale Werbung

Advertising Research Foundation, 1958. ‹*The Application of Subliminal Perception in Advertising*›, New York

B. C. Audey, J. L. Mellett, P. M. Williams, 1991. Self-Improvement Using Subliminal Self-Help Audiotapes: Consumer Benefit or Consumer Fraud? Vortrag, Arbeitstreffen der Western Psychological Association, San Francisco, April

J. Bressler, 1931. Illusion in the Case of Subliminal Visual Stimulation, *Journal of General Psychology* 5, S. 244–251

J. Cheesman, P. M. Merikle, 1985. Word Recognition and Consciousness, in: D. Besner u. a. (Hg.), ‹Reading Research Advances in Theory and Practice›, Band 5, Academic Press, New York, S. 311–352

N. Cousins, 1957. Smudging the Subconscious, *Saturday Review*, 5. Oktober

T. T. Creed, 1987. Subliminal Deception: Pseudoscience on the College Lecture Circuit, *Skeptical Inquirer* 11, S. 358–366

F. Danzig, 1962. Subliminal Advertising – Today It's Just Historic Flashback for Researcher Vicary, *Advertising Age*, 17. September

K. Dunlap, 1900. The Effect of Imperceptible Shadows on the Judgment of Distance, *Psychological Review* 7, S. 435–453

E. Eich, R. Hyman, 1991. Subliminal Self-Help, in: D. Druckman, R. A. Bjork (Hg.), ‹In the Mind's Eye: Enhancing Human Performance›, National Academy Press, Washington D. C.

R. P. Feynman, 1985. ‹Surely You're Joking, Mr. Feynman!›, Bantam, New York («*Sie belieben wohl zu scherzen, Mr. Feynman!*», Piper, München 1987)

R. C. Fuller, 1982. ‹Mesmerism and the American Cure of Souls›, University of Pennsylvania Press, Philadelphia

Ders., 1986. ‹Americans and the Unconscious›, Oxford Press, New York

A. G. Greenwald, E. R. Spangenberg, A. R. Pratkanis, J. Eskenazi, 1991. Double-Blind Tests of Subliminal Self-Help Audiotapes, *Psychological Science* 2, S. 119–122

R. N. Haber, 1959. Public Attitudes Regarding Subliminal Advertising, *Public Opinion Quarterly* 23, S. 291–293

D. Holender, 1986. Semantic Activation Without Conscious Identification in Dichotic Listening…, *Behavior and Brain Sciences* 9, S. 1–66

H. L. Hollingworth, 1913. ‹Advertising and Selling›, D. Appleton, New York

Invisible Advertising, 1957. *Senior Scholastic*, 4. Oktober

W. B. Key, 1973. ‹Subliminal Seduction›, Signet, Englewood Cliffs

Ders., 1976. ‹Media Sexploitation›, Signet, Englewood Cliffs

Ders., 1980. ‹The Clam-Plate Orgy›, Signet, Englewood Cliffs

Ders., 1989. ‹The Age of Manipulation›, Holt, New York

S. Lenz, 1989. The Effect of Subliminal Auditory Stimuli on Academic Learning and Motor Skills Performance Among Police Recruits, unveröff. Diss., California School of Professional Psychology, Los Angeles

H. M. Manro, M. F. Washburn, 1908. The Effect of Imperceptible Line on the Judgment of Distance, *American Journal of Psychology* 19, S. 242

J. V. McConnell, R. I. Cutler, E. B. McNeil, 1958. Subliminal Stimulation, *American Psychologist* 13, S. 229–242

P. Merikle, H. E. Skanes, 1991. Subliminal Self-Help Audiotapes: A Search for Placebo Effects, unveröffentlichtes Manuskript, University of Waterloo, London, Ontario

T. E. Moore, 1982. Subliminal Advertising: What You See Is What You Get, *Journal of Marketing* 46, S. 38–47

Ders., 1988. The Case Against Subliminal Manipulation, *Psychology & Marketing* 46, S. 297–316

J. A. Natale, 1988. Are You Open to Suggestion? *Psychology Today*, September, S. 28–30

«Phone now,» said CBC subliminally–but nobody did, 1958. *Advertising Age*, 10. Februar, S. 8

A. R. Pratkanis, E. Aronson, 1992. ‹*Age of Propaganda: The Everyday Use and Abuse of Persuasion*›, W. H. Freeman, New York

A. R. Pratkanis, J. Eskenazi, A. G. Greenwald, 1990. What You Expect Is What You Believe (But Not Necessarily What You Get): On the Effectiveness of Subliminal Self-Help Audiotapes, Vortrag, Arbeitstreffen der Western Psychological Association, Los Angeles, April

A. R. Pratkanis, A. G. Greenwald, 1988. Recent Perspectives on Unconscious Processing: Still No Marketing Applications, *Psychology & Marketing* 5, S. 339–355

T. G. Russell, W. Rowe, A. D. Smouse, 1991. Subliminal Self-Help Tapes and Academic Achievement, *Journal of Counseling & Development* 69, S. 359–362

Subliminal Ad Is Transmitted in Test But Scores No Popcorn Sales, 1958. *Advertising Age*, 20. Januar

Subliminal Has a Test; Can't See if It Works, 1958. *Printer's Ink*, 17. Januar

M. Suslowa, 1863. Veränderungen der Hautgefühle unter dem Einflusse electrischer Reizung, *Zeitschrift für rationelle Medizin* 18, S. 155–160

N. E. Synodinos, 1988. Subliminal Stimulation: What Does the Public Think about It?, *Current Issues & Research in Advertising* 11, S. 157–187

E. B. Titchener, W. H. Pyle, 1907. The Effect of Imperceptible Shadows on the Judgment of Distance, *Proceedings of the American Philosophical Society* 46, S. 94–109

Vance und Belknap gegen Judas Priest und CBS Records, 86-5844/86-3939, Second District Court of Nevada, 24. August 1990

W. Weir, 1984. Another Look at Subliminal «Facts», *Advertising Age*, 5. Oktober, S. 46

E. J. Zanot, J. D. Pincus, E. J. Lamp, 1983. Public Perceptions of Subliminal Advertising, *Journal of Advertising* 12, S. 37–45

Sarah G. Thomason: Mit fremden Zungen

William J. Samarin, 1972. ‹*Tongues of Men and Angels: The Religious Language of Pentecostalism*›, Macmillan, New York

Ian Stevenson, 1974. ‹*Xenoglossy: A Review and Report of a Case*›, University Press of Virginia, Charlottesville

Ders., 1984. ‹*Unlearned Language: New Studies in Xenoglossy*›, University Press of Virginia, Charlottesville

Sarah G. Thomason, 1984. Do You Remember Your Previous Life's Language in Your Present Incarnation? *American Speech* 59, S. 340–350

Robert R. Young: Der Kecksburg-Zwischenfall

Broadcasting, 1990. Zitiert Nielsen und schildert eigene Nachforschungen (S. 40)

David Darby, 1990. *Greensburg Tribune-Review*, 10. Dezember, S. 1

Frank Drake, 1972. On the Abilities and Limitations of Witnesses of UFOs and Similar Phenomena, in: Carl Sagan/Thornton Page (Hg.), ‹UFOs: A Scientific Debate›, Cornell University Press/W. W. Norton, New York, S. 247–257

Bob Gatty, 1965. Unidentified Flying Object Report Touches off Probe Near Kecksburg, *Greensburg Tribune-Review*, 10. Dezember, S. 1

Philip J. Klass, 1974. ‹UFOs Explained›, Random House/Vintage, New York, S. 42–49

Science News, 1986. Nr. 129, S. 118

Robert R. Young, 1989. Harrisburg ‹UFO Incident› Stimulated by Venus, unveröffentlichtes Manuskript

Susan Blackmore: Beinahe tot

W. Barrett, 1926. ‹Death-Bed Visions›, Methuen, London

S. J. Blackmore, 1982 a. ‹Beyond the Body›, Heinemann, London

Dies., 1982 b. Birth and the OBE: An Unhelpful Analogy, *Journal of the American Society for Psychical Research* 77, S. 229–238

Dies., 1984. A Postal Survey of OBEs and Other Experiences, *Journal of the American Society for Psychical Research* 52, S. 225–244

Dies., 1987. Where Am I? Perspectives in Imagery and the Out-of-Body Experience, *Journal of Mental Imagery* 11, S. 53–66

Dies., 1988. Do We Need a New Psychical Research? *Journal of the American Society for Psychical Research* 55, S. 49–59

S. J. Blackmore, T. S. Troscianko, 1989. The Physiology of the Tunnel, *Journal of Near-Death Studies* 8, S. 15–28

J. D. Cowan, 1982. Spontaneous Symmetry Breaking in Large-Scale Nervous Activity, *International Journal of Quantum Chemistry* 22, S. 1059–1082

M. A. Georgeson, M. A. Harris, 1978. Apparent Faveo-Fugal Drift of Counter-Phase Gratings, *Perception* 7, S. 527–536

S. Grof, J. Halifax, 1977. ‹The Human Encounter with Death›, Souvenir Press, London (‹Die Begegnung mit dem Tod›, Klett-Cotta, Stuttgart 1980)

H. J. Irwin, 1986. Perceptual Perspectives of Visual Imagery in OBEs, Dreams and Reminiscence, *Journal of the American Society for Psychical Research* 53, S. 210–217

R. A. Moody, 1975. ‹Life After Life›, Mockingbird, Covinda (‹Leben nach dem Tod›, Rowohlt, Reinbek 1977)

R. L. Morris, S. B. Harary, J. Janis, J. Hartwell, W. G. Roll, 1978. Studies of Communication During Out-of-Body Experiences, *Journal of the American Society for Psychical Research* 72, S. 1–22

J. Morse, P. Castillo, D. Venecia, J. Milstein, D. C. Tyler, 1986. Childhood

Near-Death Experiences, *American Journal of Diseases of Children* 140, S. 1110–1114

J. Morse, D. Venecia, J. Milstein, 1989. Near-Death Experiences: A Neurophysiological Explanatory Model, *Journal of Near-Death Studies* 8, S. 45–53

K. Ring, 1980. ‹Life at Death›, Coward, McCann & Geoghegan, New York (‹Den Tod erfahren, das Leben gewinnen›, Scherz, München 1985)

Ders., 1986. ‹Heading Toward Omega›, Morrow, New York

J. C. Saavedra-Aguilar, J. S. Gomez-Jeria, 1989. *Journal of Near-Death Studies* 7, S. 205–222

M. Sabom, 1982. ‹Recollections of Death›, Harper & Row, New York (‹Erinnerungen an den Tod›, Goldmann, München o. J.)

C. Sagan, 1979. ‹Broca's Brain›, Random House, New York

F. Schoonmaker, 1979. Denver Cardiologist Discloses Findings After 18 Years of Near-Death Research, *Anabiosis* 1, S. 1–2

D. Sheils, 1978. A Cross-Cultural Study of Beliefs in Out-of-Body Experiences, *Journal of the American Society for Psychical Research* 49, S. 697–741

C. T. Tart, 1978. A Psychophysiological Study of Out-of Body Experiences in a Selected Subject, *Journal of the American Society for Psychical Research* 62, S. 3–27

Susan Blackmore: Psychische Illusionen

F. Ayeroff, R. P. Abelson, 1976. ESP and ESB: Belief in Personal Success at Mental Telepathy, *Journal of Personality and Social Psychology* 34, S. 240–247

V. A. Benassi, P. D. Sweeney, G. E. Drevno, 1979. Mind Over Matter: Perceived Success at Psychokinesis, *Journal of Personality and Social Psychology* 37, S. 1377–1386

S. J. Blackmore, 1984. A Postal Survey of OBEs and Other Experiences, *Journal of the American Society for Psychical Research* 52, S. 225–244

S. J. Blackmore, K. Galaud, C. Walker, 1992. Psychic Experiences as Illusions of Causality, in: D. Delanoy (Hg.), ‹Research in Parapsychology 1991›, Scarecrow, Metuchen

S. J. Blackmore, T. Troscianko, 1985. Belief in the Paranormal: Probability Judgments, Illusory Control, and the «Chance Baseline Shift», *British Journal of Psychology* 76, S. 459–468

P. Brugger, T. Landis, M. Regard, 1990. A «Sheep-Goat Effect» in Repetition Avoidance: Extra-Sensory Perception as an Effect of Subjective Probability?, *British Journal of Psychology* 81, S. 455–468

D. V. Budescu, 1987. A Markov Model for Generation of Random Binary Sequences, *Journal of Experimental Psychology: Human Perception and Performance* 13, S. 25–39

P. Diaconis, F. Mosteller, 1989. Methods for Studying Coincidences, *Journal of the American Statistical Association* 84, S. 853–861

D. H. Dickson, I. W. Kelly, 1985. The Barnum Effect in Personality Assessment: A Review of the Literature, *Psychological Reports* 57, S. 367–382

H. J. Einhorn, R. M. Hogarth, 1978. Confidence in Judgment: Persistence of the Illusion of Validity, *Psychological Review* 85, S. 395–416

R. Falk, 1982. On Coincidences, *Skeptical Inquirer* 6 (1), S. 18–31

R. Falk, D. MacGregor, 1983. The Surprisingness of Coincidences, in: P. Humphreys, O. Svenson, A. Vari (Hg.), ‹Analysing and Aiding Decision Processes›, North Holland, New York, S. 489–502

B. Fischhoff, R. Beyth, 1975. «I Knew It Would Happen»: Remembered Probabilities of Once-Future Things, *Organizational Behaviour and Human Performance* 13, S. 1–16

G. H. Gallup, F. Newport, 1991. Belief in Paranormal Phenomena Among Adult Americans, *Skeptical Inquirer* 15, S. 137–146

L. L. Gatlin, 1979. A New Measure of Bias in Finite Sequences with Applications to ESP Data, *Journal of the American Society for Psychical Research* 73, S. 29–43

D. L. Hintzman, S. J. Asher, L. D. Stern, 1978. Incidental Retrieval and Memory for Coincidences, in: M. M. Gruneberg, P. E. Morris, R. N. Sykes (Hg.), ‹Practical Aspects of Memory›, Academic Press, New York, S. 61–66

W. H. Jones, D. W. Russell, T. W. Nickel, 1977. Belief in the Paranormal Scale: An Objective Instrument to Measure Beliefs in Magical Phenomena and Causes, *JSAS Catalog of Selected Documents in Psychology* 7, S. 100

C. G. Jung, 1990. ‹Synchronizität, Akausalität und Okkultismus›, dtv, München 1990

D. Kahneman, A. Tversky, 1972. On Prediction and Judgment, *Oregon Research Institute Bulletin* 12

Dies., 1973. On the Psychology of Prediction, *Psychological Review* 80, S. 237–251

E. J. Langer, 1975. The Illusion of Control, *Journal of Personality and Social Psychology* 32, S. 311–328

J. Palmer, 1979. A Community Mail Survey of Psychic Experiences, *Journal of the American Society for Psychical Research* 50, S. 221–252

C. T. Tart, 1979. Randomicity, Predictability and Mathematical Inference Strategies in ESP Feedback Experiments, *Journal of the American Society for Psychical Research* 73, S. 44–60

W. A. Wagenaar, 1972. Generation of Random Sequences by Human Subjects: A Critical Survey of the Literature, *Psychological Bulletin* 77, S. 65–72

Peter Huston: Vom Teufel mit der Telefonschnur gefesselt

Robert A. Baker, 1987. The Aliens Among Us: Hypnotic Regressions Revisited, *Skeptical Inquirer*, Winter 1987/88

Gillian Bennett, 1987. ‹Traditions of Belief›, Penguin Books, London

Neil R. Carlson, 1986 (1977). ‹Physiology of Behavior›, Allyn and Bacon, Boston

J. Allan Hobson, 1988. ‹The Dreaming Brain›, Penguin Books, London

Daniel J. Hufford, 1982. ‹The Terror That Comes in the Night›, University of Pennsylvania Press, Philadelphia

220   Literatur

Paul McCarthy, 1990. True Confessions: The Unbearable Pain, Sorrow, and Terror of Alien Abduction, *Omni*, Dezember

Mark Moravec, 1988. «Is There a UFO State of Mind?», in: John Spencer, Hilary Evans (Hg.), ‹*Phenomenon: Forty Years of Flying Saucers*›, Avon, New York

Roman Pachulski, 1990. ‹*Psychiatric Notes*›, Prentice Hall, London

Graham Reed, 1988. ‹*The Psychology of Anomalous Experience*›, Prometheus Books, Buffalo

Geoffrey A. Dean et al., Astrologie im *Guardian*

A. Bandura, 1982. The Psychology of Chance Encounters and Life Paths, *American Psychologist* 37 (7), S. 747–755

R. W. Bastedo, 1978. An Empirical Test of Popular Astrology, *Skeptical Inquirer* 3 (1), S. 17–38

H. Cooper, T. Good, 1983. ‹*Pygmalion Grows Up: Studies in the Expectation Communication Process*›, Longman, New York

G. A. Dean *et al.*, 1977. ‹*Recent Advances in Natal Astrology: A Critical Review 1900–1976*›, Para-Research, Rockport

G. A. Dean, 1983. Can Self-Attribution Explain Sun-Sign Guessing? *Correlation* 3 (3), S. 22–27

H. J. Eysenck, D. K. B. Nias, 1982. ‹*Astrology: Science or Superstition?*›, St. Martin's Press, New York

C. Harvey, 1984. The Stars Look Down – Meanwhile Astrology Is Looking Up, *Guardian*, 23. März

G. Jahoda, 1954. A Note on Ashanti Names and Their Relationship to Personality, *British Journal of Psychology* 45, S. 192–195

S. M. Kevan, 1979. Season of Life – Season of Death, *Social Science & Medicine* 130, S. 227–232

D. und J. Parker, 1971. ‹*The Complete Astrologer*›, McGraw-Hill, New York

C. J. Puotinen, 1980. ‹*Career Astrology – Vocational Counseling for the 1980's*›, Ninth Sign Publ., Hoboken

A. Smithers, 1984 a–d. The Zodiac Test, Part 1–4, *Guardian*, 19.–22. März

Ders., 1984 e. Reply to Letters, *Guardian*, 14. April

Philippe Thiriart: Welche Persönlichkeitsanalysen akzeptieren wir?

J. Baillargeon, C. Danis, 1984. Barnum Meets the Computer: A Critical Test, *Journal of Personality Assessment* 48 (4), S. 415–419

J. L. Beauvois, 1984. ‹*La psychologie quotidienne*›, P. U. F., Paris

S. Carlson, 1985. A Double Blind Test of Astrology, *Nature* 318, S. 419–425

L. V. Gordon, 1976. ‹*Survey of Interpersonal Values*›, Science Research Ass., Chicago

R. L. Greene, M. E. Harris, R. S. Macon, 1979. Another Look at Personal Validation, *Journal of Personality Assessment* 43 (4), S. 419–423

J. P. Guilford, 1965. ‹Fundamental Statistics in Psychology and Education›, McGraw-Hill, New York

J. P. Leyens, 1983. ‹Sommes-nous tous des psychologues?›, Pierre Mardaga, Brüssel

N. Nelson, R. Rosenthal, R. L. Rosnow, 1986. Interpretation of Significance Levels and Effect Sizes by Psychological Researchers, American Psychologist 41 (11), S. 1299–1301

R. Nisbett, L. Ross, 1980. ‹Human Inference: Strategies and Shortcomings of Social Judgment›, Prentice-Hall, Englewood Cliffs

M. Ruzzene, P. Noller, 1986. Feedback Motivations and Reactions to Personality Interpretations That Differ in Favorability and Accuracy, Journal of Personality and Social Psychology 51 (6), S. 1293–1299

C. R. Snyder, R. J. Shenkel, 1975. The P. T. Barnum Effect, Psychology Today, März, S. 52–54

B. Sunerton, C. S. Fichten, 1984. Laboratory Exercises for Psychology Courses: Scientific Study of Horoscopes, Tirés à part 5, S. 43–46

P. Thiriart, 1983. Résultat significatif et télépathie, Tirés à part 4, S. 34–38

P. Thiriart, M. Legault, 1982. The P. T. Barnum Effect ou les pièges du moi, La petite revue de philosophie 4 (1), S. 157–172

Anthony Wheeler: Biologische Rhythmen oder Biorhythmen?

William S. Bainbridge, 1978. Biorhythms: Evaluating a Pseudoscience, Skeptical Inquirer 2 (2), S. 40–56

Martin Gardner, 1966. Freud's Friend William Fliess and His Theory of Male and Female Life Cycles, Scientific American 215 (1), S. 108–112

Terence M. Hines, 1979. Biorhythm Theory: A Critical Review, Skeptical Inquirer 3 (4), S. 22–36

Peter West, 1980. ‹Biorhythms: Your Daily Guide to Achieving Potential›, Thorsons, Wellingborough

Phil Shannon: Gaia ohne Mystik

James E. Lovelock, 1991. ‹Das Gaia-Prinzip›, Artemis & Winkler, München

Ders., 1992. ‹Gaia: Die Erde ist ein Lebewesen›, Scherz, Bern/München

Stephen H. Schneider, Penelope J. Boston (Hg.), 1992. ‹Scientists on Gaia›, MIT Press, Cambridge, MA/London

Bernard Ortiz de Montellano: Multikulturelle Pseudowissenschaft

H. H. Adams, 1990. African and African-American Contributions to Science and Technology, in: ‹African-American Baseline Essays›, Multnomah School District, Portland

Ders., 1987. Vortrag bei der Ersten Melanin-Konferenz, Detroit Public School Radio, 15. September 1990

Davis Baurac, Leiter der Abteilung Public Information, Argonne National Laboratory, Brief an Christopher Trey, 22. Mai 1991

S. Gill, 1991. Carrying the War into the Never-Never Land of Psi, *Skeptical Inquirer* 15, S. 269–273

L. Manniche, 1989. ‹An Ancient Egyptian Herbal›, Museum Publication, S. 107f.

Milton Rothman: Wissenschaftsmythen

J. Bronowski, 1973. ‹The Ascent of Man›, Little, Brown, Boston

M. Gardner, 1957. ‹Fads and Fallacies in the Name of Science›, Dover, New York

T. S. Kuhn, 1962. ‹The Structure of Scientific Revolution›, University of Chicago Press, Chicago (‹Die Struktur wissenschaftlicher Revolutionen›, Suhrkamp, Frankfurt a. M. 1979)

A. de Morgan, 1915. ‹A Budget of Paradoxes›, Open Court, Chicago

A. W. J. G. Ord-Hume, 1977. ‹Perpetual Motion›, St. Martin's Press, New York

M. A. Rothman, 1985. Conservation Laws and Symmetry, in: ‹The Encyclopaedia of Physics›, Van Nostrand Reinhold, New York

Ders., 1988. ‹A Physicist's Guide to Skepticism›, Prometheus, Buffalo

Ders., 1989. ‹Discovering the Natural Laws›, Dover, New York

B. Russell, 1948. ‹Human Knowledge, Its Scope and Limits›, Simon & Schuster, New York (‹Das menschliche Wissen: Umfang und Grenzen›, Holle, Darmstadt)

‹Webster's New World Dictionary›, 1988. Third College Edition, Simon & Schuster, New York

Victor J. Stenger: Quantenspuk

Alain Aspect, Phillippe Grangier, Roger Gerard, 1982. Experimental Realization of Einstein-Podolsky-Rosen-Bohm Gedankenexperiment: A New Violation of Bell's Inequalities, *Physical Review Letters* 49, S. 91; Experimental Tests of Bell's Inequalities Using Time-Varying Analyzers, ebd., S. 1804

J. S. Bell, 1964. *Physics* 1, S. 195

David Bohm, 1951. ‹Quantum Theory›, Prentice-Hall, New York

Ders., 1952. A Suggested Interpretation of Quantum Theory in Terms of «Hidden Variables», I und II, *Physical Review* 85, S. 166

D. Bohm, B. Hiley, P. N. Kaloyerou, 1987. An Ontological Basis for Quantum Theory, *Physics Reports* 144 (6), S. 321

Niels Bohr, 1931. ‹Atomtheorie und Naturbeschreibung›, Springer, Berlin

Louis de Broglie, 1930. ‹Einführung ins Studium der Wellenmechanik›, Akademische Verlagsgesellschaft, Leipzig

John F. Clauser, Abner Shimony, 1978. Bell's Theorem: Experimental Tests and Implications, *Rep. Prog. Phys.* 41, S. 1881

P. C. Davies, J. R. Brown (Hg.), 1986. ‹The Ghost in the Atom›, Cambridge University Press, Cambridge (‹Der Geist im Atom›, Insel, Frankfurt am Main 1993)

Bernard d'Espagnat, 1979. The Quantum Theory and Reality, Scientific American, November, S. 128 (Quantentheorie und Realität, Spektrum der Wissenschaft, Januar 1980)

Ders., 1989. ‹Reality and the Physicist: Knowledge, Duration and the Quantum World›, Cambridge University Press, Cambridge

Albert Einstein, 1948. Briefe an D. S. Mackey, 26. April und 28. Mai, zitiert nach: Arthur Fine, The Shaky Game: Einstein Realism and the Quantum Theory, in: David L. Hull (Hg.), ‹Science and Its Conceptual Foundations›, University of Chicago Press, Chicago

Albert Einstein, Boris Podolsky, Nathan Rosen, 1935. Can the Quantum-Mechanical Description of Physical Reality Be Considered Complete? Physical Review 47, S. 777

Martin Gardner, 1983. Parapsychology and Quantum Mechanics, in: George O. Abell, Barry Singer (Hg.), ‹Science and the Paranormal›, Scribner's, New York

Nick Herbert, 1985. ‹Quantum Reality›, Anchor/Doubleday, New York (‹Quantenrealität: Jenseits der neuen Physik›, Birkhäuser, Basel 1987)

N. David Mermin, 1985. Is the Moon There When Nobody Looks? Reality and the Quantum Theory, Physics Today 38, S. 38

Michael Redhead, 1987. ‹Incompleteness, Nonlocality and Realism›, Clarendon, Oxford

J. Sarfati, 1977. The Case for Superluminal Information Transfer, MIT Technological Review 79 (5)

Steven N. Shore, 1984. Quantum Theory and the Paranormal: The Misuse of Science, Skeptical Inquirer 9, S. 24

R. Targ, H. Puthoff, 1977. ‹Mind-Reach›, Delacorte, New York

Epilog

Das Zitat ist dem Band ‹Vorlesungen über Physik I: Mechanik, Strahlung, Wärme› von Richard P. Feynman entnommen (R. Oldenbourg, München/ Wien 1991, S. 58).

Quellennachweis

Alle Angaben beziehen sich auf *The Skeptical Inquirer*, die vierteljährlich erscheinende Zeitschrift des Commitee for the Scientific Investigation of Claims of the Paranormal.

Was ist Radosophie?
(Cornelis de Jager)
Bd. 16, Nr. 2 (1992), S. 167–172

Aus der radosophischen Fachdebatte
(Leserbriefe)
Bd. 16, Nr. 4 (1992), S. 436–437

Der hundertste Affe
(Ron Amundson)
Bd. 9, Nr. 4 (1985), S. 348–356

Subliminale Werbung
(Anthony R. Pratkanis)
Bd. 16, Nr. 3 (1992), S. 260–272

Sex auf Keksen (Leserbrief)
Bd. 17, Nr. 1 (1992), S. 99–100

Mit fremden Zungen
(Sarah G. Thomason)
Bd. 11, Nr. 4 (1987), S. 367–375

Die geheimen Ufo-Papiere
(Philip J. Klass)
Bd. 14, Nr. 1 (1989), S. 65–68

Der Kecksburg-Zwischenfall
(Robert R. Young)
Bd. 15, Nr. 3 (1991), S. 281–285

Die Geisterlichter von Texas
(Herbert Lindee)
Bd. 16, Nr. 4 (1992), S. 400–406

Mysteriöse Fingerübungen
(Martin Gardner)
Bd. 15, Nr. 1 (1990), S. 30–34

Guter Glaube (Bruce Bower)
Bd. 15, Nr. 4 (1991), S. 398–401
Mit freundlicher Genehmigung des
Wissenschafts-Wochenmagazins
SCIENCE NEWS, Copyright © 1991
by Science Service Inc.

Beinahe tot (Susan Blackmore)
Bd. 16, Nr. 1 (1991), S. 34–45

Psychische Illusionen
(Susan Blackmore)
Bd. 16, Nr. 4 (1992), S. 367–376

Vom Teufel mit der Telefonschnur
gefesselt (Peter Huston)
Bd. 17, Nr. 1 (1992), S. 64–69

Astrologie im *Guardian*
(Geoffrey A. Dean u. a.)
Bd. 9, Nr. 4 (1985), S. 327–338

Welche Persönlichkeitsanalysen
akzeptieren wir? (Philippe Thiriart)
Bd. 15, Nr. 2 (1991), S. 161–165

Biologische Rhythmen oder
Biorhythmen? (Anthony Wheeler)
Bd. 15, Nr. 1 (1990), S. 75–82

Gaia ohne Mystik (Phil Shannon)
Bd. 17, Nr. 1 (1992), S. 48–56
Zuerst veröffentlicht in
The Australian Skeptic

Multikulturelle Pseudowissenschaft
(Bernard Ortiz de Montellano)
Bd. 16, Nr. 1 (1991), S. 46–50

Wissenschaftsmythen
(Milton Rothman)
Bd. 14, Nr. 1 (1989), S. 25–34

Quantenspuk (Victor J. Stenger)
Bd. 15, Nr. 1 (1990), S. 51–61